The
Crystal
Bible volume 2

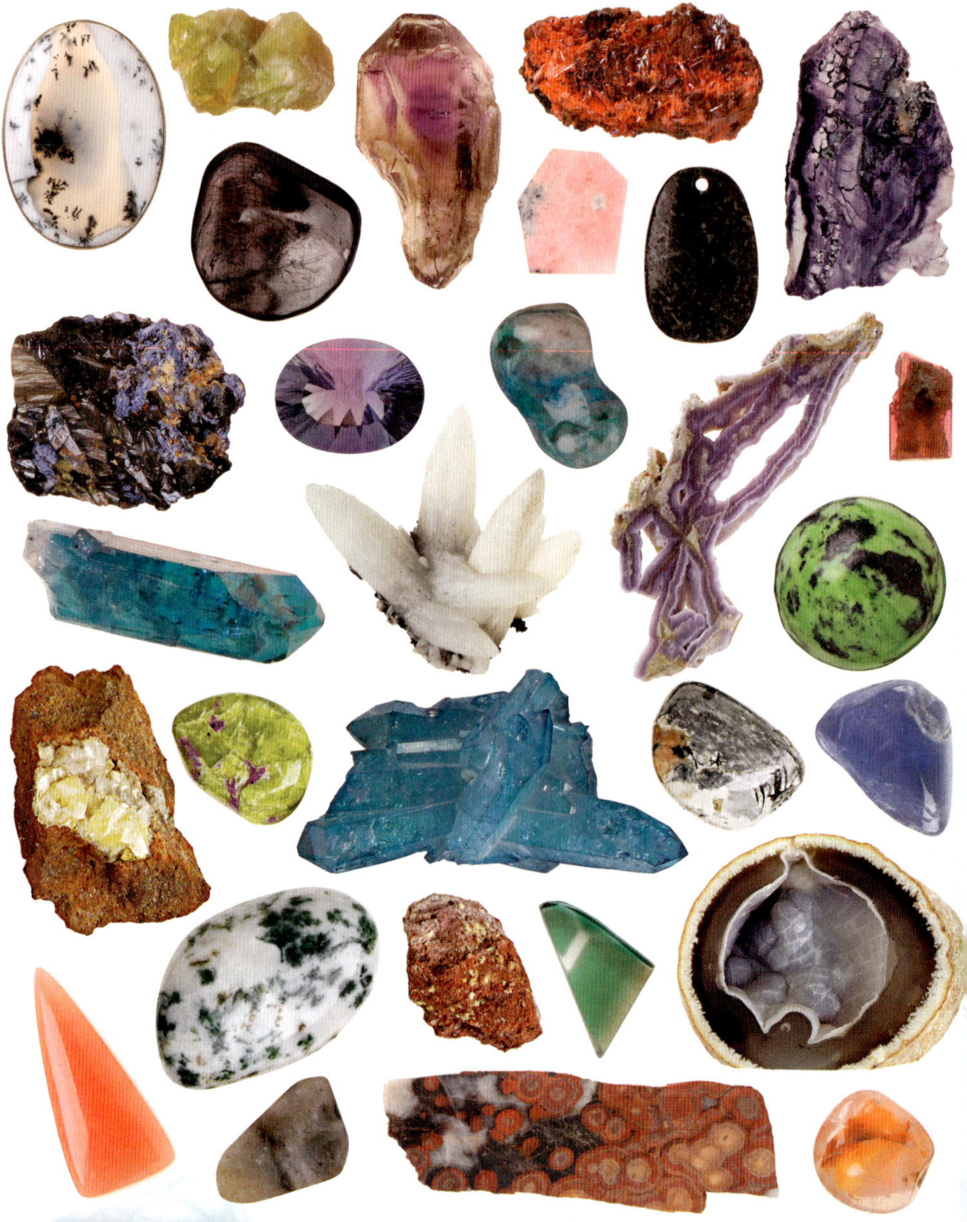

新クリスタルバイブル

200種以上の新しく発見された"癒しの石"の紹介

ジュディ・ホール 著

福山 良広 訳

First published in Great Britain in 2009 by
Godsfield, a division of Octopus Publishing Group Ltd
2-4 Heron Quays, London E14 4JP
www.octopusbooks.co.uk

Copyright © Octopus Publishing Group Ltd 2009
Text copyright © Judy Hall 2009

All rights reserved. No part of this work may be reproduced or utilized in any form
or by any means, electronic or mechanical, including photocopying, recording or
by any information storage and retrieval system, without the prior written
permission of the publisher.

Judy Hall asserts the moral right to be identified as the author of this work.

Printed and bound in China

本文中の記号について：＊記号がついている単語（用語）の詳しい解説は「用語集」(p.376-383を参照)で調べることができます。

注意：本書はクリスタルの医学的な効能を謳ったものではありません。また、本書が提供する情報が医学的治療の代用となることを意図したものではありません。クリスタルの使用法について疑問が生じた場合は、資格を持ったクリスタルヒーリングの専門家に相談してください。本書では、病気とはdis-ease＊（不調）、すなわち霊的、環境的、心理的、カルマ、情緒的、精神的な面でのバランスの崩れや極度の疲労が最終的に表面に現れた状態を指します。また、本書でいうヒーリングとは、心、体、精神のバランスを健全な状態に保ち、魂の進化を促すことを意味し、特殊な治療法を示唆するものではありません。クリスタルヒーリングの世界での慣例にならい、クリスタル形状を有しているか否かにかかわらず、本書で扱うすべての石をクリスタルと呼んでいます。

目　次

クリスタル参照表	6
クリスタルの豊饒	10
クリスタルの波動	12
クリスタル図鑑	**34**
クリスタル活用の手引き	356
用 語 集	376
索　引	384

クリスタル参照表

ア

アイシクルカルサイト 89
アイスクォーツ 260
アイスクリームオパライト
　.....................337
アクアオーラ・
　ダンビュライト..........115
アクチノライト 36
アクチノライトクォーツ 37
アグレライト 49
アストロフィライト..........58
アダマイト 38
アトランタサイト 59
アトランティスストーン
　.....................163, 240
アバロナイト..................61
アホアイト 222
アホアイト（シャッタカイトを
　伴う）.....................223
アホアイト（パパゴアイトを
　伴う）.....................223
アメジスト・エレスチャル
　クォーツ 254

アメジスト・ハーキマー
　クォーツ 224
アレキサンドライト 50
アンデス産ブルーオパール
　.....................202
アンナベルガイト..........56
アンフィボールクォーツ
　.....................227
アンブリゴナイト 52
アンモライト 54
イリデッセントレインボー
　ゲーサイト 143
インディコライトクォーツ
　.....................230
ウィッチズ・フィンガー.....37
ウインドークォーツ........258
ウシンガイト 345
ウシンガイト（ハックマ
　ナイトを伴う）..........147
ウラノフェン 344
エイラットストーン 123
エジリン 40
エピドート 125
エピドート（クォーツに
　内包された）............248
エリスライト..................127
エレスチャルクォーツ....252
エンジェルファントム
　クォーツ 227

オーシャン・オビキュラー・
　ジャスパー...............163
オーラクォーツ.............312
オウロベルデ・クォーツ
　.....................274
オリゴクレイス 201
オレゴンオパール 203
オレンジ・リバー・クォーツ
　.....................272
オレンジクリーダイト 110

カ

カコートカイト 169
カコクセナイト 81
カテドラルクォーツ 240
カバンサイト 96
カリグラフィーストーン 93
カルサイトフェアリー
　ストーン 83
ガイアストーン 138
ガスペイト 140
キャシテライト 94
キャンドルクォーツ 238
クォーツ（アホアイトを
　伴う）.....................222
クォーツ（レピドライト
　マイカを伴う）..........266
クォンタムクアトロ 219
クラックルクォーツ 280

クリスタル参照表

クラックルドファイアーアゲート......44
クリーダイト......109
クリーブランダイト......104
クリスタラインカイアナイト......171
クリソタイト......102
クリソタイル......102
クロコイト......111
クンダリーニクォーツ......262
グリーンランダイト......144
グレーバンディドアゲート......42
グレイシャル・エッチド・クォーツ......260
ゲーサイト......142
コーベライト......107
コニカルサイト......106
コバルトカルサイト......85
コバルトブルーム......127
ゴールデンイエロー・ラブラドライト......327
ゴールデン・エンハイドロ・ハーキマー......226
ゴールデンダンビュライト......114

サ

サイロメレーン......188
サチャマニ・クォーツ......285
サチャロカ・クォーツ......284
シチュアンクォーツ......293
シトリンカテドラル......241
シトリンハーキマー......225
シバリンガム......324
シフトクリスタル......289
シベリアンクォーツ......291
シャーマンクォーツ......287
シャッタカイト(アホアイトを伴う)......223
シュガーブレード・クォーツ......310
シルバー(上にボーナイト)......74
ジラソル......203
ジルコン......354
スーパーセブン......333
スキャポライト......320
スター・ホーランダイト・クォーツ......304
スターシード・クォーツ......306
スターバースト・ドッグトゥースカルサイト......92
スティッヒタイト......331
スティブナイト......329
ステラビームカルサイト......91
ストロベリークォーツ......308
スネークスキン・アゲート......45
スピリットクォーツ......300
スファレライト(ドルージークォーツ上)......251
スペキュラーヘマタイト......328
スペキュラライト......328
スペクトロライト......326
スモーキーアメジストクォーツ......295
スモーキーエレスチャルクォーツ......253
スモーキーシトリンクォーツ......297
スモーキーローズクォーツ......298
スモーキーハーキマー......225
セイクリッドセブン......333
セプタリアン......322
セリフォスクォーツ......286
セレスチャルクォーツ......242
セレストバライト......98
セレナイトファントム......207
ゼブラストーン......353

タ

タグチュパイト......339
タグチュパイト(ヌーマイトを伴う)......342
タンザナイト......335
タンジンオーラ・クォーツ......312
ダイオプサイド......119
ダトーライト......116

クリスタル参照表

ダルメシアンストーン 112
チタニウム 318
チャイニーズ・クロム・
　クォーツ 244
チャイニーズ・レッド・
　クォーツ 246
チャルコパイライト.......100
ツリーアゲート ....,47
ティファニーストーン 337
デザートローズ 208
デュモルティエライト 121
デンドリティックカルセドニー
　................................118
ドリームクォーツ 248
ドルージークォーツ 250
ドルージークォーツ
　（スファレライト上）...251
ドルージーダンビュライト
　................................115
ドルージーブルー
　カルセドニー..............61

ナ
ナトロライト................194
ニルヴァーナクォーツ...270
ヌーマイト...................198
ネプチュナイト 195
ノバキュライト 196

ハ
ハーライト 148
ハイパーシーン............327

ハックマナイト 146
ハックマナイト（バイオレット
　ウシンガイトを伴う）..147
ハニーファントムカルサイト
　..................................88
ハンクサイト 150
バートランダイト 337
バイオレットハイパーシーン
　................................327
バイトウナイト 327
バスタマイト 79
バスタマイト（スギライトを
　伴う）........................80
バライト 63
バンディドアゲート..........42
パープライト................216
パープルオパール 337
パープルパッション 337
パールスパドロマイト ...209
パイロフィライト 218
パパゴアイト（アホアイトに
　内包された）............223
パミス........................214
パライバトルマリン 204
ヒーラーズゴールド 175

ヒマラヤ・グロース・インター
　フェレンス 270
ヒューブネライト...........160
ヒューランダイト...........158
ビクスバイト 66
ビビアナイト 348
ピーチセレナイト 206
ピクロライト 60
ピンククラックル・クォーツ
　................................280
ファーデンクォーツ 255
ファントムクォーツ.......275
フィスケナセットルビー
　（母岩内）................130
フェアリークォーツ 257
フェアリーワンド・クォーツ
　................................311
フェナサイト（レッドフェルド
　スパーを伴う）.........317
フェンスタークォーツ 258
フリント........................132
フルガライト 136
フローライトオパール 337
フロンデライト...............134
フロンデライト（ストレン
　ガイトを伴う）..........135
ブーランジェライト
　（ブルーハーキマーに
　内包された）............226
ブッシュマン・レッド・
　カスケード・クォーツ ..236
ブラジリアナイト............75

ブラックアクチノライト 37	ボーナイト（シルバー上）.74	レインディアブラッド
ブラックカイアナイト 172	ボツワナアゲート 42	339
ブラッド・オブ・イシス 67	ポピージャスパー 165	レインフォレスト・ジャスパー
ブランドバーグ・クォー		167
ツ	**マ**	レインボー・ムーンストーン
.................................232	マーカサイト 184	72
ブルーアラゴナイト 69	マーリナイト 188	レオパードスキン・
ブルーオパール............203	マリポサイト 283	オビキュラー・ジャスパー
ブルークォーツ 229	マリポサカルサイト 88	161
ブルークォーツ（ラズーライト	ミスティックトパーズ.....192	レオパードスキン・
を伴う） 231	メナライト 186	サーペンティン 176
ブルートルマリン（クォーツに	メロディストーン 333	レッドフェルドスパー
内包された） 230	モリオンクォーツ 268	（フェナサイトを伴う）
ブルーハーキマー（ブーラン	モリブデナイト 190	317
ジェライトを伴う）.....226	モリブデナイト（クォーツに	レピドクロサイト 178
ブルームーンストーン 71	内包された） 191	レピドライトマイカを伴う
ブロンザイト 77		クォーツ 266
プラシオライト.............282	**ヤ**	レムリアンシードクォーツ
プレセリ・ブルーストーン	ヤンガイト 351	263
.................................211	ユーディアライト 128	レムリアンジェイド 174
ヘデンバーガイト 286		ローパーズブラッド 169
ヘマタイト（ルチルを伴う）	**ラ**	
.................................152	ライトブラリー..............240	**ワ**
ヘマタイドカルサイト 87	ライラッククォーツ 267	ワーベライト................350
ヘミモルファイト 154	ラズーライト 173	
ヘルデライト 156	リビアングラス 180	
ベラクルスアメジスト....315	リビアンゴールドテクタイト	
ベリロナイト 65	180	
ベルベット・ラブラドライト	リビアンデザートテクタイト	
.................................327	180	
ホワイトモリオン・クォーツ	リモナイト 182	
.................................269	ルチル.......................318	
ボーナイト 73		

クリスタルの豊饒

『クリスタルバイブル』の続編である本書は、前作では詳しく紹介できなかった200種以上のクリスタルや混合石を網羅し、解説しています。さらに、前回よりも調査・研究が進んだクリスタルも数種類取り上げました。ここ数年、市場には様々な種類のクリスタルが流通しており、こうしたクリスタルを愛好家の皆様に紹介する必要性を感じ本書の出版を企画しました。ほとんどのクリスタルは高次の波動*を持ち、魂の自己変革や多次元的ヒーリングをもたらします。クリスタルの中には以前からあった石が高次のエネルギーと共鳴*してできたものもあります。たとえば、アベンチュリンをベースにしたグリーンランダイトや、ラブラドライトをベースにしたスペクトロライトなどです。これらの石はベースになる石のエネルギーを新たな次元へ導きます。また、何百万年も前から用いられてきたもので、最近ようやく私たちの手に入るようになったものもあります。ロシアや中国は最近、西欧諸国にクリスタルを輸出しており、ヒマラヤ山脈では豊かな鉱物資源の存在が明らかになっています。まだまだ入手するのは困難ですが、グリーンランドのはるか遠い昔にできた岩盤からは珍しい貴重な石が発見されています。これらの岩盤は氷が徐々に溶けて姿を現したものです。

新たな産地が増えているだけでなく、インターネットやネットオークションの普及により、クリスタルは今や世界中どこからでも簡単に手に入るようになりました。インターネットで紹介されているクリスタルの写真や特徴——特に大きさ——は購入する前に慎重にチェックする必要がありますが、ネットオークションですばらしいクリスタルを手に入れることも可能です。それにオークショ

プレセリ・ブルーストーン

ティファニーストーン

ミスティックトパーズ

クリスタルの豊饒

ンに参加して買うという行為自体が結構楽しいもので、そうやって手に入れたクリスタルは、最初からあなたのもとにやってくることになっていたに違いありません。

クリスタルを選ぶ際に注意すべき点は、サイズが大きければそれだけ品質も良いとは限らないということ、それに美しさに比例して効能も大きくなるわけではないという点です。また、ファセット加工したものを買わないといけないということもありません。たしかに、ファセット加工したものはアクセサリーとしても豪華で、身につけるのは楽しいものです。しかし、どんな目的に用いるかによって、原石はファセット加工したものと同じくらいのパワーを持ち得るのです。クリスタルを買うときは、目的にあったものを選ぶことが肝心です。そして個々の石が持っているエネルギーを考慮することも大事です。クリスタルを手にとってみてあなたの心がエネルギーを感じたら、それはきっとあなたにぴったりのクリスタルです。

クリスタル図鑑（p.34-355を参照）には、クリスタルが霊性、カルマ*、環境、心理、精神、情緒、肉体の面にどのように作用するのかが詳しく述べられていますので、ここを読めば自分に合ったクリスタルを選ぶことができます。また、クリスタルをどのように置けば、最大限の効果と癒しが得られるのかも解説されています。石をどのように組み合わせて置けば、エネルギーの強化や生活空間の防御に役立ち、チャクラを開いて経絡*の「気」の流れをよくし、私たちを取り囲む多次元的世界や異次元間を安心してジャーニー*することができるのかがわかるでしょう。どんなクリスタルも用いる前に必ず洗浄し、活性化させる必要があります。本書の巻末（p.356-375を参照）には、チャクラの基礎知識をはじめ、クリスタル活用の手引きを掲載しましたので、初めてクリスタルを用いる方はぜひ参照してください。

スティッヒタイト

タグチュパイト

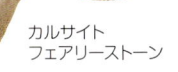

カルサイト
フェアリーストーン

クォンタムクアトロ

タンジェリン
アクア・クォーツ

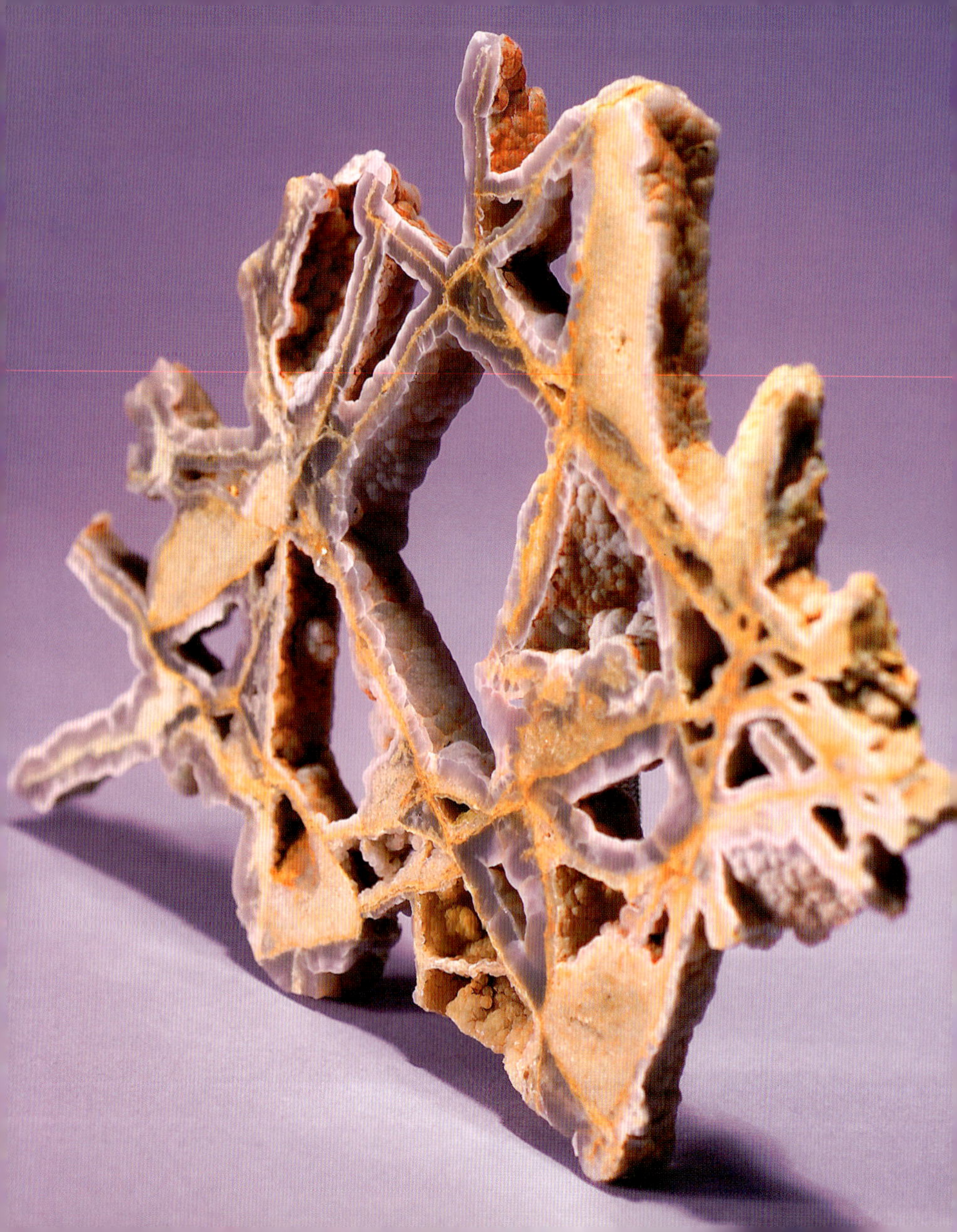

クリスタルの波動

　人類が初めてクリスタルを用いるようになった経緯は誰にもわかりません。しかし、人類とクリスタルとのかかわりは何千年も前から続いていることを示す証拠はあります。美しい輝きを放つクリスタルは今なお世界各地で発見されていますが、わずかな例外を除いてクリスタルのほとんどは、地球の内部の奥深い場所で生成されます。例外としては「超自然」現象の結果できたもの、たとえば落雷によって溶けた砂からできたフルガライトなどがあります。このようなクリスタルを当時の人々は神からの贈り物と考えていたようです。古代エジプトのツタンカーメン王の墓の副葬品にリビアン・ゴールドが使われていることからも、こうしたクリスタルがいかに珍重されていたかがよくわかります。

　地球の凝固とともに誕生したクリスタルは、何百万年にも渡る地球の成り立ちの記録がぎっしり詰まった小さな倉庫のようなものです。地球自体が変化するにつれて、クリスタルも変質していきました。ということは、クリスタルは地球のDNA、もしくは鉱物が描く地球の進化の青写真といえるかもしれません。どんな形態であれ、クリスタル構造をもつ鉱石はエネルギーを吸収、保存、収束、放出しますが、この特性は電磁波帯で顕著にあらわれます。さらに、クリスタルには極めて効果的にエネルギーを増強し、空間を浄化する作用があります。このため、グリッディングで用いることによって（p.28-31を参照）、安心して生活、恋愛、仕事、遊びができる場所を確保することができるのです。

クリスタルの歴史

クリスタルをニューエイジの一時的な流行と考える人がいるかもしれませんが、実は大昔からヒーリングや護符に用いられてきた歴史があります。小石や磨製の斧の形をしたフリントが新石器時代の墓から数多く出土しているという事実は、クリスタルが古代文明を通じて神聖視されてきたことを物語っています。たとえば、スペキュラライトは西暦紀元前4万年前のアフリカで採掘され、化粧用、儀礼用として用いられていたことがわかっています。地球の血液を象徴するこの石は、何千年にもわたって死者の亡骸に振りかけられていました。ある古代の医学書には、約5500年前のイラクでは病気を治すために生者の身体の周囲にラピスラズリと碧玉を並べたとか、ブラッドストーンを現代と同様、血液の病気の治療に用いたという記述がみられます。また、紀元前1900年のエジプトでは、ラピスラズリ、ジャスパー、カーネリアン、ターコイズなどは新生児の首に巻いて魔除けの護符として用いていたようです。

神話の世界もクリスタルなしで語ることはできません。ラピスラズリのアクセサリーを身にまとったスメリアの女神イナンナは、時間を計り、人の寿命を言い当てることができるラピスラズリのロッドを携えて黄泉の国に旅をしたといわれています。クリスタルは神々の聖体であり、神はクリスタルに形をかえて存在していると信じられていたのです。ツタンカーメン王の墓から出土したリビアンゴールドテクタイト、イシスの血、ラピスラズリ、ターコイズなどは単なる副葬品ではなく、王の魂を守り、来世へといざなう役割を担っていたのです。ツタンカーメン王の胸当て

フリント

スペキュラライト

ブラッド・オブ・イシス
（イシスの血）

クリスタルの波動

のスカラベに用いるリビアンゴールドを求め、古代エジプトの民は800kmもの乾燥した大地を旅したといわれています。胸当てには大空を背景にした日輪の回転と上弦の月、下弦の月が描かれています。

インドの占星術では、宝石が治療用として何千年にもわたって用いられてきました。エジプトと同様、インドの神話にも天国で蛇の姿をした2人の神が戦い、その汗が地球にしたたり落ちて宝石になったという話が登場します。また中国でもクリスタルは神々

リビアンゴールド
テクタイト

ツタンカーメン王の胸当て。中央に太陽神の化身スカラベ、その下に上弦の月、下弦の月がみえる。

クリスタルの波動

プレセリ
ブルーストーン

の住む世界に属すものと考えられ、中国や日本では、宝石は空から降ってきたと考えられていました。多くの文化では、一連のクリスタルのドームが大空を包み込み、大空の周囲を惑星が公転し、恒星が位置を変えず輝いている様子をみんな想像していました。オーストラリアの先住民は、化石や宝石はアルチェリンガと呼ばれるアボリジニ神話に登場する夢の時代──ちょうどエデンの園のような牧歌的な時代──からやってきたと信じていたようです。ノルウェーの海賊がマン島に建立した礼拝堂の床はクォーツで敷きつめられ、聖骨箱もクォーツで作られていたといわれています。これにはおそらく箱の中の聖骨の活力を高める意図があったものと思われます。また、クォーツは何千年もの間、エネルギーを増幅したり、環状列石を建立するために用いられてきました。英国のウィルトシャー州にある巨石建造物ストーンヘンジを建てた人々は、プレセリ・ブルーストーンを400km も離れた場所から、この神聖な癒しの力を持つ環状列石の中心へと苦労して運んだといわれています。

聖書に登場するクリスタル

　旧約聖書のエゼキエル書第28章12節から14節に、預言者エゼキエルがツロの君主に向って次のように語る場面があります。

　　お前は特愛の印章であって、知恵に満ち、美しさのきわみであった。
　　お前は神々の園エデンにいて、あらゆる宝石がお前の包衣であった。
　　ルビー、トパーズ、オニックス、タルシシュ、
　　紅玉石、碧玉、サファイア、ノフェク、エメラルド。
　　お前の手太鼓と笛のつくりは金、お前が創造された日に備えられた。
　　わたしは守る者を、輝くケルブをお前に与え、
　　お前は神々の聖なる山にいて、火の石のただ中を往き来した。
　　　　　　　　　　　『旧約聖書Ⅸ　エゼキエル書』（月本昭男訳、岩波書店）

クリスタルの波動

　豪華なクリスタルを身にまとった君主が、エデンの園で炎のように輝く石の中を往き来する姿を描いたこのノスタルジックな絵は、世界三大宗教が尊ぶ旧約聖書に描かれています。旧約聖書にも新約聖書にもクリスタルはたびたび登場します。ヨハネの黙示録によると、新エルサレムはクリスタルを基盤に建国された後、国の将来は聖職者に必須の装飾——宝石をちりばめた大司祭の胸当て——に依存すると書かれています。出エジプト記第28章17節から20節には胸当てに関して次のような記述がみられます。

　　そして、あなたは、そこに枠付け
　　　を施した宝石をはめ込み、
　　それらの宝石が四列になるよう
　　　にしなさい。
　　すなわち、紅玉、黄玉、緑柱石
　　　が第1列、
　　第2列は、孔雀石、青玉、硬玉、
　　第3列は、黄水晶、瑪瑙、紫水晶、
　　第4列は、黄玉石、紅玉髄、碧玉
　　　石である。
　　それらはいずれも、金の線条細
　　　工の枠にはめ込まれる。
　　『旧約聖書Ⅱ　出エジプト記
　　　レビ記』（木幡藤子・山我哲雄
　　　訳、岩波書店）

　翻訳上の問題から、胸当てにどんなクリスタルが使われていたかを正確に知ることはできません。聖書の版によって記述されている石が異なるためです。たとえば、古代エジプト

胸当てを身につけたユダヤ教の大司祭。

クリスタルの波動

ではサファイアはまだ知られていなかったので、sappireと書かれているのはラピスラズリのことで、今日のアフガニスタンにあたる地域からはるばる運ばれてきたと考えられます。Sardiusはサードオニキス、carbuncleはガーネットかカーネリアンの可能性があります。Emeraldはグリーンアベンチュリン、diamondはクリアークォーツだった可能性があります。胸当てに用いられたクリスタルが今日の誕生石のもとになったと考える向きもありますが、その可能性は低いと思われます。胸当ての肩の部分にはめ込まれているオニキスには天体の動きに似た模様がほどこされていることが多いようです。ローマの歴史家ヨセフスは、出エジプト後、1500年以上経ってから書いた Jewish Antiquitiesで、胸当てを神託として用いた当時の様子を詳しく描いています。

天体の模様の入ったオニキス。

大司祭が両肩にかけていたあの宝石はサードオニキスだ（誰でも知っている石なので詳しい説明は省略する）。生け贄の前に神が現れるとサードオニキスの一つが光り始めた…。そこからまばゆい光の帯が四方八方に広がり、はるか遠くにいる者たちの目にもその光は見えた。もともと輝いていたわけではない。神の顕現と共に輝きだしたのだ。

バンディドアゲートでできた魔法使いの像。
魔法使いの杖（ワンド）にはしばしばクリスタルが含まれている。

クリスタルの波動

ヨセフスが最も信頼できる証人かどうかはわかりませんが、サードオニキスは誰でも知っている石であることを前提に話をしているのは興味深い点です。

エゼキエルに話を戻すと、彼は不思議な現象をたくさん目撃していたようです。エゼキエル書第1章4節から28節には、幻想的な世界をかいま見た経験がリアルに描かれ、そこに登場する神託にはクリスタルを用いた比喩的表現が随所にみられます。

> 私が見ると、なんと、北から激しい風が起こり、大きな雲ときらめく火とそれを取り囲む光輝があり、その中に琥珀のきらめきのようなものが——その火の中に——あった。
> 私が生き物を見ると、なんと、四つの顔の生き物の傍らの地面に、おのおの一つの車輪があった。
> これらの車輪の形姿とその造りはタルシシュのきらめきのようで……。
> 生き物の頭上にある形象は天蓋であり、その恐るべき様は水晶のきらめきのようであった……。
> また、彼らの頭上にある天蓋の上には、サファイアの石の形姿にも似た玉座の形象があり……。
> それを取り囲む光輝の形姿は、雨の日、雲間に現れる虹の形姿のよう、そのようであった。これこそはヤハウェの栄光の形象であった。
>   『旧約聖書Ⅸ　エゼキエル書』（月本昭男訳、岩波書店）

ここに描かれているのは、かの有名な「炎の戦車」で、今日では宇宙船が地上に着陸する様子を描いたものだと考えられています。このように、エゼキエルにとってクリスタルは神聖なもので、彼が描く聖なる世界にとってはなくてはならないものだったのです。

炎のように輝くベリルは
見るものに畏敬の念を抱かせる。

クリスタルの構造

　どんな形状のクリスタルでも、その内部構造は一定で変わることはありません。実はクリスタルを分類するにあたって重要なのは、クリスタルを生成する鉱物ではなく、この内部構造なのです。どのクリスタルにも個性があります。これはクリスタルに含まれる化学的な不純物、放射能、地球や太陽からの放射、そして厳密な生成方法などの違いによるものです。鉱物の含有量がほんのわずかに異なるだけで、様々な色合いが生まれる場合もあります。クリスタルの多くは同一の鉱物または複数の鉱物の組み合わせからできていますが、タイプによって結晶化の仕方が異なり、形状がエネルギーの収束の仕方に影響を与えています。

地　殻

　地球のはじまりは渦巻くガス雲でした。ガス雲の正体は宇宙塵で、その中にはクリスタルの原料となる物質が含まれていました。やがてこのガス雲が収縮し、超高温の融解した球となったのです。この融解した球、すなわちマグマは何百万年もかけて冷却し、やがて一枚の薄い皮——地球のマントル——になりました。これは、地球をリンゴにたとえると、ちょうど皮ぐらいの厚さに相当します。マントル内部では、多種類の鉱物を含む融解マグマが沸騰、冷却、発泡を繰り返し、新しいクリスタルが生成されます。また、クリスタルの中には、クォーツのように、超高温のガスとマグマの中に含まれる融解鉱物から生成されるものもあります。超高温になったガスと鉱物は、地表プレートの地殻変動によって地表付近へと上昇します。ガスが地殻を貫通して硬い岩盤と出会うと、冷えて、固まります。このプロセスは非常に長い年月を要することもあれば、すさまじい勢いであっという間に終わる場合もあります。プロセスが比較的ゆっくり進行する場合や、クリスタルが気泡中で生成される場合には大きなクリスタルに成長し、逆にプロセスが速いとクリスタルは小さくなります。また、成長プロセスが停止した後、再開すると、その影響でファントムクリスタルやセルフヒールドクリスタルができます。この停止と再開のプロセスが極めて速く進行する

場合には、ガラス光沢の無定形結晶が生成されます。

　クリスタルの中には、高圧、高温のもとで鉱物が溶解し、再結晶化する際に生成されるものもあります。これは一般に変成結晶といわれるもので、化学変化により、格子状構造が並び変わってできたものです。カルサイトやその他の堆積性クリスタルは2次過程を経て生成されます。すなわち、地表の岩石が風化・侵食されて小さな粒になり、鉱化された水が岩石の割れ目をしたたり落ちた結果、地層に水脈ができます。やがてそこに侵食作用によって沈殿物が堆積し、その中に新しいクリスタルが生成されたり、大小さまざまな鉱物が寄り集まった塊ができるのです。また、蒸発作用によって生成されるクリスタルもあります。このようなクリスタルは幾層にも重なって堆積しており、他の種類と比べて柔らかな質感が特徴です。クリスタルは岩盤に付着したり、埋め込まれた状態で発見されることが多く、このような岩盤は母岩として知られています。

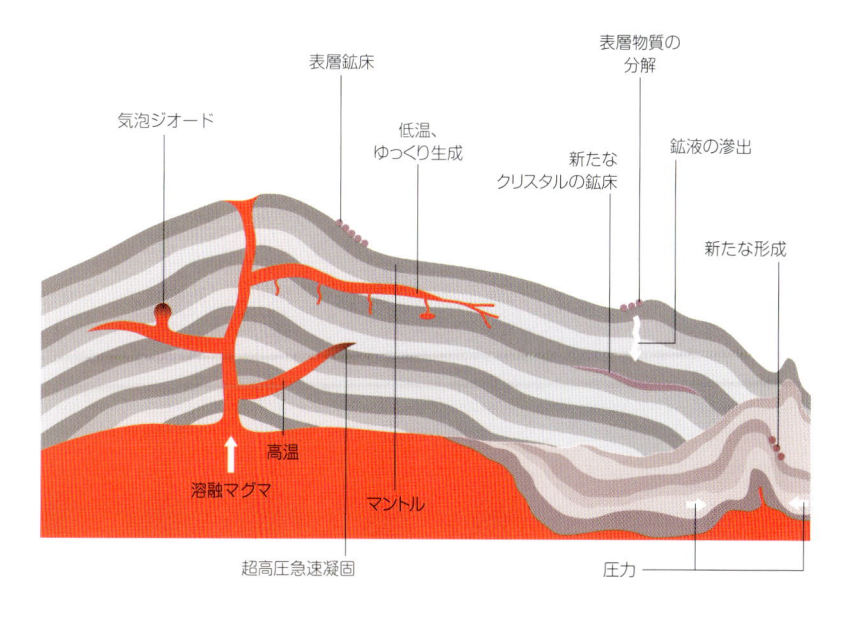

クリスタルの保護作用

クリスタルは肉体、精神、情緒、霊性など人間のすべての存在レベルに微妙に影響し、その影響は生活空間や職場にも及びます。何らかの病名がつけられた様々な症状は、実際には不調*の兆しと考えられる場合があります。不調とは、創造性が発揮できなかったり、何か大きな心配事を抱えている状態で、霊性、環境、心理、カルマ*、情緒、もしくは精神面でのバランスの崩れや大きな悩みがついに表面化した状態をいいます。ヒーリングとは、心身と魂の調和を取り戻すことであり、魂の進化を促進することを意味します。したがって、病気を治すことがヒーリングの目的ではありません。表面的にはつらい経験であっても、それが魂の進化にとって必要な場合には特にこのことがいえます。しかし、クリスタルには、あなたがその学びをどう受け止めるかを調節する働きがあり、幸福の実現を応援し、洞察力を高め、魂の成長を加速してくれるのです。

クリスタルが語りかけるもの

では実際に私たちはクリスタルの効能をどのようにして知ることができるのでしょうか。答えは簡単です。クリスタルのほうから私たちに語りかけてくれるのです。クリスタルが呼吸するのは100年か200年に一度だけだといわれますが、この点を除いては、クリスタルも私たち人間と同じ生き物であると古代人は考えていました。また、多くの文明ではクリスタルは神の化身と考えられていました。母なる大地からの素晴らしい贈り物であるクリスタルには太古の昔から存在する賢明な生命が宿っていると、クリスタルヒーラーの誰もが考えています。クリスタルを仲のいい友達だと思って接してください。そっと語りかけ、手に持って、静かに瞑想してみてください。「力を貸してください」と心の中で念じて、どんな効果をもたらしてくれるのかを尋ねてみてください。実際にやってみると、クリスタルとこんなに簡単にコミュニケーションがとれることに驚かれるでしょう。また、エネルギーを蓄えるためのワークを今までよりもずっと効果的に行えることにも驚かれると思います。このような体験を通じて、クリスタルの言葉がこれまでとは全く違った意味

クリスタルの波動

耳を澄ませば、クリスタルをどんな目的に用いればいいかを教えてくれます。

カテドラルクォーツ

を持ち始めます。特に新種の、高次の波動*を持つクリスタルには語りかけるのが一番効果的です。どのクリスタルにも個性があって、誰とでも共鳴するとは限らないからです。新種の、高い波動を持つクリスタルとコミュニケーションをとることで、自分に合ったクリスタルと出会うことができるはずです。

　クリスタルがまずあなたに伝えるのは、クリスタルはエネルギーの強化、ヒーリング、魂の成長を促す有効な道具ですが、あなたの波動やニーズによって作用が異なるという点です。クリスタルの作用は最初から決まっているという思い込みは

捨てましょう。クリスタルの可能性に蓋をしてしまうのはもったいない話です。可能性は無限です。クリスタルと波長が合い、調和すればするほど、クリスタルは喜び――あなたをビックリさせてくれます。

高次の波動を持つクリスタル

　新種のクリスタルの多くは極めて高次の波動を有しており、それが多次元的ヒーリングと魂の自己変革を可能にします――ただし、それにはクリスタルの波動と調和する必要があります。波動の高いクリスタルを用いる際は少し慣れが必要です。というのは、どのクリスタルも、波動を上げるにはまず自分自身でヒーリングや進化に必要なワークを行うべきだという点を重視するからです。それができてはじめて波動が上がり、やがて肉体にも現れてくるのです。ほとんどのクリスタルと同様、こうした波動の高いクリスタルも持ち主の内面のエネルギーを映し出す鏡の役目をします。これまで自分の人間性に気づかずにきた人にとってはかなりショックを受ける場合もあるでしょう。クリスタルは、最高の自分を具現化し、霊的独自性の核心部分である愛を物理的世界に具現化するのに役立ちますが、至福やアセンション*への近道ではありません。しかし、適切な場合は、至福やアセンションを助長し、近道を教えてくれることもあります。

　高次の波動を持つクリスタルがあなたと共鳴するかどうかを確かめるには、そっと手で握って静かに座ってください。クリスタルに同調すると身体が震えだしたり、あっという間に別のエネルギーの次元に運ばれていくことがあります。こうした現象はその石があなたに合っているという証拠です。もし、何の変化も起きなければ、別の石を選んであなたの波動が変化するのを待って、もう一度試してみてください。ほとんどの場合、まずオーラ体に作用するので、高い波動のクリスタルが身体に影響を及ぼすとしても、それが目に見える形で現れるには時間がかかります。もし高次のクリスタルがヒーリングクライシス*やカタルシスを誘発した場合は、その石を身体から遠ざけ、両足の間にスモーキークォーツかクロライ

パライバトル
マリン・
ジュエリー

トクォーツを置いてください。そうすればエネルギーが安定します。

パワーストーン

スモーキー・エレスチャルクォーツやクォンタムクアトロ、その他のレッドクォーツは、心身ともにエネルギーが消耗したときに元気を回復するのに役立ちます。ピンク色のクリスタルは情緒面でのエネルギーを高める効果がありますが、このような効果を持つ石は他にもたくさんあります（p.34-355のクリスタル図鑑を参照）。ホワイト・エレスチャルクォーツ、アメジスト・エレスチャルクォーツ、セレナイト、そのほかの高次の波動を持つクリスタルは霊性面でのエネルギーを高めます。これらの石はセプター*と呼ばれる王権の象徴である笏の形をしたものが最も効果を発揮するといわれています（p.272を参照）。

こうした石を用いてパワーを蓄えるには、肩の力を抜いて、適切なクリスタルを10分から15分程度手に持ってください。クリスタルが再びあなたにパワーを取り戻してくれるよう心の中で念じながら、ゆっくりと息を吸って吐き出します。目線は一点を見つめずに、エネルギーが全身に行渡るのを感じてください。専用化したクリスタルを身につけることによって、自分でパワーを蓄える力を身につけることもできます（p.358を参照）。

オレンジ・リバークォーツ（セプター）

クリスタルの効能にあやかる

ほとんどの場合、小さなクリスタル、特に高次の波動を持つ石は極めて大きな効果を発揮しますが、ある特定の効果を期待する場合、大きな石のパワーが必要になります。特大のクリスタルのエネルギーを必要としていても、高くて買えない場合や、手軽に持ち運べるものがほしい場合は、小さな石を大きな石の上に15分ほど載せて相互に同調するのを待つという方法があります。いわば大きな石の効能にあやかるのです。大きい石のエネルギーを借りた小さい石は、両者の距離がどんなに離れていても、期待どおりの効果を発揮します。小さな石を浄化するときは（p.358を参照）、大きいほうの石も同時に浄化されるよう願ってください。

エネルギーの強化と空間の浄化

エネルギーの枯渇は、周囲の環境が有害な地球放射線によるジオパシックストレス*や電磁スモッグ*の影響を受けたときに生じます。室内や有害な環境にクリスタルを置くことで、負のエネルギーが除去されます。その結果、安全で神聖な、エネルギーの調和が保たれ、浄化された空間を生み出すことができます。また、同じ部屋の中にいる人たちが発する否定的な感情によってその場が「汚染される」ことがあります。そんなときは大きなクロライトファントムかスモーキーエレスチャルを水洗トイレのタンクに先端を下に向けて吊るしておくと、家全体を浄化することができます。またクリスタルを家の中に置くことで、愛と豊饒を引き寄せることができ、恋愛関係や家族のきずなをいっそう強めることができます。

個人のエネルギーが枯渇する原因として、環境的な要因の次に多いのが、家族、友人、顧客との人間関係です。エネルギー欠乏症の人たちは精妙体*や人間の臓器に「くらいついて」栄養分を吸い取ろうとします。これはサイキックバンパイアリズム*と呼ばれる行為で、さらに、彼らの思考があなたの行動を支配しようとすることもあります。もしあなたがエネルギーに満ちあふれていて、チャクラが緊密に協力しあい、オーラの保護機能が正常に働いていれば、負のエネルギーやサイキックバンパイアー、あるいはあなたの行動を支配しようとする思考が悪影響を及ぼす心配はありません。波動を上げる一番簡単な方法は、自分に合ったクリスタルを身につけることです。ただし、使用する前に洗浄と活性化を行い、定期的に浄化することを忘れないでください(p.358を参照)。Oリングテストをして選ぶか、とくも強い愛着を感じるものを選ぶのが自分にあったクリスタルを見つける一番良い方法です。

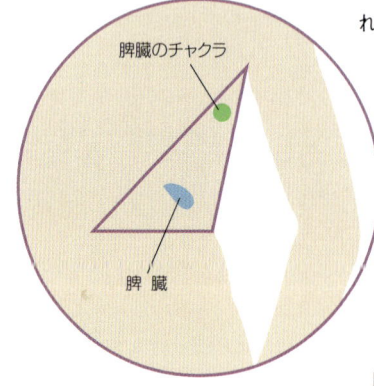

心の中でイメージしたピラミッドがグリーンランダイトなどのクリスタルからエネルギーを吸収し、脾臓を取り囲んで保護します。

脾臓のチャクラ
脾臓

脾臓の保護作用

様々なクリスタルを組み合わせ、それに少し工夫すれば、サイキックバンパイアリズム*を退けること

クリスタルの波動

ができます。あの人といるとなぜか疲れる、彼らと電話をしているとどういうわけか疲れたり、左のわきの下が痛む。そんなときは、グリーンランダイトかガスペイトが効果的です。脾臓を保護する働きのあるクリスタルを、手の大きさの範囲に左のわきの下にテープで貼ってください。そして大きな、立方体のピラミッドが腰の前後に降りてきて脾臓を保護する様子をイメージしてください（平らな底辺があるピラミッドをイメージしてください）。体に再び活力をみなぎらせるためには、テープで貼った石をクォンタムクアトロか別のパワーストーンに置き換えてください。このようにクリスタルとピラミッドを組み合わせることによって、他者の怒りからあなたの肝臓を、愛情に飢えた人たちからあなたの太陽神経叢を守り、エネルギーが吸い取られるのを防ぐことができます。手の大きさぐらいの石を左のわきの下に置くと情緒が安定し、右のわきの下に置くと怒りが肝臓にダメージを与えるのを防ぎます。

クォンタム
クアトロ

安全な空間

　クリスタルは、あなたの魂が肉体を離れ異次元を旅するときや、深い内省状態に入ったときにあなたの肉体を守る働きがあります。さらに、あなたの住まいや職場を今よりもずっと居心地の良い空間にしてくれます。人が集まる場所でクリスタルを用いて肉体を安全に守ろうとするとその場のエネルギーの力学が劇的に変化し、エネルギーの強度が高まります。霊的なワークを安全に行うためには、肉体を安全に守ることが不可欠ですが、そのためにはグラウンディングする必要があります。そうでないと、精妙なエネルギーの侵入という危険に身をさらすことになるからです。幸いなことに、クリスタルでグリッディング*すると、グラウンディング作用によって肉体が保護され、多次元や内なる次元*への旅が促進されます。グリッディングして肉体を守るには、ラージ・スモーキーエレスチャルが最適ですが、大きなラブラドライトの原石にも同様の効果があります。また、生活空間を環境汚染から守るには、大きなアマゾナイトかブラックトルマリンがおすすめです。グリーンランダイトやポピージャスパー、それにエレスチャルも同様に効果があります。ブロンザイトの基本三角形にブラックトルマリンの逆三角形を重ねれば、人の不幸を

ポピー
ジャスパー

27

願う気持や負のエネルギーが行き交うのを防ぐことができます（p.31を参照）。

クリスタルを3個並べて三角形を作るか、6個並べてダビデの星状にグリッディングすれば、空間が浄化、保護され、正のエネルギーも強化されます。また、これ以外のレイアウトでも同様の効果を得ることができます（p.29-31を参照）。たとえば、シックハウス症候群にはジグザグパターンが生み出すパワフルなエネルギーが大変有効です。様々な種類や形状のクリスタルを試してみて、エネルギーの効果を確認してみるといいでしょう。また、高い波動を持つクリスタルやグラウンディング用のクリスタルを追加して、効果の違いを実感してください。

グリッディング

グリッディングとはクリスタルを人や建物、室内に配置し、エネルギーの網を作ることによってその場を保護し、場のエネルギーを高める方法のことです。最も簡単な方法はクリスタルを部屋の四隅に置くことです。こうすることで部屋全体にエネルギーが行渡ります。ただし、グリッディングの方法はそのときどきの感覚で選んでも結構です。

グリッディングの際は、Oリングテストをすれば、どこに石を置けばいいのかが正確にわかります。置くときは、ワンドもしくはレムリアンのような先の尖ったクリスタルを用意してください。ワンドはシャーマン、ヒーラー、霊能者が用いる伝統的な道具です。神話や伝説に登場する魔法のワンドは、アトランティスやレムリアなどの古代文明ではヒーラーによって用いられていました。ワンドには先端を通してエネルギーを狭い範囲に集束する力があり、特定の目的に専用化するとワンドのヒーリング効果は飛躍的に増します（p.358を参照）。ワンドを用いるときに大事なことは、宇宙のヒーリングエネルギーが宝冠のチャクラから体内に入り、腕を通って手に伝わり、ワンドに流れ込む様子を意識的にイメージすることです。宇宙のヒーリングエネルギーはワンドの中で増幅し、患者の体内に伝わります（他者を癒すために自分のエネルギーを使うのは非効率的です。結果的に、エネルギーを消耗して、あなた自身がヒーリングを必要とすることになってしまうからです）。使用する前にクリスタルの洗浄と活性化を忘れずに行っ

レムリアン
（天然のワンド）

てください。そしてクリスタルを用いる目的や意図を明確にしてください（p.358を参照）。

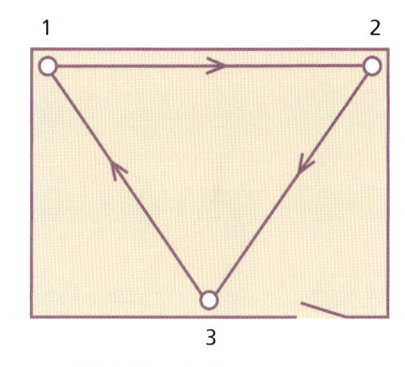

　グリッディングするときに、力線が壁や固体を通過しなければならない場合があります（反対側のページを参照）。あなたの思考力かワンドの力を用いて、石が置かれた各ポイントを想像上の線で結んでください。たとえば、ワンドを用いる場合、まず壁際のポイントに持っていきます。そしてワンドが壁を通り抜けるのをイメージします。反対側に歩いていき、再度、力線を結びます。p.208のワンウェイポータルの項も参照してください。

三角形のグリッディング

必要なもの／● 洗浄し、活性化したクリスタル3個 ● クリスタルワンド

　三角形のグリッディング（右上の図）は負のエネルギーを取り除き、正のエネルギーを呼び込む効果があります。

　まず、壁際の中央部にクリスタルを1つ置き、あとの2つを向い側の壁の両隅に置きます。できればこのとき3つの石を結ぶ線が作る三角形の角度が同じになるようにします。部屋だけでなく、家全体をグリッピングする場合は、力線が壁を通過するので、石が置かれた地点をワンドで結ぶとグリッドが強化されます。

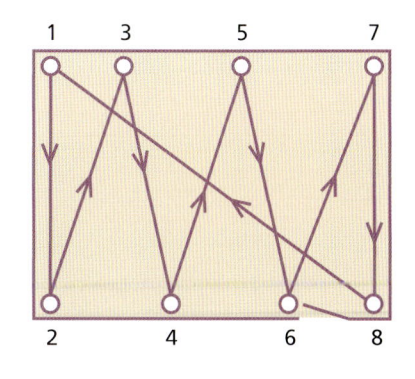

ジグザグのグリッディング

必要なもの／● 洗浄し、活性化したクリスタル8個 ● クリスタルワンド

　ジグザグのレイアウト（右下の図）はシックハウス症候群や環境汚染に極めて有

クリスタルの波動

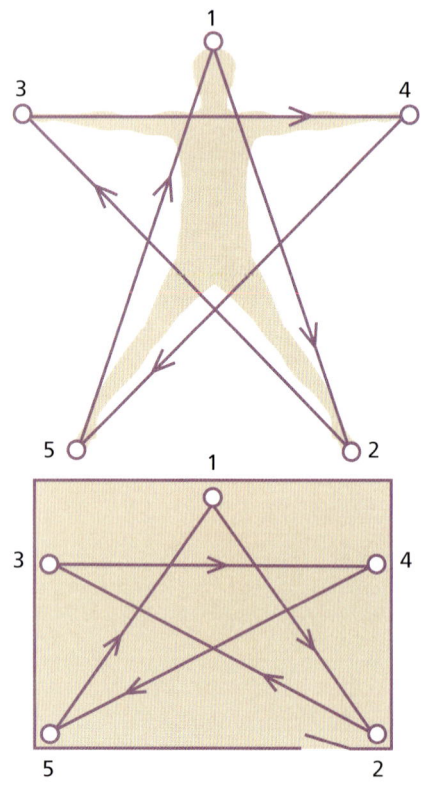

効です。適切なクリスタルを図のように配置します。並べ終わったら、必ず最後に置いた石から最初に置いた石に戻るようにしてください。クリスタルは定期的に洗浄するようにしてください。

五角形の星

必要なもの／● 洗浄し、活性化したクリスタル5個 ● クリスタルワンド

五角形の星は負のエネルギーから身を守り、愛と癒しを引き寄せるレイアウトで、体内のエネルギーを強化します。図の矢印にそってクリスタルを並べてください。並べ終わったら最初の地点に戻って五角形を完成させて

ください。ダビデの星と同様、このレイアウトは身体や、室内その他の空間をグリッディングする際に用いることができます。

8の字形

必要なもの／● 洗浄し、活性化した、波動の高いクリスタル5個
● 洗浄し、活性化した、グラウンディング用のクリスタル5個

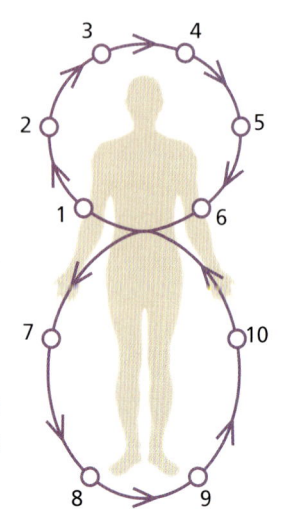

このレイアウトは霊的なエネルギーを体内に取り込み、それを足から取り込んだ地球のエネルギーと融合させ、両者のバランスを完璧に保ちます。また宇宙のアンカー*を開き、地球の核と銀河の中心の間にあなたを宙吊りの状態に保ち、体内に強固なエネルギーの核を作ります。エネルギーを吸収したあなたは、エネルギーの変動を乗り切り、高波動のエネルギーを地球に向けて送ることができるようになります。アンフィボール、カコクセナイト、ブルームーンストーンなど、高次の波動の石を腰の上から頭頂部までの間に置いてください。そして、ポピージャスパー、アゲート、セプタリアンなどのグラウンディング用の石を腰から足の先にかけて置いてください。8の字を完成させるために、最初に置いた石に戻るのを忘れないでください。

ダビデの星

必要なもの／ ● 浄化し、活性化したクリスタル6個 ● クリスタルワンド

　ダビデの星は保護作用を持つレイアウトとして昔から用いられていますが、それ以外にも、グロッシュラーガーネットやアンモライト、もしくは富貴を引き寄せる石と一緒に置くと、自己実現のワークを行うのに理想的な空間を作り出します。まず三角形を作り、3点を結びます。それからもう1つの三角形を今度は逆さまにして重ね合わせます。同じように3点を結びます(悪意*から身を守るためにブロンザイトとブラックトルマリンを用いる場合は、ブロンザイトの三角形を先に配置し、毎日洗浄してください)。

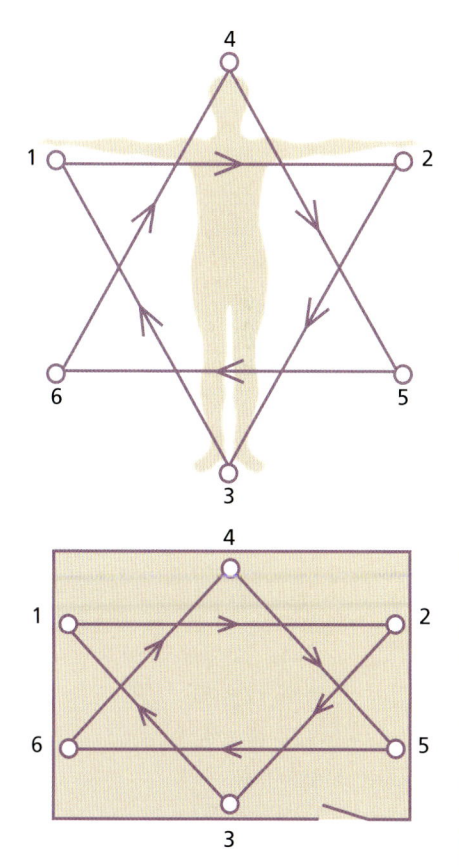

31

クリスタルの波動

グリーンランド産のクリスタル

　神秘の国グリーンランドで採掘されたすばらしい新種のクリスタルが最近市場に流通しています。グリーンランドの岩盤は地球上で最古のものといわれています。世界最大の島グリーンランドは、様々な大自然のコントラストが織り成す魅惑に満ちた島です。温泉と氷河、そびえたつ山々と深い谷のフィヨルド。魅惑的な北極光や真夜中の太陽が見られるこの島では、物音ひとつしない静寂から、永遠に続くのではないかと思えるような暗い冬まで、自然の極限状態と雄大な大自然を堪能することができます。この島には今から5000年以上前、カナダから移ってきたイヌイット族が住んでいました。そしてエリック・ザ・レッド率いるバイキングが、壊れそうな船でグリーンランドに到達したのは今から1千年以上も前のことです。グリーンランドでは、クリスタルを求めて危険きわまる探検が今もなお続いています。足場の不安定な小道をよじ登ってフィヨルドの断崖絶壁に到達し、採掘したクリスタルをバックパックに入れて持ち帰ってきた人から話しを聞いたことがあります。慎重かつ大胆な彼の話によると、山道の幅があまりにも狭かったために、ハイテクの採鉱機器を持っていくことができず、しかたなく素手でクリスタルを掘りおこしたそうです。また別の採掘者の話しによると、道がなかったため、彼はヘリコプターでクリスタルを運んだそうです。このような状況を考えると、タグチュパイト、ウシンガイト、ヌーマイトなどの供給量が限られるのは当然です。ただし、これらのクリスタルの中には他国で産出されるものもあります。グリーンランダイト、ハックマナイト、フィスケナセットルビーなどのグリーンランド産の宝石の美しさは見事というほかありません。多くは高い波動を持ち、魂の進化を穏やかに促す作用があり、人類を一つにつないで穏やかなエネルギーに回帰させます。そのエネルギーは、この地球とその内外に存在するすべてのものに感謝を捧げ、敬意を払うことがいかに大切であるかを私たちに教えて

タグチュパイト

ヌーマイト

32

クリスタルの波動

くれます。まさに古代のクリスタルが人類の未来に希望を与えてくれるのです。

　グリーンランド産のクリスタルのほとんどは蛍光性です。つまり、太陽や紫外線にさらされると電磁放射線を放ちます。私たちの目はそれを色のついた光として知覚するのですが、これはまさに神秘的な体験といえます。蛍光性はクリスタル内部でエネルギーがより高い次元にシフトした結果生じるものです。したがって、蛍光性のクリスタルがエネルギーの歪みを修正するのにすぐれた効果を発揮するのもうなずけます。またグリーンランド産のクリスタルには熱や日光にあたると色あせるものもあります。シャーマンには、そのようなクリスタルが放つオーラが見えていたのでしょう。古代人の目にクリスタルが神々しく映ったのはこのためかもしれません。

ウシンガイト

カコートカイト

宇宙から撮影したグリーンランド。きらきら輝く氷帽が点在するグリーンランドは、それ自体が巨大なクリスタルに見える。

33

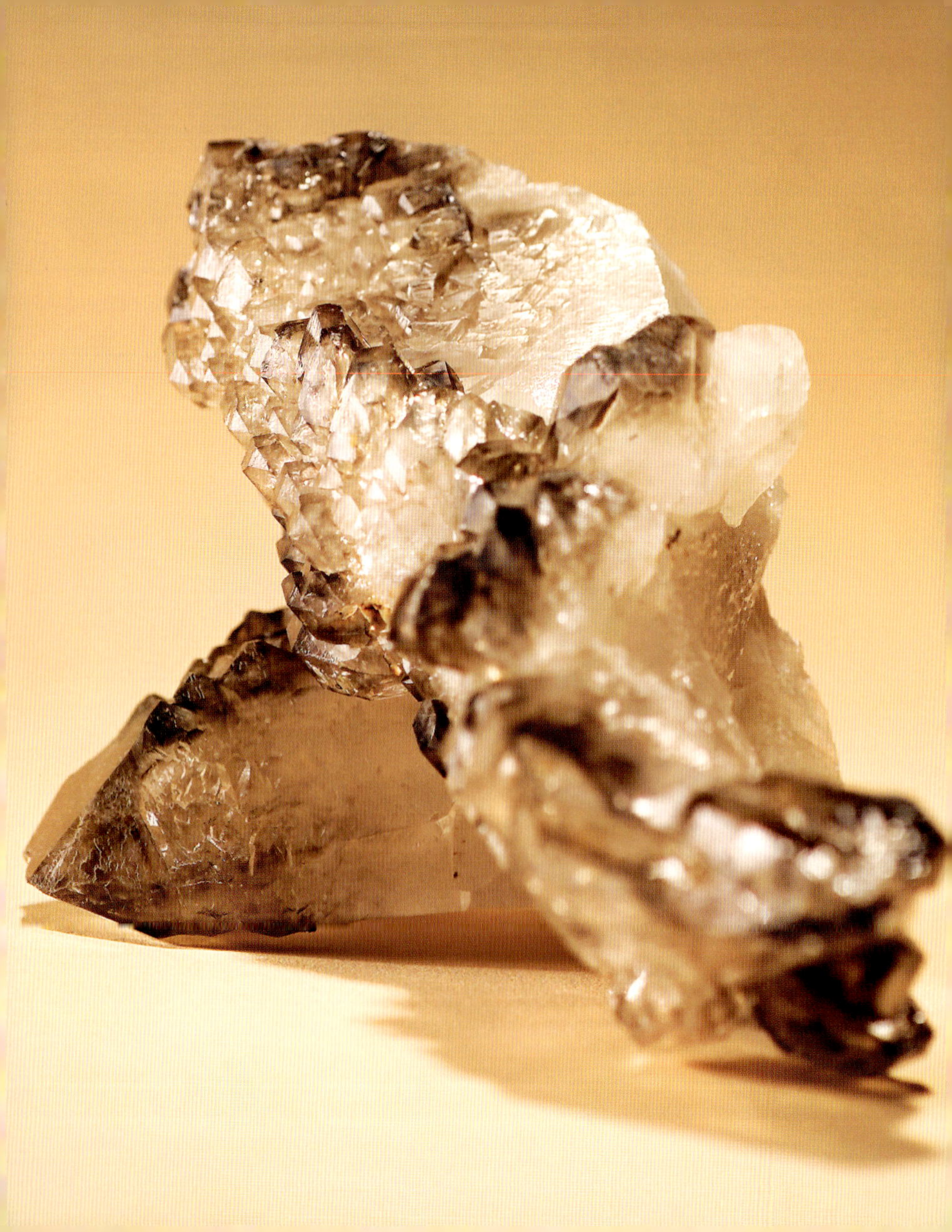

クリスタル図鑑

　クリスタルを正確に同定することは重要ですので、可能な限り写真は原石と研磨したもの、もしくはファセット加工したものを掲載しています。本書は特に美しいクリスタルだけを集めたのではなく、ショップなどで手に入りやすいクリスタルを選んで紹介しています。クリスタルの同定作業は複雑です。というのは、昔からあるクリスタルが新しい名前で呼ばれていたり、同じ石に複数の呼び名がついている場合があるからです。たとえば、カテドラルクォーツは、現在ではライトブラリーとかアトランティスストーンとして知られています。そしてこの名前は少なくとも他の3種類のクリスタルにも用いられています。新種のクォーツの中には特に同定が難しいものもあります。外観はそれほど変わらないのですが、エネルギーの強さが大きく異なるためです。ブラジル産の「シフトクリスタル」はその外見といい手触りといいヒマラヤ・グロース・インターフェレンス（ニルヴァーナクォーツ、アイスクォーツなどとも呼ばれる）にそっくりです。またグイレシャル・エッチド・クォーツ（別名アイスクォーツ）にも似ています。一方、「セレスチャルクォーツ」という名称は完全に性質の異なる2種類のクリスタルにも用いられています。

　この図鑑は、自分に合ったクリスタルが見つかるように、皆さんをクリスタルの世界にご案内します（p.6-9のクリスタル参照表に本書に収録したクリスタルの一覧を掲載しています）。自分が欲しい混合石が手に入らない場合は、2種類のクリスタルを用いてエネルギーのシナジー効果が発揮されるよう心の中で念じるといいでしょう。

アクチノライト(Actinolite) [和名：緑閃石]

ホワイト
(原石)

グリーン
(原石)

色	緑と黒、または白
外観	半透明から透明まである。 ガラス質で、ブレード状の結晶。クォーツまたは緻密で不透明な塊に内包されていることが多い。
希少性	簡単に入手可能
産地	アメリカ合衆国、ブラジル、ロシア、中国、ニュージーランド、カナダ、台湾

特性

アクチノライトは霊的進化が妨げられたときに有効で、魂にとって望ましくないものや不適切なものを取り除きます。心霊の侵入を防御するこの石は、生体磁気シース*を拡張させ、その端をふさいで強化します。

霊性面では、高次の意識に接続して、肉体、心、精神、霊性のバランスを整える働きがあります。心理面では、新たな方向性を示し、自尊心を高めます。視覚化と心象を支援し、自発的創造性を引き出します。

すべての身体機能の調和を保ち成長を刺激することで、環境の変化への適

クリスタル図鑑

応や、トラウマからの回復を支援します。

ヒーリング効果
ストレスの緩和に有効です。アスベストが原因による腫瘍の治癒を促し、免疫系、肝臓、腎臓の働きを支えます。

使い方
必要に応じて、手に持つか、グリッディングするか(p.28-31を参照)、適切な場所に置いてください。

特殊な色と形
ブラックアクチノライトは基底のチャクラを浄化し、保護します。魂にとって不要なものを穏やかに取り除き、新しいエネルギーの通り道を開きます。自分に原因がある場合も含め、いかなるマイナス思考の侵入も効果的に防いでくれます。

アクチノライト入りクォーツは方向性を見失い、新たな道を模索しているときに役立ちます。建設的な進化の道筋を示し、物事の適切なタイミングを知らせ、「間違い」をおかすことにも価値があることを教えます。解毒作用があり、新陳代謝を活発にします。

ザンビア産のウィッチズ・フィンガーには白いアクチノライト、トレモライト、ルチルまたはマイカを内包する*クォーツが共生していることがあります。この石はシャーマンが行うヒーリングやアースヒーリング*に役立ちます。ウィッチズ・フィンガーに同調すると「気」*の流れがよくなり、ヒーリングが加速されるので、慢性疾患や重篤な病気の治療に効果的です。また、不要なものをすべて切除し、傷痕を癒します。天然の形態は、オーラを守る盾*として用いたり、混沌とした時期に環境をグリッディングする*のに用いることもできます。インクルージョンによって特性は変化します。

ウィッチズ・フィンガー
(天然の形態)

アダマイト(Adamite) [和名：水砒亜鉛鉱]

母岩上の
天然の結晶

色	黄色
外観	ガラス質で、透明な結晶またはドルージー
希少性	希少
産地	メキシコ、ギリシャ、アメリカ合衆国

特性

　極めて創造性に富むアダマイトは形而上学的能力*と異次元の生命とのコミュニケーションを促進する以外に、霊性面の効果はほとんどありません。しかし、感情に支配されて理性の働きが鈍っているときに用いると、情緒を安定させ、感情と理性のバランスがとれた穏やかな状態に回復してくれます。その状態にいる限り、いくら感情の嵐が吹き荒れても、穏やかな心が乱されることはありません。

　精神面では、太陽神経叢、心臓と喉のチャクラを宇宙意識とつなげることで、感情と理性の調和をはかります。情緒的な問題に対処するときや、霊的な意志を強く持つ必要があるときには、明晰性と内面的な強さを与えてくれます。

情緒面では、自分の要求をはっきり人に伝えたいときに役立ちます。特に、自分の感情表現を豊かにするために、人と接するときの心の持ち方を変えたいときなどに有効です。人生に喜びを引き寄せるのには最適の石です。

　心理面では、何か特別な仕事に集中したり、難しい選択を迫られたときに役立ちます。内なる声に耳を傾けさせ、答えのある場所に導いてくれるからです。その際、まったく予期しなかった答えが見つかることもあります。この石が提案する解決策は私たちを驚かすような、斬新なものが多いですが、解決にいたるプロセスを信頼すればすべてはうまくいきます。

　創造性豊かなこの石は、まだ見ぬ未来へ自信を持って向うあなたを応援し、起業家としての潜在能力を引き出してくれます。公私ともに成長するための新しい方法を発見する力を引き出し、新しい仕事や繁栄を引き寄せるためにプログラミングする（p.358を参照）には最適です。

ヒーリング効果

　心臓、肺、喉、細胞記憶＊、内分泌腺に有効です。季節性情動障害（SAD）、月経前症候群、慢性疲労に効果があります。

使い方

　必要に応じて、手に持つか、グリッディングするか（p.28-31を参照）、適切な場所に置いてください。

エジリン(Aegirine) [和名：錐輝石]

グリーン・レッド
(原石)

ブラック
(天然のワンド)

色	緑と赤が混じった色または黒
外観	透明から不透明まである柱状結晶。母岩上にできた縞模様を持つ結晶や小さな結晶
希少性	簡単に入手可能
産地	グリーンランド、アメリカ合衆国、アフリカ

特性

　エジリンは人間や環境を癒すパワフルなエネルギーを生み出します。霊性面では、真我の探求に力を与え、自分らしく生きるにはどうすればいいかを教えてくれます。また、自信をもって、誠実に自身のカルマ*と向き合うことができるよう支えてくれます。サイキックアタック*や精神的な影響から身を守るのに極めて効果的で、想念形態*を排除し、付着霊*や負のエネルギーを取り

除いた後の生体磁気シース*を修復するのに有効です。

心理面では、正直に生きることを促し、自尊心を高めます。何ごとにおいても誠実な態度で臨むように促し、心底必要と感じていることを実行する力を授けてくれます。

精神面では、マイナス思考をプラス思考に変えます。物事をもっと大きな観点から見る力を与え、集団の圧力に屈したり、他人のアイデアや理想に従うことなく、自分が正しいと思う道を歩むことができるよう優しく後押ししてくれます。結果に対して必要以上に執着することなく、賢明な判断により目標達成に向って進む決意を固めさせます。

情緒面では、男女関係のもつれを解消し、別離の後の悲しみを癒す働きがあります。情緒体からエネルギーの閉塞感を取り除き、肯定的な波動を高めます。

肉体面では、自己治癒力を高め、他のクリスタルの癒しのパワーも強化します。

ヒーリング効果

細胞記憶*、免疫系、代謝機能、神経系、肝臓、胆嚢、脾臓、筋肉、骨を支えます。筋肉痛をやわらげ、解毒作用があります。

使い方

必要に応じて、手に持つか、グリッディングするか（p.28-31を参照）、適切な場所に置いてください。胸腺に置くと、免疫系が強化されます。想念形態を排除するためには、喉、第三の目もしくはソーマチャクラの上に置いてください。

クリスタル図鑑

アゲート:ボツワナアゲートとグレーバンディドアゲート
(AGATE: Botswana and Grey-banded AGATE)

ボツワナ
(タンブル)

グレーバンディド
(タンブル)

色	灰色、灰色とピンク(ボツワナアゲートのほうが濃いピンク)
外観	きれいな縞模様で、不透明
希少性	簡単に入手可能
産地	ボツワナ、アメリカ合衆国、モロッコ、チェコ共和国、ブラジル、南アフリカ

特性

　バンディドアゲートは宝冠のチャクラを刺激し、精妙体*を宇宙と地球のエネルギーで満たして肉体と調和させます。身体を総合的に癒すこの石は二元性と矛盾や争いを取り除き、健康維持に役立ちます。多次元的ヒーリングや魂を癒すワークですぐれた効果を発揮します。表面の縞模様には、私たちを普段の意識の流れとは異なる次元や他生へいざなう働きがあります。

　家の中でグリッディング*すると環境の浄化に役立ちます。他者の魂が肉体を離れ、あなたの体内に侵入するのを防ぎ、迷惑な霊を追い払います。肉体、情緒、精神に働きかける解毒剤として用いられてきた歴史があり、負のエネルギーを閉じ込めておく容器としての役目もあります。

　第三の目のチャクラに置くと、グルや過去世のパートナーとの精神的なきずなを断ち切るほか、幼少期のつながりを利用して今世でもあなたを支配し続

けようとする親とのきずなを即座に断ち切り、失われたエネルギーを補充してくれます。僧侶やカルトの教祖が祈祷を行って誰かを連れ戻し、再び自分たちの意のままにコントロールしようとたくらむ場合にその対抗手段としても有効です。この石には人の自由を奪おうとするエネルギーを発信源へ押し返し、自らが望む人生を歩むことを可能にする働きがあるからです。

心理面では、性的衝動はごく自然なことで、官能は充実した人生に対する五感の感謝の表れであることを教えます。押さえつけられていた感情を解き放ち、芸術面での表現活動を奨励します。他人の言葉に傷つきやすい人には、くよくよ悩まず、解決策を見いだす努力をするよう促します。また、強迫観念や自滅に追い込む思考パターンを消去する作用もあります。視野を広げるこの石は、細部にも注意を払いつつ、未知の領域や創造性の探求に乗り出すことを支援します。

情緒面では、あなたと大切な家族を守るようにプログラミングする(p.358を参照)ことが可能です。また、外から見ても押し付けがましいところがなく、お互いを支えあう愛がはぐくまれるようプログラミングすることもできます。

ボツワナアゲートは火や煙のそばで働いている人や禁煙したいと願っている人を助けます。クモを追い払うともいわれています。

ヒーリング効果

細胞記憶*の質と多次元的ヒーリングの効果を高めます。憂鬱、解毒、生殖能力、脳、酸素吸収、胸部、皮膚、循環器系、神経系に有益です。前世もしくは今世で肉体、情緒、魂が苦行を経験した後、細胞記憶のプログラムを書き換えるのに役立ちます。

使い方

必要に応じて、手に持つか、グリッディングするか(p.28-31を参照)、適切な場所に置いてください。グルとのつながりを断ち切るには、第三の目のチャクラに置くと効果があります。めまいを起こす場合があるので、そのときは身体から遠ざけてください。

クリスタル図鑑

アゲート:**クラックルドファイアーアゲート**
(Agate: Crackled Fire AGATE)

タンブル

色	オレンジ
外観	細かいひび割れや縞模様があり、半透明
希少性	ショップで簡単に入手可能
産地	アメリカ合衆国、チェコ共和国、インド、アイスランド、モロッコ、ブラジル

特 性　クラックルドファイアーアゲートは、霊的意志のエネルギー場であるバーミリオンフレイム*に同調するパワフルなエネルギーを有しています。「気合を入れる」のに効果的なこの石には生命力と生の喜びが満ちあふれています。悪意*を跳ね返し、発信源に穏やかに押し戻してあなたの身を守ります。そうすることで、悪意がいかに有害であるかを発信源に知らしめ、二度と来ないようにいましめるのです。

　肉体面では、活力と創造性を刺激し、身体に元気を与えます。性的衝動を強め、基底のチャクラを刺激して渇望や破壊的な欲望を取り除き、中毒症状を抑える働きがあります。

ヒーリング効果　活力を取り戻し、疲労を回復させ、燃え尽きや身体のほてりを予防します。夜間視力を改善し、三焦経*、生殖器、消化器と共鳴します。

使い方　長期間、身につけてください。

クリスタル図鑑

アゲート:**スネークスキン・アゲート**
(Agate: Snakeskin AGATE)

天然の形態

色	白と茶色がかった灰色
外観	蛇の皮膚のような結晶
希少性	希少
産地	アメリカ合衆国、インド、モロッコ、チェコ共和国、ブラジル、アフリカ

特 性

　メディスンホイール(p.368-375を参照)の南に同調するスネークスキン・アゲートは、自由に姿を消したり、変身することができるといわれています。この石を持っていると物理的世界と霊的世界の両方に溶け込み、姿を隠して両方の世界を往きかえりできることから、魂の回復*の旅に役立つとされています。

　霊性面では、基底のチャクラと仙骨のチャクラを強化します。魂を肉体と地球にしっかり根づかせ、魂に自分の肉体を完全に受け入れるよう促します。

　心理面では、きわめて嬉々とした性質をもつこの石は、日常生活での心配事や憂鬱を取り除き、生きる喜びを味わわせてくれます。蛇が脱皮するように、過去を清算し、生まれ変わることができることに気づかせるこの石を、下部のチャクラに置くとクンダリーニ*が上昇し、再生がもたらされます。この

石の持つ蛇のような狡猾さが、よこしまな人間や困難に対処する力を与えてくれます。

肉体の面では、「似たものが似たものを治す」というホメオパシーの原理により、昔から皺をのばしたり、皮膚病を癒すために用いられてきました。

ヒーリング効果

昔から乾癬、聴覚障害、胃腸障害の治療に用いられてきました。

使い方

必要に応じて、手に持つか、グリッディングするか(p.28-31を参照)、適切な場所に置いてください。皮膚をジェムエッセンス(p.361を参照)で濡らしてください。手に持てば、あらゆる毒を変性させるスネークメディスンのパワーとつながることができます。メディスンホイールに用いるときは、南の方角に置いてください。

クリスタル図鑑

アゲート：**ツリーアゲート**（Agate:Tree agate）

タンブル

原石

色	白と緑
外観	斑点と縞模様があり、不透明
希少性	簡単に入手可能
産地	アメリカ合衆国、インド、モロッコ、チェコ共和国、ブラジル、アフリカ

特性

　地球と環境を癒すこの石は、あらゆる植物や樹木を効果的にサポートします。植物が生育する周辺にこの石をグリッディング＊すると、発芽状態がよくなり、豊作をもたらします。自然の生命をはぐくむエネルギーや自然界の霊と強力につながるこの石は、あなたと生命体との間に良好な関係を築き、樹木

や植物とのコミュニケーションを円滑にします。ポケットに1個忍ばせておけば、大自然とのつながりが強まり、あなたがたとえ一人で荒野の中にたたずんでいても安全に守ってくれるでしょう。

　心理面では、試練に直面したときでも安心感を与えてくれます。力強さと忍耐力を分け与えてくれるこの石は、どんな試練にも平常心で立ち向う勇気を与え、困難の背後に潜むカルマ*の教訓に気づかせてくれます。自分に対して肯定的な感覚と絶対的な自信を持つよう促します。

　情緒面では、自身や他者の否定的な感情を退けます。肉体面では、活力を取り戻して強さを分け与えることで、免疫系をサポートします。

ヒーリング効果

　免疫系に有効で、感染症に対する抵抗力をつけます。

使い方

　必要に応じて、手に持つか、グリッディングするか(p.28-31を参照)、適切な場所に置いてください。免疫が低下し、感染症にかかりやすい状態にある場合は、この石を胸腺にテープで留め、一晩そのままにしておいてください。

クリスタル図鑑

アグレライト (Agrellite)

原石

色	白
外観	真珠光沢、縞があり、不透明
希少性	希少
産地	カナダ

特 性 アグレライトは心理的な癒しやライターズブロックを克服するのに有効です。あなたが他者をコントロールしようとした場合はそれを制止し、双方に自立心と自尊心が芽生えるよう支援します。

　心理面では、心の奥底に閉じ込められていた、魂の成長を妨げる要因を表面化させることで、成長を阻む内なる声を打ち消し、潜在能力を引き出します。肉体もしくは精妙体*内部にある閉塞を察知する作用がありますが、特有のエネルギー反応によっては癒し効果のあるクリスタルを追加する必要があります。

ヒーリング効果 癒しの効果を高め、ラジオニクス*に対する受容性を高めます。免疫系の働きを助け、打撲傷、腫れ、感染症、化学療法、アルカリ性過多に有効です。

使い方 必要に応じて、手に持つか、グリッディングするか（p.28-31を参照）、適切な場所に置いてください。

49

クリスタル図鑑

アレキサンドライト（Alexandrite）

母岩中の結晶

成形したもの

色	緑と赤が混じった色
外観	ザラザラした感じで不透明。ファセット加工すると透明になり、光源によっては赤く輝く
希少性	希少
産地	ロシア、アメリカ合衆国、ブラジル、中国、アイルランド、スイス、オーストラリア、チェコ共和国、フランス、ノルウェー

特 性

　王権の象徴で護符としての効果もあるアレキサンドライトは、長寿をサポートし、浄化力と回復力にすぐれ、喜びに満ちた自己変革をもたらすといわれています。カルマ*の面では、かつてアレキサンドリアの書庫に保存されていた深遠な知識とつながっています。心臓のあたりに身につけると、恋愛に幸運をもたらし、身につけている人に優雅な趣を漂わせるといわれています。当たる光によって同時に2色を放つことから、物事の両面を見ることを可能に

し、合理的な視点と直感的な視点を統合する働きがあるとされています。

　心理面では、再生力が強いこの石は自尊心と自負心を養います。再編と自分をしっかり見つめ直すことを通して、本来の自分の姿を再認識させます。意志力と夢見る力を鍛え、自身と他者の感情の動きを正確に読み取る力を与えてくれます。

ファセット
加工
したもの

　精神面では、インスピレーションを与え、あなたの内なる声と同調します。情緒面での成熟を促し、あくせくせず、日々の暮らしの中に喜びを見出すすべを教えてくれます。肉体面では、男性性と女性性のエネルギーを調和させ、細胞組織の再生を促す働きがあります。

ヒーリング効果

　神経系と腺系のバランスを整えます。炎症を抑え、首のこりや白血病の副作用をやわらげます。脳の松果体と下垂体、脾臓、膵臓、肝臓、男性生殖器と神経系細胞組織の働きを助けます。

原石

使い方

　必要に応じて、手に持つか、グリッディングするか（p.28-31を参照）、適切な場所に置いてください。

# アンブリゴナイト (Amblygonite)

原 石

色	黄色
外観	光沢があり、不透明で、明るい色
希少性	簡単に入手可能
産地	アメリカ合衆国、ブラジル、フランス、ドイツ、スウェーデン、ミャンマー、カナダ

特 性

　アンブリゴナイトは芸術分野での創造性に富む石で、音楽や詩などあらゆる分野で創造性を高めてくれます。瞑想したり、身近に置いておくと、あなたの才能を開花させます。

　心理的、情緒的なバランスを整えるこの石は、自身の成長を助け、二元性を克服し、対極にあるものを統合する働きがあります。太陽神経叢と高次の宝冠のチャクラを活性化し、情緒と理性を統一し、すべてのチャクラが整然と機能するように働きかけます。その結果、精妙体*各層のエネルギーの流

れが良好になります。自己犠牲を伴わない、周囲の人たちへの共感、奉仕、思いやりの心を助長します。

　霊性面では、自負心を高めることで、一つの気づきを与えます。すなわち、人間の本質は聖なる不滅の魂であり、地球での転生を終えた後は、また別の世界へと旅立って行くということに気づかせるのです。

　情緒面では、心に引っかかっているものを太陽神経叢から取り除きます。特にそのひっかかりの原因が、今でもあなたを自分の思いどおりにしようとくらむ元のパートナーや絶縁した親にある場合に効果があります。また、この石の助けを借りれば、お互い相手に怒りをぶつけることなく、関係を終わらせることができます。

　肉体の癒しの面では、体内の電気系統を活性化します。コンピューターの電磁波の影響を受けやすい人は、この石を胸腺の上にテープで貼っておくと効果的です。

　環境面では、治安が乱れている地域にグリッディング*すると、その地域に平和と安定をもたらします。特に若者が関わっている場合には有効です。

ヒーリング効果

　ストレス、注意欠陥多動性障害（ADHD）、活動過多を緩和します。遺伝子疾患、頭痛、骨の疾患、過敏性腸症候群（IBS）、胃腸障害を癒す効果が報告されています。

使い方

　必要に応じて、手に持つか、グリッディングするか（p.28-31を参照）、適切な場所に置いてください。

アンモライト（Ammolite）

研磨した
スライス

色	多色
外観	珪化したアンモナイトの殻。玉虫色に輝く
希少性	希少
産地	カナダ、モロッコ

特 性

　心霊能力を活性化し、異次元の探求を促すアンモライトは、ソーマチャクラと第三の目のチャクラに置くと特に効果を発揮します。その形状は、円を一周して元の位置に戻ることで、はじめて自分の立ち位置がわかることを象徴しています。魂が歩むべき道が石の内部に暗号化されており、再生を効果的にサポートします。霊性面では、深い部分にある真我、完璧な自己へとい

ざないます。個人の潜在能力を引き出し、霊的意志を活性化するこの石は、負のエネルギーを正のエネルギーの穏やかなラセン構造に転換する作用があります。カルマ*を強力に浄化するこの石を第三の目のチャクラに置くと、強迫観念を断ち切り、過去世からの魂の課題*を解消することができます。

　心理面では、生存本能を刺激し、じっと我慢すればどんな願いもいつかは叶うことを教えてくれます。肉体面では、整然とした構造と明晰性を必要とするものにはどんなものにでも有効に働きかけます。副交感神経の流れを妨げる誕生時のトラウマを軽減し、副交感神経の働きを助けます。環境面では、アースヒーリング*に有効です。

　風水の専門家はアンモライトを「七色の繁栄の石」と呼びます。アンモライトが体の「気」*の流れを刺激すると考えられているのです。彼らによると、この石はまれにみる幸運をもたらす石で、家の中に1つ置いておくと、富、健康、活力、幸せを引き寄せるとされています。また会社に置いておくとビジネスでの成功につながり、身につけているとその人にカリスマ性と官能美が備わってくるといわれています。

ヒーリング効果

　幸福と長寿に貢献します。細胞の代謝、憂鬱、陣痛、骨髄炎、骨炎、耳鳴りに有効です。クンダリーニ*と細胞記憶*を覚醒します。脈拍の安定、変性疾患の克服に有効で、頭蓋、内耳、肺、手足の働きを助けます。

使い方

　必要に応じて、手に持つか、グリッディングするか（p.28-31を参照）、適切な場所に置いてください。

風水の色

　赤は成長とエネルギー、オレンジは創造性と性的衝動の高まり、緑は英知、知性、進取の気性、黄色は富、青は平和と健康を象徴します。

アンナベルガイト (Annabergite) ［和名：ニッケル華］

タンブル

色	青リンゴ色
外観	不透明
希少性	簡単に入手可能
産地	カナダ、アメリカ合衆国、ドイツ、サルデーニャ島、イタリア、スペイン、ギリシャ

特性

　霊性面では、アンナベルガイトは今が完璧な状態であることを教えてくれます。最高次の自己が神の意識と調和が保たれていることを示し、あらゆる可能性の扉を開いてくれます。第三の目のチャクラに置くと、この神秘的な石は視覚化を促して直感を磨き、賢明な宇宙の生命体とのコンタクトを支援します。

　心理面では、ソーマチャクラに置くと、本当の自分の姿がわかり、それを現実世界に反映させることができます。人目を避けるこの石は、適切なタイミングであなたに必要な知識を運んできます。それゆえ、今までの考え方を変えるべき時期が来たときは、そのことを知らせてくれます。

生体磁気シース*とチャクラを調整するこの石は、地球のチャクラを浄化し、生体磁気エネルギーを強化します。経絡*を流れるエネルギーの循環をよくし、身体の経絡と地球のグリッドとの調和をはかることで、多次元的に細胞を癒します。

　肉体面では、自然治癒力を引き出し、放射線治療に耐えられるだけの身体を作り、感染症と戦う準備を整えます。また、ラジオニクス*やエネルギー療法への受容性を高めます。利き腕として左右両方使えるように刺激し、外国語や速記の学習、それに読解力、記号や夢に出てきたものを読み解く力を養います。

ヒーリング効果

　細胞記憶*を支え、脱水症状、腫瘍、細胞の異常や感染症を克服します。

使い方

　必要に応じて、手に持つか、グリッディングするか（p.28-31を参照）、適切な場所に置いてください。

アストロフィライト (Astrophyllite)

タンブル

色	黄色と灰色が混じった色
外観	金属質または真珠光沢のブレード
希少性	希少
産地	アメリカ合衆国

特 性 霊性面では、アストロフィライトは無限の可能性に光を当て、洞察力を高め、暗黙のニーズを敏感に感じ取らせます。「夢を実現する」力を活性化させ、魂の歩むべき道を示します。幽体離脱を促進し、異次元の世界への案内役や保護者としての役目を果たします。

心理面では、自分自身を客観的に見つめることで、罪悪感を持たずに不要になったものを手放すよう促します。また、一つの出会いが終わった後には、必ず次の出会いが待っていることに気づかせてくれます。親密な関係を助長し、触覚の感度を高めるので、マッサージや指圧の際、この石を身近に置いておくと効果的です。

ヒーリング効果 てんかん、生殖器、ホルモン系、神経系、月経前緊張症、更年期障害、細胞再生、大腸、背骨の矯正、脂肪沈着に有効です。

使い方 必要に応じて、手に持つか、グリッディングするか(p.28-31を参照)、適切な場所に置いてください。

アトランタサイト (Atlantasite)

タンブル

色	緑と薄紫色
外観	不透明で、全く異なる2色の組み合わせ
希少性	以前よりは入手しやすくなっている
産地	オーストラリア、南アフリカ、カナダ

特性

　緑色のサーペンティンと紫色のスティヒタイトの混合石であるアトランタサイトは、アトランティスの頃の過去世にアクセスし、あなたがかつて有していた古代の英知と再びつながって、その時代に着手したプロジェクトの完成を促します。

　霊的進化への歩みを刺激することで、古代文明で霊的なパワーを乱用した人々を助け、その正しい使い方と霊的なパワーを身につけることの本質的な意味を理解させます。また、すべてのチャクラを浄化し、調整する働きがあります。

　心理面では、ストレスを緩和し、どんなときもよく考えてから発言するように促します。行儀の悪い子どもを優しくしつけるのに役立ちます。間違った選択や古傷の影響からの決別を促し、不要になった思考パターンやこだわりを

クリスタル図鑑

解消することで、もっと前向きに人生を歩むよう応援します。論争の仲裁にも有効です。

環境面では、アースヒーリング*に有効です。環境に平和をもたらし、地中に埋めておくと地球を浄化し、死や破壊を経験した場所でエネルギーの再構築を行います。

ヒーリング効果

細胞記憶*、ストレス、血液の疾患、低血糖、糖尿病に効果があります。

使い方

必要に応じて、手に持つか、グリッディングするか（p.28-31を参照）、適切な場所に置いてください。

（p.331-332のスティッヒタイトの項も参照）

追加の形

ピクロライトは有史以前から珍重されていた緑色のサーペンティンの一種です。保護作用が強く、チャクラ全体を浄化してバランスを整えることで、身体にスタミナをつけます。地球を癒す作用のあるこの石を干ばつ地帯にグリッディング*すると雨を降らすといわれています。情緒面では、パートナーの良い面に目を向けさせることで、二人の関係が破局に至らないようサポートします。肉体面では心臓、副腎、内分泌系の働きを助け、タンパク質の吸収を促します。宝石ように輝くピクロライトはいくぶん軽快な波動を有しています。

ピクロライト
（原石）

クリスタル図鑑

アバロナイト (Avalonite)

[別名ドルージーブルーカルセドニー (Drusy Blue Chalcedony)]

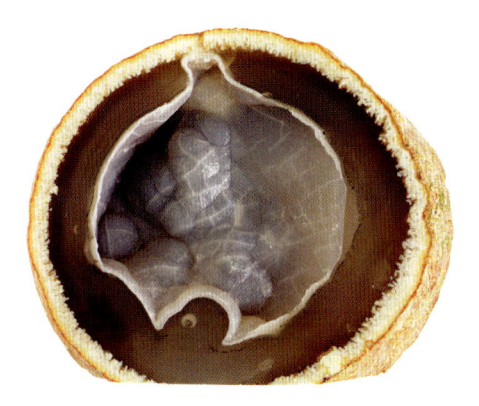

ジオード断面中のアバロナイト

色	青色
外観	ビロード状の微細な結晶で、ジオード内部で形成されることが多い
希少性	希少
産地	アメリカ合衆国、オーストリア、チェコ共和国、スロバキア、アイスランド、イングランド、メキシコ、ニュージーランド、トルコ、ロシア、ブラジル、モロッコ

特性

アバロナイトは視覚化を助け、霊界へのジャーニー*を促します。魂のパートナー同士での霊能力とテレパシーによる交信を可能にします。神話の世界へいざない、おとぎ話や伝説に隠された深い英知を人生に創造的に反映させ

る通訳の役割を果たします。妖精、小人、デーヴァ*と接触し、古代の魔術とつながるこの石は、あなたが集団の深層意識下にある知識にアクセスし、そこから洞察を得ることができるようサポートします。アバロナイトの奥深くをじっと覗き込むと、内なる賢女や女性司祭の化身と接触することができます。覗き込むうちにアバロナイトの内側へゆっくりと入っていくのを感じるでしょう。

　心理面では、あなたの中心にある情緒、精神、霊性に関する知識の調和をはかります。特に新しい状況に対処するために必要な実用的知識を蓄えるのに役立ち、内なる英知を刺激します。失敗を恐れる人や、人を愛することができない人にとっては最適です。心を開くことで今の自分がすでに完全な状態であることを発見させ、決して自分は独りぼっちではないことに気づかせてくれるからです。幻滅した心を癒し、宇宙に対する深い信頼感をはぐくみます。

　環境を守るアバロナイトは負のエネルギーを吸収して変質させ、悪い波動が伝播しないようにする働きがあります。定期的に洗浄と活性化を行ってください（p.358を参照）。

ヒーリング効果
　天候や気圧の変化に敏感な人に有効です。

使い方
　必要に応じて、手に持つか、グリッディングするか（p.28-31を参照）、適切な場所に置いてください。

クリスタル図鑑

バライト (Barite) [和名：重晶石]

グリーンがかった色
(天然のブレード)

ホワイト(原石)

色	白、オレンジ、緑がかった色
外観	ガラス質で透明感のある結晶。ブレード状または繊維質の塊
希少性	簡単に入手可能
産地	アメリカ合衆国、イギリス、ドイツ

特 性

　バライトは直感的に浮かんだ映像を第三者に伝えやすくします。伝統的にジャーニー*に用いられてきたこの石は、夢見ることや夢を思い出すことを容易にします。参加者の名前を明かさず、人目を避けて行う儀式的ワークでは、この石がそれを察知してあなたが霊界の旅から安全に戻ってくることができるように導きます。

　霊性面では、チャクラ全体を浄化してバランスを整え、心理面では、自立心を養います。これまでずっと誰かの考えに従ってきたとか、人の言いなりに

なってきた人がこの石を手にしたとたん、そのような束縛から解放されます。言い換えれば、信頼できる人や考え方への忠誠心をサポートする働きがあるのです。内気な性格を克服し、対人関係を円滑にし、集中力を高めるこの石は、あなたの境界線(他者と自分を区別することによって自分の責任範囲を明確にし、健全な人間関係を築くためのもの)がどこにあるのかを教えてくれます。モチベーションを高めるこの石は、エネルギーを分散もしくは浪費している人には有益です。

　精神面では、記憶力を高め、脳の働きを活発にし、考えをまとめて発表する能力を高めます。

　情緒面では、プラトニックな関係を維持するのに役立ち、親密な関係の構築とあらゆる人間関係についての洞察を促します。エネルギーの強度を調節するこの石は、昔からの情緒のパターンや、強迫観念、恐怖心を解消するカタルシスを引き起こす場合があるので、この石を用いたワークは資格を持ったセラピストが行うのがベストです。また、情緒の安定を回復するには、追加でクリスタルが必要になる場合があります。情緒的なカタルシスを感じると、長年抑圧されてきた感情がいっきに解き放たれ、情緒体が再構築されるので、心の平穏を取り戻すことができます。

ヒーリング効果

　活力を取り戻し、寒さや気温の変化に対する過敏性、記憶、慢性疲労、解毒、脳、視力、中毒、喉の痛みに作用します。脳内の化学成分のバランスを保ち、胃や神経系の働きを整えます。

使い方

　必要に応じて、手に持つか、グリッディングするか(p.28-31を参照)、適切な場所に置いてください。

ベリロナイト (Beryllonite)

原 石

色	白から淡い黄色まである
外観	繊細な半透明の結晶
希少性	希少
産地	ブラジル、アメリカ合衆国、アフガニスタン

特 性　形而上学的能力*を開花させ、結晶化した極めて高次の波動*の光を含むベリロナイトは、エーテル体の青写真*とつながって幸福感をもたらします。あらゆるレベルの不調*を改善し、心身のバランスを保つ働きがあります。経験することはすべて魂にとって成長の糧となることを示し、どんなに苦しい状況にあっても、必ずそこから何らかの学びが得られることを教えます。

ヒーリング効果　肉体レベルを超えた次元で最大の効果を発揮します。完璧なエーテル体の青写真を呼び起こし、細胞記憶を再調整して不調*が生じる以前の状態に戻します。

使い方　手に持つか、注意して置いてください。

ビクスバイト (Bixbite)

ファセット加工したもの　　原石

色	明るい赤
外観	半透明または透明の結晶
希少性	極めて希少
産地	アメリカ合衆国（人工的に作られたものもあるが天然に比べ特性はやや劣る）

特性　ビクスバイトは創造性豊かで、大きなパワーを秘めています。勇気と情熱をかきたて、自己中心的でない意志力を養い、他者への敬意を促します。基底のチャクラを刺激し、心臓とつながることであなたの心の中に愛情を根づかせ、カルマ*に起因する争いをなくして過去に受けた傷を癒します。ビクスバイトの炎の色は、細胞の再生と、血球をつくるための脂肪酸にとって必須のマンガンの色です。

ヒーリング効果　自己治癒力と細胞の修復を促進します。病後の回復期に有効で、スタミナをつけ、活力を増強します。生殖器、肝臓、血液、代謝、酵素過程、歯や骨に有効です。

使い方　必要に応じて、手に持つか、グリッディングするか（p.28-31を参照）、適切な場所に置いてください。基底のチャクラと仙骨のチャクラに置くと生殖機能が高まり、創造性を発揮することができます。

クリスタル図鑑

ブラッド・オブ・イシス (Blood of Isis) [和名：紅玉髄]

ファセット加工
したもの

色	赤
外観	外からは透明に見える結晶
希少性	希少で高価
産地	紅海、エジプト

特性

　ブラッド・オブ・イシスは宝石質のカーネリアンで、昔から護符や神への供え物として、エジプトだけでなく、ヨーロッパ、ミャンマー、日本などで用いられていました。大司祭が胸当て（p.17-18を参照）に用いた歴史があり、イシスのエネルギーである神聖な女性性に同調しています。

　女神・イシスは、生と死をつかさどる女性司祭であると同時に、献身的な妻、母の典型ともいえる存在です。毎年、各地の寺院では、イシスに敬意を表して誕生、死、転生にかかわる神秘的儀式が盛大にとり行われたといわれています。枕の下にこの石を置いて瞑想すると、宇宙の女性性や自身に内在する女神と深い部分でつながることができます。その結果、イシスのベールが取り除かれ、霊的明晰性と真実の世界に到達することができるといわれています。

スペインのアルフォンソ国王による中世の碑文は、中世以前にアラブ民族が記した古文書を翻訳したものですが、そこには古代から伝わる英知が眠っているとされています。その碑文にはブラッド・オブ・イシスは「眠りの石」と記されていますが、それはこの石が催眠作用のある光を放つからだといわれています。感覚を麻痺させる作用もあるといわれるこの石は、外科手術の際に、麻酔薬として用いられていたようです。

霊性面では、自己に関する失われた記憶を思い出すのに役立ちます。特に、現在の自分の性別とは反対の性に関する記憶を呼び起こすのに有効です。内なる男性性と女性性をうまく結びつけることから、自分の魂に存在するはずの豊かな創造性と自信に満ちた女性性との接点を失ってしまった男性にとっては有益な石です。

心理面では、許しを促す最高の石です。古代エジプトの民は怒り、嫉妬、ねたみなどの否定的な感情を抑えるためにカーネリアンを身につけていました。女神イシスは夫を寝取った妹を許し、夫を殺した義理の弟を許しました。イシスは悲しみの深さを知っていたのです。それゆえカーネリアンは悲しみを癒すワークに有効で、喪失感をやわらげ、人生の浮き沈みを受け入れられるようにします。

肉体面では、閉経を向かえ、子どもを産めなくなったことへの失望感や「空の巣症候群」を癒してくれます。新しい人生の目標に目を向けさせ、真に賢明な女性として生きていくことができるよう支援します。

ヒーリング効果

伝統的に、血液や生殖器の不調を癒すために用いられてきました。月経前緊張症、不妊、更年期障害の症状改善に効果があるといわれています。

使い方

必要に応じて、身につけたり、適切な場所に置いてください。

クリスタル図鑑

ブルーアラゴナイト (Blue Aragonite)

タンブル

色	青色
外観	不透明（着色されている場合もある）
希少性	簡単に入手可能
産地	アメリカ合衆国、ナミビア、イギリス、スペイン、モロッコ

特性

　ブルーアラゴナイトの繊細な青色は銅に由来します。銅はエネルギーの伝達作用が強く、霊的コミュニケーションを促進し、魂、肉体、地球の間に健全なつながりをもたらします。銅は昔から愛の女神ビーナスにとって神聖な存在でした。この優しい石はすべての精妙体*を浄化して肉体とのバランスをとり、陰陽のバランスを整えることで幸福感へ導きます。

　第三の目、喉、心臓のチャクラを統一するこの石は、霊的ビジョンの表現を容易にします。心理面では、楽観主義を助長し、困難に遭遇したときにその原因を究明して逆に困難を成長の糧にできるよう取り計らいます。イン

ナーチャイルド*の癒しにも有効で、今世の魂の計画を明らかにするのに役立ちます。

　情緒面では、精神を高揚させたり、落ち着かせる作用があり、心の奥底にある感情を素直に表現するように促します。この石をプログラミングすれば人生にもっと愛を引き寄せることができます。特に、あなたが霊的なツインフレイム*の出現を待ち望んでいるのなら、今すぐプログラミングして、その人をあなたの人生に呼び寄せてください（p.358を参照）。

　肉体面では、ブレスワークやボイスワークに役立ち、肺機能と喉を鍛えます。さらに、魂が自分の肉体に心地よさを感じることができるようにします。

　環境面では、アースヒーリング*に用いると非常に効果的で、魂の癒しにも大変有効です。家の中でグリッディング*すると、居住環境に調和と安定をもたらし、汚染物質や負のエネルギーを取り除きます。

ヒーリング効果

　ストレス、細胞記憶*、レイノー病に効果があり、痙攣や発作を静めます。呼吸器系の働きを助けます。

使い方

　必要に応じて、手に持つか、グリッディングするか（p.28-31を参照）、適切な場所に置いてください。

クリスタル図鑑

ブルームーンストーン (Blue Moonstone)

成形して、
研磨したもの

色	白地に青（色調補正したもの）
外観	透明感のある結晶の中にきらめく斑点
希少性	簡単に入手可能だが高価
産地	ロシア

特性

　洗練された高次の波動を持ち*、色調補正されたブルームーンストーンは活性化作用という点では逸品です。潜在能力を目覚めさせ、極めて高次の意識や多次元世界へ通じる道を開きます。マカバ*と呼ばれる精妙な幾何学模様のエネルギーの通り道を脳内に作り、過去世のチャクラを、視床下部、海馬、松果体、下垂体、第三の目、ソーマチャクラにつなげます。これにより、脳内に高次*の空間が形成され、それが胸腺と高次の心臓のチャクラにしっかり固定された結果、高次の空間が物理的世界に顕現します。ブルームーンストーンは活性化したライトボディ*の代謝機能を高め、地球上で機能していくために必要なミネラルと栄養素の吸収を助けます。

　霊性面では、物理世界と霊的世界を往きかえりすることを可能にします。これによって二元性や矛盾なく、同時に2箇所に存在することが可能になり、

クリスタル図鑑

意識に完全な明晰性をもたらします。また、宇宙のアンカー*を活性化します。ソーマチャクラに置くと、最初にエネルギー構造を作ることによって、アイデアを実現させることができます。

ヒーリング効果

脊椎と頭蓋骨が交わる首のあたりに置くと、頭蓋仙骨療法と同じ効果が得られます。肩や首のこりをやわらげ、首筋を通る精妙なエネルギー、血管、神経の機能を最大限に高めます。

使い方

必要に応じて、身につけるか、適切な場所に置いてください。

追加の形

レインボー・ムーンストーンは宇宙の光の波動を呼び込み、人類全体に霊的な癒しをもたらします。異次元間・多次元間のジャーニー*に持っていけば、人間はみんな永遠に続く輪廻の一部であることに気づき、今世の魂の計画*だけでなく、他生も含めた魂の計画の全体像も見ることができます。これまで見えなかったものを見る力や、記号やシンクロニシティ(共時性)の意味を直感的に読み解く力を授け、霊的な才能に目覚めさせます。感受性の強い人の中にはこの石を持つと精神的、情緒的に圧倒される人がいるかもしれませんが、どんな状況で用いるべきかはこの石が教えてくれます。月の満ち欠けの位相と強く同調しているので、パワーが強くなる満月のときは使用を控えたほうがよいでしょう。内臓、眼、動脈、静脈の働きを助けます。

レインボー・ムーンストーン
(研磨したもの)

クリスタル図鑑

ボーナイト (Bornite) ［和名：斑銅鉱］

タンブル

色	金色で様々な色の閃光を発する
外観	不透明、金属質、玉虫色に変化する
希少性	簡単に入手可能
産地	アメリカ合衆国、カナダ、モロッコ、ドイツ、ポーランド、イングランド、チリ、オーストラリア、カザフスタン、チェコ共和国、フランス、ノルウェー

特性

　霊能を開花させ、内なる気づきをもたらすボーナイトは、自分の直感を信じることの大切さを教えてくれます。霊性面では、視覚化と自己実現を支援することで、地球上のすべての生命を大切にする心をはぐくみ、社会正義と機会均等の大切さを説きます。

　心理面では、マイナス思考や否定的な信念からあなたを守ります。難なく障害を乗り越える方法を授け、今この瞬間を幸せに生きるよう促します。トラウマに対処するのを助け、その背後にどんな学びが隠されているのかを発見させます。知性、肉体、情緒、魂を統合するこの石は、不要になったものを手放し、未来へ向って歩み続ける力を与えてくれます。

　精神面では、有害な思考の発信源を特定して排除します。再生のワークに有効で、プログラミングすれば（p.358を参照）、遠隔ヒーリングに用い

こともできます。その際は、ボーナイトを患者の胸腺のあたりに身につけてください。

ヒーリング効果

再生、細胞記憶*、細胞組織、代謝のアンバランス、酸過多、カリウムの吸収、腫れに有効です。石灰性沈着物を溶かし、痙攣を抑えます。

使い方

必要に応じて、手に持つか、グリッディングするか(p.28-31を参照)、適切な場所に置いてください。銀の枠にはめ込んで身につけても結構です。

混合石

ボーナイト(シルバー上) は精妙体と肉体をつなぐシルバーコード*を強化し、ジャーニー*から無事生還できように守ります。銀は安定化作用のある金属で、クリスタルのクォリティーを高め、必要に応じてエネルギーを集束させます。銀は月に同調する女性的な性質を持ち、知覚や本能を研ぎ澄ます働きがあります。神秘的なビジョンや水晶占い、あるいは霊感から得たメッセージを映し出す鏡の役割を果たします。第三の目に閉塞が生じた場合、その原因にアクセスして肯定的な視点からとらえなおします。過去世で故意に引き起こされた閉塞の場合は特に有効です。情緒面では、母が子ども育て、愛しむのと同じように自分自身を養育することを促し、プラトニックな愛や恋愛を助長します。肉体面では、細胞記憶のプログラムを書き換え、体内の細胞組織、カリウムの吸収、代謝機能の改善をサポートします。石灰性沈着物を溶かし、腫れを抑えます。

ボーナイト(シルバー上)
(原石)

ブラジリアナイト (Brazilianite)

原 石

色	黄色と緑が混じった色
外観	透明で、わずかに畝がある
希少性	希少
産地	ブラジル

特 性

　ブラジリアナイトは、活力あふれる高次の波動*を持ち、霊的意志に力を与え、自己実現をサポートします。創造性に富むこの石はアトランティスの時代につながるといわれ、形而上学的能力*を開花させ、潜在能力をフルに活用することで神がかり的にみえることもやってのける方法を授けます。アトランティスの時代にこのようなパワーを乱用した人が用いると、過去を清算し、自己の誠実な魂に再びパワーを与えてもらうことができます。

　心理面では、境界線がわからない人に、他者と自分を区別して責任範囲を明確にする方法を教えます。はっきりと「ノー」と言うにはどうすればいいのかを示し、境界線の内側へ侵入しようとする邪気を退けます。特に過去世からの因縁による被害者意識や自己犠牲の意識を克服し、誇りを持って生き抜く方法を教えます。正しい行いを象徴するこの石は、許容限度を定めるときに役立ちます。たとえば、親の言うことを聞かない10代の若者に、やっていい

ことと悪いことを教えるのに効果的です。また、他人が境界線を越えてあなたのプライバシーを侵害してきたときにも有効です。もしあなたが、恐れや過去に受けた虐待などが原因で、自分の境界線をとても窮屈なものに感じているとしたら、それを押し広げる方法を教えてくれます。自分の行動に責任を持ち、魂が歩むべき道を正しく歩んでいることを自覚しながら、ほどよい緊張感と自信を持って生きていくことができるようサポートしてくれます。

　情緒面では、長年、知らず識らずのうちに目を背けてきた自分のもろさに気づかせてくれます。あなたが誰かをずっと恨んできたとしたら、その恨みを別の感情に変質させ、自分を許すのに役立ちます。情緒面で強さを与えてくるブラジリアナイトは、自分の弱さを隠すために心の鎧をまとわずに、芯の強さを身につける方法を教えてくれます。隠そうとすればするほど心の中にぽっかりと大きな穴が開いてしまうことをこの石は知っているのです。

　肉体面では、体内のエネルギーの循環をよくし、経絡*を整え、解熱作用を発揮します。

ヒーリング効果

　重金属などの汚染物質を体外に放出し、腎臓や排泄器官の働きを助けます。

使い方

　必要に応じて、手に持つか、グリッディングするか（p.28-31を参照）、適切な場所に置いてください。

クリスタル図鑑

ブロンザイト (Bronzite)

タンブル

色	茶色と黒
外観	まだら模様
希少性	簡単に入手可能
産地	ドイツ、フィンランド、インド、スリランカ、アメリカ合衆国

特性

ブロンザイトはただそこに「在る」こと、すなわち何もしないという状態に至ることを促します。霊性面では、人の心に完全な平穏をもたらすことから、感情が高ぶるのを抑えきれない人に最適です。呪いを解くのに効果がある魔法の護符として売られているこの石には、マイナス思考や悪意*を跳ね返す強い力があります。しかし、悪意、呪い、呪文などを何倍にもして発信源へ返すために、「跳ね返り」を繰り返しているうちに、ともすれば問題が永続化してしまうことがあります。悪意や呪い、呪文が増幅されるので、人の不幸を願う人は極度に身体が衰弱し、「呪われた側」はこの石によって守られますが、エネルギーの乱れに気づくはずです。こんなときは、ブロンザイトとブラックトルマリンを組み合わせて用いると効果的です。悪意を吸い取り、速やかにエネルギーの交流を断ち切り、悪意の発信源の注意をそらすからです。

心理面では、この「礼節を重んじる石」はひとりよがりの判断によらずに物事を見極める力を強化します。あなたにとって最も重要な選択をピンポイントで示し、決断力を育てます。この保護作用とグラウンディング*にすぐれた石は、人間関係に悩んでいるときや、自分の力では解決できない状況に追い込まれたときに役立ちます。この石を手の中に握ると自己主張が楽にできるようになり、平常心を取り戻し、物事を冷静に判断できるようになります。この石の助けを借りれば、客観的に、大きな視点から物事を判断できるようになるでしょう。また、ストレスを克服し、わがままな言動を改めるのに有効で、神意に沿って生きる方法を教えてくれます。もし今あなたが否定的な思考パターンにはまり込んでしまっているとしたら、この石がきっと救ってくれるはずです。

　肉体面では、心身に宿る男性的な陽のエネルギーを支え、そのバランスを整えるのに役立ちます。

ヒーリング効果

　慢性疲労、鉄分の吸収、筋肉の痙攣、神経に効果的に作用し、痛みやアルカリ性過多を解消します。

使い方

　必要に応じて、手に持つか、グリッディングするか（p.28-31を参照）、適切な場所に置いてください。ダビデの星の形にしてブラックトルマリンと一緒に用いると、悪意を跳ね返すことができます。

バスタマイト (Bustamite)

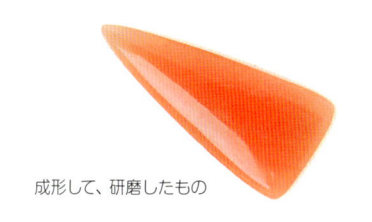

成形して、研磨したもの

色	ピンクがかった赤
外観	ガラス質で、不透明、模様がある
希少性	簡単に入手可能だが高価
産地	南アフリカ、スウェーデン、ロシア、ペルー、アルゼンチン、オーストリア、ブルガリア、ドイツ、ホンジュラス、イタリア、日本、ニュージーランド、ノルウェー、イギリス、ブラジル

特性

　バスタマイトの強力なエネルギーは地球との深いつながりをもたらし、アースヒーリング*を促します。地球のエーテル体*の経絡を修復し、再調整します。霊性面では、バスタマイトでグリッディング*すると、儀式的ワーク、イニシエーション、瞑想を行うための安全な空間を確保することができます。明晰夢と直感を刺激するこの石は、チャネリング*を強化し、天使の住む領域にアクセスします。危険に遭遇すると輝きを失うといわれています。

　精神面では、平常心と内面の調和をもたらします。物理的にはその場にいながら、不協和音から距離をおくのに役立ち、有害な状況からできるだけ身を遠ざけるように促します。理想やアイデアを積極的に実行に移すのに役立ちます。

　情緒面では、古傷を癒し、情緒のエネルギー体系の調和を保ち、細胞記

憶*を癒します。肉体面では、身体と精妙体*の経絡を調節します。バスタマイトをヒーリングに用いると、全身に活力がみなぎるのを感じながら人生を歩んでいくことができます。

ヒーリング効果

細胞記憶、ストレス性疾患、カルシウム不足、循環、頭痛、体液の鬱滞などに効果があります。脚、足、心臓、肌、爪、毛、運動神経、筋力、脾臓、肺、前立腺、性器、内分泌系と消化器系をサポートし、膵臓の働きを整えます。

使い方

必要に応じて、手に持つか、グリッディングするか（p.28-31を参照）、適切な場所に置いてください。

混合石

スギライトを伴うバスタマイトは天界と地上界を統一します。大地にしっかり根をおろして立ちながら、霊的な気づきを得て、霊能力を高めることを支援するとともに、直感を研ぎ澄まし、内なる声に耳を傾ける力を養います。この石を身近に置いておくと、霊感の強い人は、自己の本質そのものを育てていくために必要な霊界とのつながりを保ったまま、地球環境に適応しやすくなります。心理面では、まわりの環境に溶け込めないで悩んでいる人を助けます。プログラミング（p.358を参照）すれば、自分と似たような魂を引き寄せ、もっと大きな愛を地球にチャネリングすることができます。肉体面では、片頭痛をやわらげます。

スギライトを伴うバスタマイト（タンブル）

カコクセナイト (Cacoxenite)

成形したもの

色	黄色がかったオレンジ
外観	キラキラと輝き、羽根状のインクルージョンがある
希少性	希少
産地	イングランド、スウェーデン、フランス、ドイツ、オランダ、アメリカ合衆国

特性

アセンション*の石として知られるカコクセナイトは霊的意識を高めます。霊性面では、瞑想や過去世退行に用いられ、今世で進化する前に癒しや統合を必要としている魂の記憶へとあなたを導きます。アメジストに内包*されているカコクセナイトは、第三の目のチャクラと宝冠のチャクラを開いて新しいアイデアに対する受容性を高めます。満月や新月の儀式の効果を高めるといわれています。

心理面では、恐れを克服し、ストレスを解消するのに役立ちます。個人的な意志と高次の自己*との調和をはかり、あなたの行動の肯定的な面を強調

し、しがらみや束縛から解放してくれます。一見、乗り越えられそうにない困難に遭遇したときでも、冷静に考える時間を与え、なにごとも前向きに考えるよう励ましてくれます。

　環境面では、惑星の再編成を助け、地球の波動を上げます。グリッディング*すればアースヒーリング*に用いることができます。

ヒーリング効果

　ホリスティックな癒し効果があります。不調*の精神的な原因を意識させ、癒しとは本来、全体観的なものであることに気づかせます。細胞記憶*、心臓、肺、副腎、甲状腺の働きを支え、呼吸器系疾患、風邪、インフルエンザに効果があります。また、ホルモンや細胞の異常を改善する働きがあります。

使い方

　必要に応じて、手に持つか、グリッディングするか（p.28-31を参照）、適切な場所に置いてください。

（p.333-334のスーパーセブンの項も参照）

クリスタル図鑑

カルサイトフェアリーストーン（Calcite Fairy Stone）

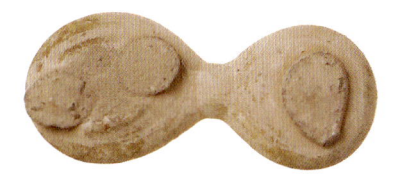

天然の形態

色	灰色がかったベージュ色
外観	なめらかで、丸く、平らな円盤型
希少性	希少
産地	カナダ

特性

　小さな宇宙人、昆虫、もしくは古代の土の女神像の形をしたカルサイトフェアリーストーンは、カルサイトが氷河粘土に堆積してできた仮像です。もしこの石があなたの世話を引き受けるとしたら、「アシスタント」として雑務を取り仕切り、霊的にも、物理的にも伸び伸びと安心して働くことができる環境を提供してくれるでしょう。

　霊性面では、母なる大地の生命を育てるエネルギーや女性性のパワーと強いつながりがあります。波動*の上昇やアセンションが、地球との接点を失うことを意味するわけではないことに気づかせます。単なる理想としてではなく、現実的な次元で、地球とそこに暮らすすべての生命を大切にはぐくむ方法を教えます。この石は、考え得る限り現実的な方法で、物事を成し遂げることに価値を見いだします。チャネリング*に役立ちますが、この石が提供す

る情報は、非現実的な要素を排除した、事実に基づく的確な情報ばかりです。下位世界*をジャーニー*するためのシャーマンのアンカー*を開くこの石は、あなたを地球の核に結びつけることで、地球エネルギーの変動を乗り切り、地球との間に健全な関係を保てるようにします。しかし、銀河の中心*に到達するには、ステラビームカルサイトのような、もう少し高次の波動*を持つ石が必要です。

心理面では、古傷に触れられないように周囲に張り巡らした心理的なバリアを壊し、殻から抜け出せるよう応援します。「闘争・逃走反応」を無効にし、新しい局面を迎えるたびに、前向きに対処する方法を教えてくれます。

カルサイトフェアリーストーンは形によってエネルギーの性質が変わります。石を一つひとつ手にとって瞑想すれば、それぞれの石があなたにどのような効果をもたらそうとしているのか、また、どんな恵みを与えてくれるのかがわかるはずです。

ヒーリング効果

関節の痛みをやわらげ、石灰化物質を溶かします。

使い方

必要に応じて、手に持つか、適切な場所に置いてください。

クリスタル図鑑

コバルトカルサイト (Cobalto-calcite)

母岩上の天然の結晶

色	鮮やかなピンク
外観	透明から不透明まである小さな結晶
希少性	簡単に入手可能
産地	ドイツ、アメリカ合衆国、イギリス、ベルギー、チェコ共和国、スロバキア、ペルー、アイスランド、ブラジル、ルーマニア

特 性

　無条件の愛と許しを象徴するコバルトカルサイトは純粋な慈愛のエネルギー場であるピンクフレイム*と同調しています。自己発見の石で感情と知性を調和させます。霊性面で歩むべき道が定まらないとき、あなたの内なる才能と人生の目的をそっと教えてくれます。

　心理面では、この美しいクリスタルを持っていると、あせらずにアイデアを実行に移すことができます。知性と情緒を調和させ、バランスを保ちます。愛情溢れるこの石は、閉塞感、淋しさ、悲しみ、失意から立ち直るのを助けてくれます。激しい感情を鎮め、自身や他者への愛情を育て、人生に対する

満足感を高めます。情緒面での成熟を促すこの石は、極めて強い養育のエネルギーを持つことから、自分を大切に育てようという気を起こさせる働きがあります。自らすすんで他者や地球全体のために痛みを共有する人や、希望を捨ててしまった人を強力にサポートします。また、人の苦しみを引き受け、自分が代わりに解決しようとすることが果たして適切なことなのかどうかも教えてくれます。もし、適切でない場合は、相手との関係を穏やかに断ち、双方がお互いを許しあうよう促します。

遠隔ヒーリングにコバルトカルサイトを用いるときは、プログラミング（p.358を参照）して、ピンク色の光を患者に送り、健康が回復するよう心の中で念じてください。そして、患者の写真の上にこの石を置くか、患部の不調*が癒えるようにプログラミングしてください。

ヒーリング効果

情緒面で最大の効果を発揮します。心の傷を癒し、肉体に大きな愛を呼び込みます。

使い方

必要に応じて、手に持つか、グリッディングするか（p.28-31を参照）、適切な場所に置いてください。

クリスタル図鑑

カルサイト:**ヘマトイドカルサイト**(CALCITE: Hematoid calcite)

天然の形態

色	赤みがかった黄色
外観	大きな正方形または平面を持つ不透明な結晶
希少性	簡単に入手可能
産地	アメリカ合衆国、イギリス、ベルギー、チェコ共和国、スロバキア、ペルー、アイスランド、ルーマニア

特性

ヘマタイトの安定力とカルサイトの浄化力を組み合わせたヘマトイドカルサイトはグランウディング*に最適で、効率的にエネルギーを吸収する作用があります。5分から10分程度もしくはエネルギーが安定するまで手に持つか、基底のチャクラに置くとグラウンディングできます。環境を速やかに浄化し、その場に調和をもたらす作用があるので、エネルギー同士の衝突が起きているような場にいるときは、この石をお守りとして身につけておくといいでしょう。

心理面では、捕食動物の行動パターンにはまってしまった人、すなわち、欲しいものを手に入れるためには手段を選ばず、他者のことはかえりみないよ

うな人に行動を改めさせるのに効果的です。また、そのような捕食性の人の犠牲になっているように見えて、実は、罪悪感から、あるいは未熟な自分を懲らしめるためにわざと犠牲になっている人にも有効で、相互に協力関係を築いていくことを可能にします。

精神面では、記憶力を高めます。ものを失くしたり、誕生日や名前が思い出せないなど、物忘れがひどくなったときはこの石を身近なところに置いてください。混乱が収まり、頭の中が冴え、理路整然と考えられるようになります。

肉体面では、活力を与え、自己治癒力を活性化し、抵抗力を養うのに有効です。

環境面では、職場にグリッディング*すると効果的です。特にエゴのぶつかり合いや対人操作が日常茶飯事の職場であればなおさら効果的です。ヘマタイトが情緒のエネルギー場を安定させ、カルサイトが鎮静作用のあるエネルギーを職場に注入することで、職場に平和と安定を取り戻すことができます。

ヒーリング効果

記憶、血液の浄化、酸素化、ストレスに効果があります。

使い方

必要に応じて、手に持つか、グリッディングするか(p.28-31を参照)、適切な場所に置いてください。

(p.152-153のルチルを伴うヘマタイトの項も参照)

ハニーファントムカルサイト(天然のクラスター)

追加の石

ハニーファントムカルサイト(マリポサカルサイト)は浄化作用のある光の被膜で生体磁気シース*を保護し、身体に持久力をつけ、いかなる虐待の傷も癒します。古い思考パターンやこだわりから脱却させ、正しいパワーの使い方を教えてくれます。地球に豊饒をもたらそうと努力する人を応援します。

クリスタル図鑑

カルサイト:**アイシクルカルサイト**(CALCITE: Icicle calcite)

天然の形態

色	白っぽい黄色とオレンジ
外観	長い指のような形をした、不透明な2色の結晶
希少性	探す必要がある場合がある
産地	アメリカ合衆国、イギリス、ベルギー、チェコ共和国、スロバキア、ペルー、アイスランド、ルーマニア

特性

　アイシクルカルサイトは、霊的な世界と現実世界の両方であなたを正しい方向に導き、創造性をかきたてます。霊性面では、極めて強い浄化力のあるエネルギーを増幅させ、エネルギーの淀みを見つけしだいすぐさま取り除きます。アイシクルカルサイトの白い部分はワンドの働きをし、多次元的な不調*、不協和、マイナス要因や障害を肉体やエーテル体*から取り除きます。その後、この石を洗浄してから用いると、今度はオレンジ色の部分がエーテル体の傷を癒し、再びエネルギーを注入します。それにより、すべてのレベルで身体のバランスを取り戻すことができます。

　心理面では、知性と感情を結びつけ、物事を別の角度から見る力を養います。心身症、アンセストラルライン*を通じて伝わるDNAのアンバランスの

根本原因を突き止めるのに役立ちます。また、持ち主を過去に連れ戻し、そのとき起きた問題をリフレーム*し、アンセストラルラインを通じて癒しのエネルギーを伝達することで、今世で同じ問題が二度と起こらないようにします。

情緒面では、恐怖心から解放し、ストレスを緩和し、心を落ち着かせます。勇気と自信、魂が正しい道を歩んでいるという確信をもって、人生の目標に立ち向かうよう求めます。助けが必要なときはいつでもこの石を手に持って、心の中で助けを求めてください。

ヒーリング効果

エーテル体や肉体のエネルギーの閉塞の原因を取り除き、細胞を再活性化させます。

使い方

ワンドとして用いてください。

カルサイト：ステラビームカルサイト
(CALCITE: Stellar Beam calcite)

天然の形態

色	琥珀色、黄または白っぽい黄
外観	透明感のあるブレード状で、ダブルターミネーションの結晶
希少性	鉱石を扱う業者やクリスタルショップで入手可能
産地	テネシー州（アメリカ合衆国）

特性

　ステラビームカルサイトの名前は、多次元的、異次元間に作用する特性や、宇宙船や地球外生命体とつながる力に由来します。両端のポイントから放たれた強力なエネルギーの光線は極めて高次の波動*を持ち、ソーマチャクラやステラゲートウェイチャクラに置くと、時空を越えて広大な距離を移動することができます。また、メディスンホイールの中心に置くとすぐれた効果を発揮します。

　霊性面では、第三の目のチャクラや宝冠のチャクラに置くと、高次の宝冠のチャクラとソウルスターチャクラが開き、神聖なエネルギー、高次のガイダンス、高次の意識との同調が進みます。あなたを存在の総体*の中心へ連れて行くこの石は、帰路を照らし、物理的世界と霊的世界での記憶を助け、霊的な成熟の度合いを加速させます。あなたを銀河の中心*へいざない、宇宙のアンカー*の上端に固定しますが、自身のエネルギーを地球の核にしっかりつなげるには、カルサイトフェアリーストーンのようにステラビームカルサイトよりも低い波動を

持つ石が必要です。

　心理面では、昔からの思考パターンやこだわりを手放すように促します。もはや今世の目的にそぐわなくなった霊的な信念や道を捨て、魂が正しい道を歩んでいくことができるよう支援します。転生の間の状態*で開かれる「企画会議」にあなたの魂を参加させ、そこで転生の目的と今世の学びを確認し、遠い過去世で獲得した英知や技能を目の当たりにする機会を与えます。この石はあなたのソウルグループ*とグループのメンバーが共有する高次の目的に同調します。

　情緒面では、この石を身近に置いておくと、相思相愛、欲望、優しさに身を任せることができるようになります。エネルギーの増幅作用と浄化作用を持つこの石は、霊的なジャーニー*やヒーリングワークの間に受けた否定的な波動を取り除きます。

ヒーリング効果

　肉体のレベルを超えて作用し、魂を癒します。エネルギーを調整して、精妙体*に統合し、エーテル体の青写真*を癒します。

使い方

　必要に応じて、手に持つか、適切な場所に置いてください。地球外生命体とコンタクトをとるときや、神聖な場所を作るときは、グリッディングしてください（p.28-31を参照）。

スターバースト・ドッグトゥースカルサイト（天然の形態）

追加の石

スターバースト・ドッグトゥースカルサイトは障害を取り除き、存在の総体という無限の世界にあなたを結びつけます。地球や様々な星での過去世、今世、来世の旅へ連れ出し、魂の目的の全体像をはっきりと示します。てんかんの発作にみまわれた際に脳の機能を安定させるのに有効で、めまいや耳鳴りを静め、薬物乱用や処方薬の副作用によりダメージを受けたエーテル体の機能を回復します。

カリグラフィーストーン (Calligraphy Stone)

スライスして研磨したもの

色	ラベンダー色、白、黄
外観	象形文字を思わせる縞模様
希少性	フローライトの希少種
産地	中国

特 性　カリグラフィーストーンはフローライトの一種で、神聖な記号体系を解読し、そこに隠された二重、三重の意味と高次の意味を解き明かし、過去と未来の英知に同調します。第三の目、ソーマ、喉、過去世の各チャクラをつなぐこの石は、現実世界に生きる人々が理解できる言葉で異次元の概念を説明するのに役立ちます。

　心理面では、過去のパターンから抜け出すのを助け、高次の霊的現実に心を開かせます。環境面では、負のエネルギーを除去し、電磁放射線の悪影響から環境を保護する働きがあります。

ヒーリング効果　扱い方が難しい石なので、ヒーリングにはフローライトを用いることをおすすめします。

使い方　グリッディング(p.28-31を参照)するか、注意して置いてください。

キャシテライト (Cassiterite) [和名：錫石]

ターコイズ
（母岩上の結晶）

グレー（原石）

色	鮮やかなターコイズブルー、黄、灰色
外観	小さな正方晶系またはピラミッド型の結晶
希少性	簡単に入手可能
産地	ブラジル、コーンウォール、アメリカ合衆国、中国

特性

　キャシテライトは錫の一種で、伝統的に占星術や天文学と関係があり、生命の周期を大きくとらえるのに役立ちます。あらゆるレベルで保護作用を発揮するこの石は、霊性面では、私たちに生来備わる完全さと神聖さに気づかせてくれます。この石の助けを借りれば、夢を実現し、未来に希望を持つことができます。

　心理面では、過去の出来事について、それがどのようにして、なぜ起きたのかを客観的に理解するのに役立ちます。出来事にかかわった人たち全員に慈

愛と許しを与える道を開いて細胞記憶*を消すことで、あなたの魂を深く癒します。厳しい愛を象徴するこの石は、自分自身や人のために何かを行うときは、本当に必要なことだけに限るよう求め、自己犠牲を制止して、メサイアコンプレックス（どんなことがあっても人を救わなければならないという心理的負荷）を軽減します。

精神面では、数字的な精度を高めます。問題の原因を追究し、別の角度からその原因を見直すのに必要な鋭い感性や洞察力を授けてくれます。

情緒面での癒しに大きな効果を発揮するこの石は、幼少期に虐待を受けた人や、拒絶、遺棄、偏見、孤立などを経験した人を癒します。負のエネルギーを閉じ込め、心の痛みを優しく癒す働きがあるので、特にこのような経験が摂食障害や強迫行動の原因となっている場合に有効です。また、過渡期をスムーズに乗り切れるようサポートします。

ヒーリング効果

摂食障害、肥満、栄養失調、細胞記憶、神経系やホルモン系、分泌に有効です。

使い方

必要に応じて、手に持つか、グリッディングするか（p.28-31を参照）、適切な場所に置いてください。

グレー
（母岩上の結晶）

クリスタル図鑑

カバンサイト（Cavansite）

タンブル　　　　　　母岩上の天然の結晶

色	鮮やかなターコイズブルー
外観	半透明から透明まで、ガラス質。母岩上に真珠光沢を示す球状の結晶が放射状に成長したもので、バラの花か扇に見える
希少性	簡単に入手可能
産地	インド、アメリカ合衆国、ブラジル、ニュージーランド

特性

　浄化と再生を象徴するカバンサイトは他の惑星への意識的なジャーニー*と過去世の探求を促します。カルマ*の面では、この石の助けを借りれば、今世で同じ苦しみを味わうことがないよう、トラウマを過去世にさかのぼって解消することができます（この石を用いてワークするときは、過去世療法の専門家の指導のもとに行ってください）。第三の目に置くと、チャネリング*と形而上学的な気づきを促し、この2つを現実世界での学びや論理的な思考と合

体させます。

　心理面では、人生を肯定するこの石は楽観主義とひらめきをもたらします。自身の内面を深く見つめ直すきっかけを与え、自虐的な行動や深層心理に刻まれたマイナス思考を解消します。自分の肉体に心地よさを感じさせ、自尊心を持つよう促します。精神面では、よく考えてから行動に移すよう諭します。論理と直感を組み合わせるこの石は、様々な問題への対処法を授け、自分の経験を第三者にうまく伝えられる方法を教えてくれます。

　肉体面では、エンドルフィンの分泌を刺激し、電気的刺激を全身に伝わりやすくさせるので、身体が心地よいと感じる要因が増え、細胞も癒されます。お守りとしても効果があるこの石は、セッションの間、ヒーラーや過去世療法士を邪気から守ります。環境面では、環境保護の大切さを説き、自然の美に対する感謝の気持を育てます。家や車のお守りとしてグリッディング*するのに最適です。

ヒーリング効果

　細胞記憶*をサポートし、目、歯、のどの痛み、腎臓、膀胱、血液、耳鳴りを癒します。内分泌系、再発性疾患、カルシウム不足、もろくなった骨、関節の柔軟性、片頭痛、断片化したDNAに有効に作用するといわれ、脈拍を安定させます。

使い方

　必要に応じて、手に持つか、グリッディングするか（p.28-31を参照）、適切な場所に置いてください。

セレストバライト (Celestobarite)

原石

色	オレンジ、灰色、白の縞模様
外観	縞模様があり、不透明
希少性	簡単に入手可能
産地	イングランド、ポーランド、デンマーク、オーストラリア、アメリカ合衆国

特性

　セレストバライトはシャーマンの世界へ旅をする際、バリアを通過させて端まであなたを無事に導いてくれます。霊性面では、現在、過去、未来を包含

して幾層にも重なる「存在の層」を探求します。邪気を退ける強力なエネルギーのシールドを張ることができるのでジャーニー*に最適です。大地のチャクラとソウルスターチャクラの間に宙吊りになったあなたを支え、魂の断片やエンティティ*が住むシャーマンの世界へあなたを安全に導きます。この石はシャーマンが下位世界*と上位世界*を往きかえりする際に必要なシャーマンのアンカー*を作るのに最適です。宇宙のアンカー*を活性化し、地球の核と銀河の中心にあなたのエネルギーをくくりつけて安定させます。この石の上下にある帯の模様はこのために必要だとされています。

セレストバライトはシャーマンが占いに用いる石で、物事の両面を見せてくれます。難題の解明に役立ちますが、何を信じるか、何を実行に移すかはあなた自身の判断に委ねられます。

メディスンホイールの南に属するこの石はコヨーテと密接な関係があります。コヨーテとはジョーカーのエネルギーのことで、苦しいことでも面白おかしく見せることで、どんな苦しいこともいつかは過ぎ去ることに気づかせてくれます。自分自身や人間の滑稽さに思わず笑ってしまいたくなる。そんな気持にさせてくれるのがこの石の良さといえます。答えがどうしても見つからないときは、この石を手の中に握ってください。あなたが探していた答えがきっと見つかるはずです。そしてその答えは、ずっと以前からあなたの目の前にあったことに気づくでしょう。

ヒーリング効果

肉体のレベルを超えて、多次元的な癒しを可能にし、心身のバランスがとれた状態を実感させます。

使い方

必要に応じて、手に持つか、グリッディングするか(p.28-31を参照)、適切な場所に置いてください。

チャルコパイライト(Chalcopyrite) [和名：黄銅鉱]

タンブル

色	研磨すると真鍮のような黄色になる
外観	様々な色に変色する不透明な結晶
希少性	簡単に入手可能
産地	フランス、チリ、ナミビア、ザンビア、ペルー、ドイツ、スペイン、アメリカ合衆国

特性

　エネルギー伝達作用にすぐれたチャルコパイライトは、あなたを「真実の炎」に放り込んで魂を鍛え、霊的な知識の吸収を助けます。霊性面では、深い瞑想と完全なる宇宙についての観想に必要な「無我の境地」に到達するのを助けます。古代文明とつながっていることから、今世での困難や病気の原因を特定するのに役立つといわれています。

　心理面では、人生に豊かさを引き寄せ、繁栄を築くことができるかどうかは自分の心の持ち方しだいであることを教えます。精神面では、内なる声に耳を傾けながら、物事を正しく認識し、論理的な思考ができるようにサポートします。

肉体面では、高次の波長を統合しながら、細胞エネルギーを安定させる作用があります。エネルギーの詰まりを取り除き、「気」*の流れをよくするので、鍼治療や指圧の効果を高めます。ソファー、ベッド、椅子のまわりにグリッディング*すると、肯定的なエネルギーを最大限に吸収することができます。また、太極拳をするときに用いると効果があります。環境面では、失くしたものを見つけることができるといわれています。チャルコパイライト自体、異次元を往きかえりする際、姿を消したり再び現れたりします。

ヒーリング効果

細胞記憶*、エネルギーの詰まり、発毛、皮膚の表面に見える細くうねった静脈、脳疾患、排泄器官、腫瘍、感染症、リボ核酸／DNA、関節炎、気管支炎、炎症、発熱に効果があります。

使い方

必要に応じて、手に持つか、グリッディングするか（p.28-31を参照）、適切な場所に置いてください。

クリソタイル(Chrysotile)

[別名:クリソタイト(CHRYSOTITE)]

タンブル

色	黄と緑
外観	黒地に明るい色の規則的な縞模様
希少性	普通
産地	アメリカ合衆国、カナダ、インド、ロシア、オーストラリア、アラブ諸国

特 性

　光にかざすと、中に古代文明の英知を伝える碑文が見えるクリソタイルは、大司祭の胸当て(p.17-18を参照)に用いられていた可能性があります。シャーマンが用いるこの石は、クリスタルメディスンホイール(p.368-375を参照)のワークに役立ちます。クリソタイルの奥深くではあなたの守護動物が姿を現すチャンスを待っています。あなたがその存在に気づけば、ジャーニー*が可能になり、守護動物の英知から学びを得ることができるのです。

　霊性面では、過去のしがらみを取り去り、真我を明らかにし、自己を一体化するのに役立ちます。心理面では、誠実さと素直さを象徴するこの石は、

あなたがどんなときに他者をコントロールしようとするのか見せ、支配欲を捨て、運命に従って生きるよう促します。自分が欲しいものを手に入れるためにこの石を用いることもできますが、願いが叶った後、多方面にどのような影響を及ぼすかをよく考えてから用いるようにしてください。

肉体面では、胸腺に置くと、エーテルの青写真＊に働きかけ、細胞記憶＊を癒します。また、放っておくと、発病する可能性のあるエネルギーのバランスの崩れや淀みを正常な状態に回復します。

ヒーリング効果

慢性疲労、炎症、多発性硬化症、しつこい咳、肺気腫に効果があります。副甲状腺、喉、脳幹、中央経絡、静脈、動脈の働きを支えます。

使い方

必要に応じて、手に持つか、グリッディングするか（p.28-31を参照）、適切な場所に置いてください。

クリーブランダイト (Clevelandite)

天然の形態

色	白
外観	乳白色光を放つ透明から半透明までのブレード
希少性	希少
産地	パキスタン

特性

クリーブランダイトは、平常心で未来に向かって歩んでいくのを後押ししてくれるので、人生の転換期を迎えたときに持ち歩くと効果的です。必要な場合には、周到な計画を立て、適切な場合には人を信頼するよう促すこの石は、ジャーニー*の際に安全な道筋を示してくれます。

霊性面では、イニシエーションと自己変革をもたらします。女神と女性が通過する3つの段階——処女、母、老婆——や通過儀礼とつながるこの石は、

各段階へのスムーズな移行を促し、再生をもたらします。賢明な、大人の女性たちが集う場で身につけるには最適の石です。

心理面では、困難な状況をプラスに変え、人生を前向きにとらえることができるようにします。自分自身がどう変わらなければならないかを考えさせた上で、変わるためには自分のどんな才能や手段に頼ればいいのかを教えてくれます。

情緒面の癒しに有効なこの石を太陽神経叢に置くと、心の奥深くにある恐怖心――遺棄、拒絶、裏切り、あるいはそのような経験が引き起こす情緒不安――を取り除き、自分を大切にする心をはぐくみます。

ヒーリング効果

思春期や更年期に心身をサポートします。細胞膜、関節の働きを支え、心臓疾患、脳卒中の後遺症、大腸炎、アレルギーを克服します。

使い方

必要に応じて、手に持つか、グリッディングするか(p.28-31を参照)、適切な場所に置いてください。

コニカルサイト(Conichalcite) [和名：粉銅鉱]

母岩上の天然の結晶

色	原石は明るい緑。研磨すると金属光沢を示す
外観	ガラス質の塊あるいは半透明の結晶
希少性	簡単に入手可能
産地	アメリカ合衆国、メキシコ、チリ、ポーランド、ザイール

特性

　強力なエネルギー伝達作用を持つコニカルサイトは、エネルギーの乱れから身を守る盾の役目を果たします。直感を刺激し、瞑想時に心を鎮め、日常生活での心配事を取り除きます。無限の可能性の扉を開き、自己実現を支援します。

　心理面では、環境の変化に適応できるだけの柔軟性と強さを養います。精神面では、コミュニケーションを促進し、感情と知性の調和をはかり、個人の潜在能力を引き出します。植物と会話できる能力を育てるともいわれています。

ヒーリング効果

　解毒作用があり、粘膜、腎臓、膀胱、乾癬、ヘルペスに有効です。

使い方

　必要に応じて、手に持つか、グリッディングするか(p.28-31を参照)、適切な場所に置いてください。

コーベライト (Covellite) [和名：銅藍]

タンブル

色	濃い青
外観	なめらかな金属光沢を示し、不透明。変色することもある
希少性	簡単に入手可能
産地	イタリア、アメリカ合衆国、ドイツ、サルデーニャ島、ウェールズ、アラスカ

特性

　高次の自己*と同調するコーベライトは夢を実現させ、形而上学的能力*を活性化します。過去や未来を投影するこの石は、過去世への扉を開き、そこで得た英知にアクセスできるようにします。転生のプロセスや下位世界*への旅の間、あなたに寄り添って支えてくれます。

　心理面では、他人の言動に傷つきやすく、過剰に影響されやすい人に有効です。あなたが自分の意思を貫けるよう支え、影の性質*を統合してカルマ*に立ち向かうのを支援します。また、欲求不満を解消し、人生に満足感を与えてくれます。創造性をはぐくむこの石は、性的衝動を自然な欲求として受け入れさせ、刺激する作用もあります。心身と魂の調和をはかり、虚栄心や横柄さを捨てて、自己を無条件に愛するよう促します。

精神面では、精神を抑圧している原因をすべて解消し、他生で魂に刻み込まれた信念から解放します。合理的かつ分析的な思考と意思決定を促し、コミュニケーションを円滑にする働きがあります。

　情緒面では、落胆や不安に打ち勝ち、否定的な感情を愛に満ちた平常心に置き換えます。

　肉体面では、放射能から身を守り、細胞間のエネルギーの流れをスムーズにし、淀んだエネルギーを解毒します。身体の不調*がカルマの因縁による場合はその原因を突き止め、リフレーム*するのに役立ちます。ただし、そのようなワークを行う場合には、資格を持ったセラピストに助けてもらうのが最適です。

ヒーリング効果

　解毒、放射能が原因による疾患、誕生、消化、腫瘍、耳、目、鼻、副鼻腔、喉、カビや菌類の感染症に有効です。

使い方

　必要に応じて、手に持つか、グリッディングするか（p.28-31を参照）、適切な場所に置いてください。

クリーダイト (Creedite)

ホワイト
(母岩上の結晶)

色	白、オレンジ
外観	透明から不透明まである。母岩に付着した針状結晶体
希少性	簡単に入手可能
産地	アメリカ合衆国、メキシコ

特性

　クリーダイトは幽体離脱*を促して魂を転生の終着駅へ導き、完全記憶能力を助長します。霊性面では、高次の霊的波動*と同調し、高次の存在からチャネリング*で得たメッセージや印象を明らかにし、これらを物理的世界に具現化します。古文書に記録されている宇宙の英知の解読を助け、アカシックレコード*をはじめ、あらゆる英知を理解して伝える力を高めます。

　情緒面では、今世および過去世での経験により培われた論理的な思考や才能に気づかせてくれます。冷静に物事を観察するようにすすめるこの石は、

「悲劇の主人公症候群」を克服し、情緒を安定させて平穏をもたらすので、この石を身近に置くと、感情に押し流されるようなことがなくなります。

チャクラを浄化、再調整し、エネルギーを再充電するのに効果的です。

ヒーリング効果

骨折、肉離れ、じん帯の損傷の治療に有効です。脈拍を安定させ、ビタミンA、B、Eの吸収を助けます。

使い方

必要に応じて、手に持つか、グリッディングするか（p.28-31を参照）、適切な場所に置いてください。

特殊な色

オレンジクリーダイトは多次元的な意識の世界を往きかえりする能力を加速します。また、肉体を波動の変化に同調させ、魂の進化を加速させる働きがあります。このクラスターはエネルギーを周囲に放出し、負のエネルギーを吸い取ります。室内や職場のエネルギーを浄化し、再充電する上ですぐれた効果を発揮します。グリッディング*したまま置いておくこともできます。別のクリスタルを浄化することもできますが、使い終わったら必ず洗浄してください。

オレンジクリーダイト
（天然の形態）

クリスタル図鑑

クロコイト (Crocoite) [和名：紅鉛鉱]

天然の形態

母岩上の結晶

色	赤
外観	小さな針状結晶、または縞のある長いワンド
希少性	希少
産地	タスマニア、ロシア、カリフォルニア（アメリカ合衆国）

特性

極めて強いエネルギー、活力、多産を象徴するクロコイトは、現状を打破するのに必要な勢いを与えてくれます。

心理面では、あなたが情熱をかたむけるものは何でも応援し、タントラセックスに用いるとクンダリーニ*の流れをよくします。創造的なプロセスにエネルギーを与え、あなたを腹の底から奮い立たせ、その活力を覚醒した魂の炎と同調させることによって大きな霊的成長をもたらします。

ヒーリング効果

体内にエネルギーを行渡らせて、免疫系と生殖器官を刺激します。妊娠に最適な時期を教えてくれるといわれています。

使い方

下半身のチャクラの上に当てるか、ベッドの周囲にグリッディングしてください（p.28-31を参照）。

111

クリスタル図鑑

ダルメシアンストーン(Dalmatian Stone)

タンブル

色	白地に黒と茶色の斑点
外観	斑点模様
希少性	簡単に入手可能
産地	メキシコ

特性

　基底、仙骨、大地の各チャクラを開くダルメシアンストーンは、魂に肉体の感覚を味わう機会を十分に与え、人間の本質は肉体を借りて地球を旅する魂であることを思い出させます。グラウンディング*させ、あなたの体内に入り込むことで、肉体をもって転生したことに喜びを感じさせてくれます。お守りとしても効果があるこの石は、危険に遭遇すると持ち主に知らせ、どんな状況でも平常心を保くるように支えくれます。

　心理面では、内在する無垢な子どもの頃の自己と同調させ、精神力を鍛えます。人生を謳歌したいという思いを刺激するので、落ち込んでいるときやエネルギーが消耗しているときにおすすめです。トルマリンを内包しているので、負のエネルギーを変質させ、不要になった思考パターンやこだわりを取り除く作用があります。考えすぎるのはやめて、身体を動かすことを促すこの

石は、知性化（自己防衛機能の一つで、知的な言葉を用いて説明したり、議論したりすることで強い感情に直面することを避けようとすること）に陥りやすいタイプの人におすすめです。

　精神面では、陽気な性質を持つこの石は、過度の分析を避けてとにかく前に進むよう後押ししますが、それと同時に、行動をおこす前に選択肢をよく吟味し、慎重に計画を立てる必要がある場合もあることを教えます。

　情緒面では、貞節を尽くすよう促し、情緒のバランスを整えます。あなたがもし誰かに復讐しようと計画していたら、そのシナリオからあなたを遠ざけます。復讐して一番つらい思いをするのはあなた自身だということをこの石は知っているからです。肉体面では、動物や運動選手に有益だといわれています。子どもはすべてのレベルでこの石の恩恵を受けます。身近に置いておくと、悪夢にうなされずに安心して眠りにつくことができます。

ヒーリング効果

　軟骨、神経、反射能力、捻挫に有益です。陰陽と気分の高揚のバランスを整え、悪夢を見ないようにする作用があります。

使い方

　必要に応じて、手に持つか、グリッディングするか（p.28-31を参照）、適切な場所に置いてください。

ダンビュライト:ゴールデンダンビュライト
(DANBURITE: Golden danburite)

タンブル

色	黄色または明るい黄色
外観	半透明または透明。縞のある結晶
希少性	広い範囲で入手可能になりつつある
産地	マダガスカル、ミャンマー、アフガニスタン

特性

啓発された知性のエネルギー場であるゴールデンフレイム*に同調しているゴールデンダンビュライトは、心臓の最高の周波数と心臓の高次のエネルギーに働きかけ、宇宙の知性や天使の領域に接続します。

霊性面では、平穏をもたらし、永遠の英知を授けます。この石を持って瞑想すると、純粋な意識状態に到達して、深遠な導きにアクセスし、天球の音楽を聴きに行くことができます。また、この石は死の床にある人が霊界へ旅立つ際に同伴し、魂が意識を持ちながら霊界へ移動できるようにします。

カルマの面では*、心の奥深くで変化を起こして魂を浄化します。過去世から持ち越してきたミアズマ*、情緒や精神面での魂の課題*を解消し、精妙体*に残っている心のしこりを取り除きます。今世の魂の計画*にアクセスし、魂が歩むべき新しい方向を示します。精神面では、脳の機能と情報処理機能を高める働きがあります。

ヒーリング効果

パワフルな癒し効果を持つこの石は心身症にすぐれた効果を発揮します。アレルギーや慢性疾患に有効で、強力な解毒作用があります。肝臓と胆嚢を治療し、筋肉と運動機能を強化します。

使い方

心臓の上など適切な場所に置いてください。枕の下に置いて寝ると明晰夢を見ます。

追加の形態

アクアオーラ・ダンビュライトは金と組み合わせると高次の波動*を持ち、存在の総体*とつながります。霊的な心臓と肉体の心臓をつなぐことで、過去の出来事への慈愛と許しを促します。魂の断片*が故郷に戻ってくるのを心から歓迎します。

アクアオーラ・ダンビュライト
（天然のポイントに金属を蒸着させたもの）

ドルージーダンビュライトは繊細なクォーツポイントの中に覆われています。心臓のエネルギーをより繊細な波動に押し上げ、大天使と高次のパワーを引き寄せて、仏陀のエネルギーと普遍の愛の流入を促します。調和を促し、互いに助け合い、素直に感謝の気持を表わすよう働きかけます。慈愛を深めるこの石は、つらい目にあっても逆境を笑い飛ばす力を与えてくれます。この石は、末期症状の人や大きな不安を抱えた魂にとってすばらしい贈り物となるはずです。

心理面では、安らぎを与え、反抗的な態度を改め、忍耐力を養い、心に平穏をもたらします。じっと我慢して好機到来を待つのが苦手な人にはおすすめです。また、情緒面で強力な解毒、浄化作用があり、スモーキークォーツと組み合わせると最大の効果を発揮します。

ドルージーダンビュライト
（被膜で覆われた天然の形態）

ダトーライト(Datolite)

イエロー
(天然の形態)

色	黄または緑
外観	透明から不透明まである、ガラス質の結晶または塊
希少性	希少
産地	メキシコ、アメリカ合衆国、南アフリカ、タンザニア、スコットランド、ロシア、ドイツ、ノルウェー、カナダ

特性

　ダトーライトはアカシックレコード*と強くつながっています。第三の目のチャクラもしくは過去世のチャクラに当てると、カルマや過去世に関する情報を引き出すことができます。このようにして得た情報を処理し、ひとつにまとめるには時間がかかるかもしれませんが、最終的にはすべての世におけるあなたの魂の計画*の全体像が明らかになるでしょう。カルマやアンセストラルライン*の癒しに役立つこの石は、精妙なDNAの中に暗号化された情報を取り出しやすくします。先祖から受け継いだ行動様式や思考パターン、それに先

祖の代に起きた出来事とつながることで、あなたは現在の家族構成を選んで生まれてきた意味を理解することができるのです。そしてこの石は、適切な場合には、過去世のヒーリングも手助けしてくれます。

霊性面では、個人的な魂と過去の記憶を活性化し、ソウルスターチャクラを開きます。心理面では、万物は常に変化することに気づかせてくれます。その結果、どんな困難に遭遇しても「この問題もいつかは解決する」と考えられるようになります。したがって、環境の激変や心の動揺を抑えきれない変化にみまわれたときに用いると効果的です。気持が落ち着き、心のよりどころとなるので、不安や恐れが取り除かれ、悲しみが癒されるでしょう。

精神面では、問題解決に役立ち、学習能力を高めてくれます。思考を明晰にし、集中力を高めるので、適切な場合に、細かいことを覚えておく能力が身につき、逆に大して重要でないことは忘れてしまえるようになります。また、成熟した思考を促し、溢れんばかりのアイデアをあなたに与えてくれます。情緒面では、あなたが愛を注ぐ人たちとあなた自身の関係をいっそう親密にし、これまで親密な関係を築くことができなかった原因となる障害を取り除いてくれるでしょう。

ヒーリング効果

集中力と細胞記憶*を改善します。糖尿病、低血糖、神経系統の不調の改善に効果があるといわれています。神経系統を新しい波動に調整する働きがあります。

使い方

必要に応じて、手に持つか、グリッディングしてください（p.28-31を参照）。もしくは適切な場所に置いてください。

デンドリティックカルセドニー (Dendritic Chalcedony)

タンブル

色	黒と白
外観	不透明でシダの斑紋がある
希少性	タンブルは簡単に入手可能
産地	世界各地

特性

デンドリティックカルセドニーは今この瞬間を精一杯生きることの大切さを説き、不愉快な出来事と向き合う際にあなたを支えてくれます。

心理面では、喜びを伝えるこの石は、誰にでもフレンドリーに接することで、偏った判断をせずに寛容な心で人と交わるよう促し、記憶処理を助けます。

ヒーリング効果

慢性疾患、喫煙が原因と思われる体調不良、免疫系、銅の吸収、女性性器の炎症、口腔カンジダ症、肝臓に有効です。

使い方

必要に応じて、手に持つか、グリッディングしてください(p.28-31を参照)。もしくは適切な場所に置いてください。

ダイオプサイド（Diopside）

グリーン
（天然の形態）

色	緑、黒、白
外観	長い結晶。母岩上かクラスターで見つかることが多い
希少性	簡単に入手可能
産地	アメリカ合衆国、スウェーデン、カナダ、ドイツ、インド、ロシア、中国

特 性

　奉仕の石グリーンダイオプサイドは、慈愛を深め、他人の苦しみに心を寄せるように働きかけ、地球との深いつながりを感じながら、地球のために奉仕するように促します。霊性面では、謙虚さを説き、自分の気持と素直に向き合えるよう支えることで、自分の直感に従って行動することを促します。また、感性を磨くのに有効です。

　心理面での癒しに有効なこの石は、信頼と癒しの大切さを説き、過去にあなたを傷つけた人やものとの和解を支援します。その際、あなたのほうからアプローチするよう穏やかに後押しします。もしあなたが、これまでの人生で

何かが足りない、でも何が足りないのかがわからないという思いにとらわれてきたとしたら、ダイオプサイドはそのような考えを穏やかに取り除き、あなたが天から授かったすばらしい才覚に目を向けさせてくれるでしょう。

精神面では、知的能力と分析力を活性化する働きがあることから、創造性を必要とする仕事や学問に有益です。数学の研究を支援するために用いられてきた歴史があります。

情緒面では、悲しみを取り除いてくれるので、感情を表に出すことが苦手な人には有益です。人生で起こる様々な問題に押しつぶされそうになっている人に、感謝の気持と生の喜びを感じながら生きる方法を教えてくれます。

肉体面では、手術、トラウマ、重病からの回復を早めます。

ブラックダイオプサイドは根のチャクラと大地のチャクラ、それに地電流＊に同調しており、これらのバランスを整えて調和をもたらします。

ヒーリング効果

グリーンダイオプサイドは細胞記憶＊、虚弱体質、酸性とアルカリ性のバランス、肺、循環器、ホルモンのバランス、血圧に有効です。炎症、筋肉の痛み、痙攣、ストレス、腎臓、心臓に効果的です。ブラックダイオプサイドはアースヒーリング＊に役立ち、末期症状や慢性疾患の患者をサポートします。

使い方

必要に応じて、手に持つか、グリッディングしてください（p.28-31を参照）。もしくは適切な場所に置いてください。

デュモルティエライト (Dumortierite)

原石

タンブル

色	青または青色がかった灰色
外観	緻密でくすんだ感じ。まだらで不透明。玉虫色の閃光を発する。青のインクルージョンまたは結晶質
希少性	簡単に入手可能
産地	アメリカ合衆国、ブラジル、ナミビア、スリランカ、マダガスカル、カナダ、フランス、ポーランド

特性

　デュモルティエライトを持ち歩くと天使や案内役の精霊からの情報を受けとりやすくなります。霊性面では、永遠の自己の原型を見せ、あなたを生来の英知と再び結びつけます。耳のうしろに置くと、透聴力*が開花し、過去世のチャクラもしくはソーマチャクラに置くと、過去世の記憶を呼び起こします。大昔に交わした魂の契約や約束を詳しく調べるために、魂の旅路の出発点にあなたを連れて行きます。調べた結果、もはや自分に必要のないものがあれば、再交渉の手助けをしてくれます。ソーマチャクラに置くと、魂の成長に役立たないきずなを断ち切り、過去に交わした誓いを破棄することができます。また、過去世で不調*や困難な状況、もつれた人間関係を引き起こした原因を特定して解消します。中毒症状や抑えがたい欲望の根底にあるパターンに

光を当てることで細胞記憶*のプログラムを書き換えます。共依存のカルマ*を断ち切り、世話をする人に、もうこれ以上中毒患者のためにできることは何もなく、中毒症状をコントロールすることもできないことを悟らせます。

心理面では、自信を持って自分の立場を貫き、現実に適応していくことができるよう支えます。忍耐と勇気を与え、ゆるぎない自信を与えることで、自己防衛本能を活性化します。過剰な興奮を抑え、世俗や利害から距離を保つことを促し、肯定的な自己愛と生きる喜びに目覚めさせてくれます。また、いつまでも気を若く保ち、人生を前向きにとらえることができるよう支えてくれます。日々、危機的な状況やトラウマと向き合っている人は、この石を身近に置いておくと心が落ち着き、苦痛をやわらげる努力に集中することができます。もし、今のあなたが混沌とした計画性のない状態に陥っているとすれば、この石は自分の人生の主導権を取り戻すのに役立ち、あがり性、内気、ストレス、恐れ、不眠症、パニック、恐れ、憂鬱、がんこさを克服するのに役立ちます。

精神面では、明晰な思考と自己抑制を促し、組織をまとめる力、集中力、他の文化圏との交流に必要な外国語能力を高めます。また、手際よくファイリングができるようになります。

情緒面では、人間関係に安定感を与え、ソウルメイトを引き寄せます。ただし、その過程においてつらい経験をすることもありますが、それらはすべてあなたに必要な学びだと思ってください。人間は誰もが価値ある存在であることに気づかせ、人はなぜ自分以外の人たちと交わるのか、その理由を教えてくれます。あなたがなぜ困難や試練を通じて学びを得ることを選んだのか、そのわけを明らかにするとともに、カルマの因縁による学びを支援するために様々な役割を演じてくれる周囲の人々に感謝の気持を伝えるよう促します。

ヒーリング効果

心身症に最大の効果を発揮しますが、細胞記憶、過敏症、消耗病、日焼け、てんかん、頭痛、吐き気、嘔吐、痙攣、疝痛、下痢、動悸に有効です。

使い方

必要に応じて、手に持つか、グリッディングしてください（p.28-31を参照）。もしくは適切な場所に置いてください。

エイラットストーン (Eilat Stone)

| タンブル | 原石 |

色	緑、青、ターコイズ
外観	まだらで不透明
希少性	簡単に入手可能
産地	イスラエル、ヨルダン

特 性

　霊性面では、高次の心臓、心臓、そして喉のチャクラをつなげるエイラットストーンは、地球の美しさに畏敬の念を抱かせます。陰陽のバランスを整え、生命に軽快さをもたらします。

　精神面では、この石はマラカイト、ターコイズ、クリソコーラ、アズライト、その他の鉱物を含む「賢者の石」として知られ、問題解決に必要な知恵と創造的な解決策を授けてくれます。

　情緒面では、様々な感情を刺激すると同時に全体のバランスを整えます。日常生活では、情緒を安定させながらめりはりもつけ、ソウルパートナーとのテレパシーによる交信を促進します。近親相姦、強姦、暴力、強度女性嫌悪

症、性的抑圧による心の傷を癒すのに大きな効果があります。恐怖心や憂鬱から解放し、創造性と豊かな感情表現を養い、自分にもっと自信をつけるよう促します。

　肉体レベルの癒し効果が大きいエイラットストーンは胸腺の浄化にも大変有効です。心の傷や喪失感を癒し、心が折れるようなつらい経験によって身体に溜まった毒や閉塞を取り除きます。過去に受けた傷について堂々と語ることで、その痛みから解放されるよう支援します。また、現実を受け入れることと、内なる和解を促すこの石は、魂の断片*を統合してアカシックレコード*から記録を抹消し、魂の記憶と細胞記憶*のプログラムを書き換えることで自己を再統合します。

ヒーリング効果

　細胞記憶、骨と細胞組織の再生、副鼻腔、細胞増殖速度の再調整、発熱、痛み、腫瘍、肝臓、甲状腺、生理痛に有効です。

使い方

　必要に応じて、手に持つか、グリッディングしてください（p.28-31を参照）。もしくは適切な場所に置いてください。胸腺の上に身につけてください。

注：この石の構成要素の一つであるマラカイトが原因で動悸が激しくなる場合がたまにあります。そのような場合は、エイラットストーンを取り除いて、スモーキークォーツ、ロードクロサイト、もしくはタグチュパイトを手に持つとおさまります。

エピドート(Epidote) [和名：緑簾石]

タンブル

色	緑
外観	ガラス質の塊。もしくは半透明の結晶でクォーツに内包されることが多い
希少性	簡単に入手可能
産地	アメリカ合衆国、ブルガリア、オーストリア、フランス、ロシア、ノルウェー、南アフリカ、パキスタン、モザンビーク、メキシコ

特性

エピドートは霊的同調を促進し、魂の覚醒に対する根強い抵抗感を取り除きます。しかし、誰もがこの石に良好な反応を示すとは限りません。というのは、この石を用いることによって、逆に否定的な感情が強まり、変えるには相当の努力を要する感情や思考パターンを表面化させてしまうことがあるからです。このように、人によっては逆効果になる場合もあるので注意が必要です。

心理面では、感性を磨きます。人生を満喫する勇気を与え、夢を実現する

力を与えてくれます。アイデンティティを確立させ、個人の潜在能力を引き出します。この石は自己犠牲に陥りやすい人には最適です。自分に対する批判的な見方を消し去り、自分の長所と短所、それに他者の長所と短所を客観的に見ることができるようになるからです。現実的な目標設定の仕方を教え、感情のおもむくままに計画したときにありがちな過度の期待感とその結果予想される失望感からあなたを遠ざけます。

ストレス、自己に対するあわれみ、不安感などの否定的な感情を取り除き、情緒体を浄化して深い悲しみや情緒面でのトラウマを解消します。また、どんな状況に置かれても精神的に中庸を得ることができるようにします。エピドートの強力な解毒作用によって、精妙体*と肉体に宿る負のエネルギーがいっきに解消されます。その際、一度限りのカタルシスを経験することがありますが、その瞬間、情緒の青写真*と細胞記憶*が消去されます(資格を持ったクリスタルセラピストのもとで行うのがベストです)。

肉体面では、病後の回復期に用いると有効で、自然治癒力を高め、できる限り自分の身体をいたわるように促します。肥満が病気の根本原因の場合はそのことを知らせ、減量を促します。しかし、こうした健康上の問題に対処するには、資格をもったセラピストもしくは施術者の助けが必要になる場合があります。

ヒーリング効果

情緒的なトラウマ、スタミナ、神経系や免疫系、細胞記憶、脱水症状に有効です。脳、胸腺、肝臓、胆嚢、副腎の機能を高めます。ジェムエッセンス(p.361を参照)として用いれば、肌を滑らかにするといわれています。

使い方

必要に応じて、手に持つか、グリッディングしてください(p.28-31を参照)。もしくは適切な場所に置いてください。

エリスライト(Erythrite)

[別名：コバルトブルーム(COBALT BLOOM)]

母岩上の結晶

色	紫、すみれ色、マゼンダ、赤紫色のピンク
外観	緻密な結晶質、または光沢のある被膜
希少性	非常に簡単に入手可能
産地	メキシコ、モロッコ、オーストラリア、ポーランド、スペイン

特性

エリスライトは背骨、身体、ライトボディ*、地球のそれぞれの核となるエネルギーを強化します。

心理面では、自信を与え、自身の内面的な強さに対するゆるぎない信頼を育て、潜在能力を引き出します。また、心臓を強くし、真実の愛のきずなを強め、慈愛で人々の心を一つにします。

ヒーリング効果

骨髄、血球、細胞構造の核の働きをサポートし、皮膚疾患を治すのに有効です。

使い方

手に持つかグリッディングしてください(p.28-31を参照)。

クリスタル図鑑

ユーディアライト (Eudialyte)

成形したもの

色	赤、緑、黒
外観	まだらで、不透明から透明まである
希少性	以前よりは入手しやすくなっている
産地	グリーンランド、ロシア、カナダ、マダガスカル、アメリカ合衆国

特性

　クンダリーニ*につながる極めて強い生命力をもつユーディアライトは、心臓のチャクラを開き、基底のチャクラと大地のチャクラに結びつけます。チャクラのエネルギーの流れを調整し、精神と知性を情緒体につなげることで、非常に深いレベルで内的自己に新たな方向性を示します。カルマ*の面では、過去の不運な選択を修正する方法と真実に目を向ける方法を示すことで、苦難を経ずとも、喜びと充実感に満ちた人生を謳歌しながら霊的成長を遂げる

ことができることを教えます。もしあなたが誰かとの関係を早く終わらせたいと願っているとしたら、この石の助けを借りて、争うことなく、双方の面目を保ちながら穏便に関係を終わらせることができます。

霊性面では、もしあなたが神に怒りを感じているとしたら、その怒りはどこから来ているのかを突き止めさせ、必要な場合は、過去世へのジャーニー*を促します。浄化と和解を象徴するこの石は、神と人間との対立をなくし、自身の内在神と和解できるように取り計らい、あなたを魂の真の目的へと導きます。

心理面では、個人の潜在能力を最大限に引き出し、憂鬱な気分や不満を追い払い、嫉妬、怒り、罪悪感、恨み、反感といった否定的な感情を解消します。自分を許す心と健全な自己愛を奨励するこの石は、深遠な自己変革を加速し、自信を植えつけ、失敗から学ぶことができるよう支援します。また、この石は創造性の発揮なくして幸せを感じることはできないと説きます。あなたが創造性を存分に発揮する場を見つけ、そこで自分の才能を大事に育てることができるよう応援します。

情緒面では、縁のある魂同士を引き寄せ、再会した理由を明らかにします。「ソウルメイト」だと思う人に出会っても、その人がソウルメイトに関心を示さない場合や、強く惹かれる人に出会ったけれどその人と性的な関係を持つことが適切かどうか迷っているとき、それに、もしかしたらその出会いには何かほかの意味があるのではないかと思えるときなどは、ユーディアライトを持って瞑想するか眠ってください。そうすればきっと答えが見つかるはずです。しかも、その答えは予期せぬ形でやってくる場合があります。

ヒーリング効果

多次元的に細胞を癒す効果があります。エネルギーが枯渇しているときにも有効です。脳波の調和を保ち、神経系と視神経の働きを安定させ、アルツハイマー病、パーキンソン氏病、メニエル症候群、皮膚結核の症状改善に効果があり、自己治癒力を高めます。

使い方

必要に応じて、手に持つか、グリッディングしてください（p.28-31を参照）。もしくは適切な場所に置いてください。

フィスケナセットルビー(母岩内) (Fiskenaesset Ruby-in-matrix)

研磨したもの

色	濃い赤、シルバー・ブラック
外観	半透明
希少性	非常に希少
産地	グリーンランド

特 性

　エネルギーに満ちたフィスケナセットルビーは地球で最古の宝石の一つに数えられます。霊性面では、霊界との交信を助け、トランス状態を誘発することで、深い変性意識状態へと容易に導きます。サイキックアタック*や心臓のエネルギーを吸い取ろうとする力に対して強力な防御を張り巡らすこの石は、昔から、家族と財産を大切に守る石とみなされてきました。危機や病気が迫ると色あせるといわれており、迫り来る危険を事前に知らせる力があります。過去世のチャクラを活性化するこの石は、魂の記憶と霊的な学びにアクセスし、多次元的に細胞を癒すので、深いレベルでの魂の癒しや過去世療法にすぐれた効果を発揮します。他の魂の進化を助けるために自分の霊的エネルギーを使い果たしてしまったときにエネルギーを補充してくれます。

心理面では、他者とのつながりを保ったまま個性を発揮するよう促します。何ごとにも情熱を持って取り組むことを奨励し、モチベーションを高め、現実的な目標設定を助けます。そして、感情的になりすぎたり、無益な投影*をすることなく、将来の計画を立てる方法を教えてくれます。精力的なリーダーシップ、勇気、無私無欲を助長するこの石は、「無上の喜びを味わうこと」を促します。ルビーを身近に置いておくと、明るい夢を描き、その夢が実現した場面を簡単に思い描くことができるようになります。豊饒を象徴するこの石の助けを借りれば、富と情熱を持ち続けることができます。

情緒的には、自立心を養います。安寧と幸福を手に入れてそれを維持できるかどうかはすべて自分次第であり、決して配偶者や恋人などの自分以外の者に依存すべきではないことに気づかせます。しかし、同時に情熱的なルビーは真実の愛を深め、性的衝動に火をつけるともいわれています。

肉体レベルでは、生命力を強め、免疫と循環を刺激します。疲労と無気力を克服し、生命に活力を与え、長期にわたるストレスや慢性疾患からの回復に有効です。

ヒーリング効果

肉体に活力を与え、血液やリンパ液、循環系、生殖器、性交能力、活動過多、解毒、酸過多、不眠症、血液の流れが悪い状態、発熱、感染症などに効果があります。心臓、副腎、腎臓、生殖器官、脾臓の働きを助けます。

フリント (Flint)

ブラック・ホワイト
(天然の形態)

色	黒、白、青、灰色、茶、黄、オレンジ
外観	緻密なガラス質。白い被膜に覆われていることが多い
希少性	簡単に入手可能
産地	世界各地

特性

　古来、神聖な石とされてきたフリントにはエネルギーを浄化し、安定させる作用があり、大仕事に取り組むときは神の助けを引き寄せるといわれています。もともと黒色ですが、様々な色に変化します。大昔から死者が来世に旅立つ際にお供をする役目を果たしてきたフリントは、冥界への案内役と守護霊を呼び寄せます。保護作用にすぐれ、呪いや悪意*を跳ね返し、悪夢を退ける働きがあるとされています。

　霊性面では、魂を磨き、不要になったものを捨て去ります。心理的な閉塞や問題を切り取って、人々のエーテル体*同士を結びつける働きがあります。また、チャクラコードを切りとった後の傷を癒します。フリントの破片でエーテル体の手術を行い、過去世で負った傷を焼灼することで、エーテル体の青写真*、肉体およびエーテル体を浄化します。また、フリントの安定化作用は、精神体と肉体に構造的完全性をもたらします。魂の記憶をたどるためのジャーニー*に必要なシャーマンのアンカー*を作るこの石は、地球の変化に適応できるようにあなたの内面的な強さを鍛えてくれます。電磁エネルギーを効果的に伝達することから、フリントにはエネルギーの流れをよくし、地球全体をパワフルに癒す作用があります。

クリスタル図鑑

　男らしさを象徴し、地球を守る宇宙人グリーンマン伝説に登場するこの石は、母なる大地と強力につながり、あなたを大地の子宮へといざない、賢明な女性性と女性司祭のパワーに再び接続させます。成熟した女性への過渡期に経験する通過儀礼に用いるには最適で、男性が自身に内在する女性性とつながりやすくする働きがあります。

ヒーリング効果
　痛みと不調*を緩和します。生殖器、細胞記憶*、細胞組織の再生、肌の弾力の保持に有効です。憂鬱、強迫観念、イボ、ホクロ、皺、結石、腫瘍に有効で、顎や背中、腰の痛みによく効きます。

グレー・ホワイト
(天然の形態)

使い方
　グリッディング(p.28-31を参照)するか、手に持つか、身につけてください。オレンジもしくはダークフリントを大地のチャクラに、ホワイトもしくはブルーのフリント、あるいはセレナイトをソウルスターチャクラに置いて、宇宙のアンカー*を活性化してください。セレナイトとナトロライトを組み合わせて、生命の波動を上げるエネルギーを地球にグラウンディングし、ダウンロード*すると、地球に大きな変化が訪れている間、地球内部に安定した基盤が形成され、汚染された地球のエネルギーを逆流させることができます。また、ヌーマイトと組み合わせると除霊*に効果があります。

ブラック
(タンブル)

特殊な色
ブラックフリントまたはブラウンフリントは憂鬱の根本原因を理解するのに役立ちます。あなたの性格の影の性質*を受容し、自身の隠れた才能を見いだす力を与えてくれます。

オレンジ
(天然の形態)

オレンジフリントは困難に直面したときに発揮する芯の強さを養い、強迫観念に取りつかれやすい性向から脱却させます。

ブルーフリントは不調の原因をより高い次元で理解させます。大きな問題や閉塞感の原因と格闘しているときに精神的な支えとなり、問題を解消してくれます。集中力と思考力を高めます。

ブルー
(天然の形態)

フロンデライト (Frondellite)

原 石

色	ピンク系の青銅色
外観	畝があり、乳白光を発する
希少性	希少
産地	アメリカ合衆国

特 性

　フックサイトマイカの一種であるフロンデライトは心霊に感染した第三の目を浄化し、異次元の時空を飛び交う負のエネルギー、インプラント*、権力争いなどを排除するとともに、日常生活で経験するマイナス思考や悪意*を解消します。ただし、除霊の最中に吐き気がすることがあるので、その場合はストレンガイトと一緒に用いるのが最適です。

　心理面では、泥やバクテリアを異常に怖がる人に効果的です。その原因を明らかにし、過去の嫌な経験を前向きにとらえなおす機会を与えてくれるからです。ただし、このプロセスであなたは情緒的カタルシスを経験し、過去の暗い気持を再現することになるかもしれません。したがって、ワークを行う

場合は、過去世療法の専門家の指導を受けることをおすすめします。

　精神面では、頭の中を整理し、混沌から秩序をもたらす作用があるので、瞬時にパターンや解決策を発見できるようになります。この点ではゲームやロールプレイに役立ちます。

　情緒面では、マイナス思考と過去への強いこだわりを捨てさせ、変化と自己変革へ向わせます。

　肉体面では、T細胞の増殖を刺激し、免疫系のバランスを整えます。

ヒーリング効果

　肉体を超えたレベルで最大の効果を発揮します。手根管症候群や反復運動損傷を予防するためにリスト・レストとして用いることもできます。

使い方

　必要に応じて、手に持つか、グリッディングしてください（p.28-31を参照）。もしくは適切な場所に置いてください。

混合石

ストレンガイトを伴うフロンデライトはフロンデライトよりも穏やかな浄化・変性エネルギーを保有します。不調*と病的恐怖の原因を外側から観察させ、その原因から遠ざけます。心霊的感染症に再びかからないように第三の目を浄化し、強化します。

ストレンガイトを伴う
フロンデライト（原石）

フルガライト (Fulgarite)

砂色のベージュ
(天然の形態)

グレー(天然の形態)

色	砂色のベージュ、灰色、黄味をおびた色
外観	砂粒が固まり、管状になったもの
希少性	簡単に入手可能
産地	アメリカ合衆国、サハラ砂漠、ゴビ砂漠

特性

　フルガライトは砂に落雷したときにできたもので、莫大なエネルギーが極めて狭い範囲に集束された瞬間に形成されます。その繊細な見かけにかかわらず、雷の高振動のエネルギーを保持していることから、昔からシャーマンが魂を回復するための道具として用いてきました。シャーマンが失われた魂の子どもの部分や魂の部分*を回復するジャーニー*に出る際、回復された魂は、安全に戻ってくることができるように、フルガライトの中に一時保存されます。そしてフルガライトを心臓のチャクラに置くと、回復された魂は落雷により出来た通り道を通って、本来の居場所に穏やかに戻されるのです。過去世での悲惨な死、トラウマ、失望、転生できなくなってしまうほどのショッキングな出来事を経験した瞬間に、魂の一部がその場に凍りついてしまうことがありますが、フルガライトにはこのような魂を今世へ連れ戻す働きもあります。また、

魂がなぜ今世に転生してこなかったのか、その原因を確かめるために転生の間の状態*へ旅をする際に力を貸してくれます。フルガライトの管を通過した魂の断片を浄化し、故郷へ迎え入れ、もとの魂に再び統合します。

　古来、宇宙へ霊的な祈りを捧げる際に用いられてきたこの石は、夢を実現させるための道具としても大変有効です。夢を描いたら、それを大きな声で口に出し、管状のフルガライトを吹奏楽器にみたてて吹いてみてください。その夢は自由に羽ばたき、あなたにとって最高の形で実現するはずです。フルガライトには人類の霊的成長を加速させる働きもあります。この石の真ん中を通って、聖なるエネルギーが体内に流れ込みます。また、チャクラから精妙体*に流れ込むエネルギーの渦を作り出します。その渦は異なる波長の間を縫って移動しながら、肉体と魂の浄化と再調整、およびエネルギーの再注入を行うことで、肉体と魂を高い次元に押し上げ、それぞれに新しいパターンを刻む道を作ります。シャーマンのアンカー*として最適なこの石は、宇宙のアンカー*の地球へつながる部分を開き、地球の核の奥深くにあなたを結びつけます。

　心理面では、進化を妨げるものはすべて切り捨て、進化の現段階にふさわしい、高次の自己の要求を満たす行動への道を開きます。

　精神面では、考えを具体化させることで、最も崇高で、最も建設的な目標のみを掲げる方法を教えてくれます。

　肉体面では、身体のまわりにグリッディング*すると負のエネルギーや閉塞を除去し、サイキックバンパイアリズム*や慢性的な不調*によって失ったエネルギーを補充することができます。

ヒーリング効果

　エネルギーの流れや血液の循環を滞らせている原因を吹き飛ばします。エネルギーのレベルを上げ、性的衝動を活発にしますが、魂のレベルに最も大きく作用します。

使い方

　必要に応じて、手に持つか、適切な場所に置いてください。慎重に扱い、圧力を加えないように注意してください。

ガイアストーン（Gaia Stone）

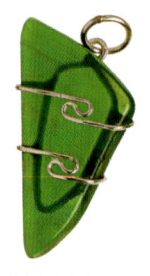

成形されたもの

色	深緑
外観	透明、黒曜石のような透明感のある結晶
希少性	簡単に入手可能
産地	アメリカ合衆国のセントヘレンズ山の火山灰から人工的に製造されたもの

特 性

　人間の内面に存在する聖なる女性性と深いつながりがあることから、ガイアストーンは別名、女神の石とも呼ばれています。霊性面では、炎から誕生したこの石は、人間の体内で起こる心理的カタルシスや地球内部にみられる錬金術のプロセスを通じて起こる霊的な浄化や変性にどのような価値があるのかを教えます。

　大地と心臓のチャクラを開いて統一し、チャクラ全体の機能を調和させます。母なる大地との強いつながりを持つこの石は、環境面では、デーヴァ*や地球の魂と同調し、太陽系の外にある魂の起源ともいうべき場所へ案内してくれます。地球が自分の故郷であると感じることのできない人には大きな

慰めとなり、宇宙のアンカー*の地球につながる部分を活性化し、あなたの核となるエネルギー場を安定させ、下位世界*を旅する際はシャーマンのアンカー*としての役割を果たします。

地球環境との完全な調和を作り出すことで、傷ついた地球のグリッドを癒します。特に不協和音を奏でる地域や汚染区域にグリッディングすると有効です。慈愛と感情移入を促すこの石は、地球上あるいは地球内部に存在するすべてのものは調和が保たれていることを教えます。また、クリスタルメディスンホイール（p.368-375を参照）の西を探索するのに適しています。

情緒面では、情緒体から心の傷を引っぱりだし、過去のトラウマを解消し、マイナス思考を消去して自身と他者への無条件の愛に置き換えます。

肉体面では、地球のエネルギーの流れにあなたを同調させ、母なる大地を通して現れる女神と同調させます。繁栄と豊饒の石であるガイアストーンはあらゆる癒しの力を活性化します。

ヒーリング効果

自己治癒、心の傷、トラウマの解消に特に有効です。第三の目に置くと、心身症や片頭痛を緩和し、目の疲れを癒すのに効果的です。

使い方

必要に応じて、手に持つか、グリッディングしてください（p.28-31を参照）。もしくは適切な場所に置いてください。自己治癒に用いる際は常に身につけてください。

ガスペイト (Gaspeite)

研磨された球

色	濃い澄んだ黄緑と淡い澄んだ黄緑
外観	不透明で、まだら、縞模様がある
希少性	希少だが、宝石類としては入手しやすくなってきている
産地	カナダ、オーストラリア

特性

　ガスペイトは進化する地球とすべての生命に力を与えてくれる石です。霊性面では、魂を鍛え、霊的なエネルギーを体内に根づかせます。困ったときに助けを求めれば、いつでもあなたのそばに寄り添ってくれます。地面に座って、頭の中で問題点を整理し、答えはきっと最高の形で見つかると信じてガスペイトを手に持って瞑想してください。安全な通り道を必要とするときは、この石を持っていると暗い、危険な場所も誰にも気づかれずに通り過ぎることができます。シャーマンのワークや魂の回復*のために下位世界*に

ジャーニー*する必要があるときは、あなたを目に見えない無敵のマントに包み込んで保護してくれます。

　何者かにエネルギーを吸い取られたときは、左のわきの下の脾臓のチャクラの上あたりに身につけてください。また、誰かに恨まれたときは、右のわきの下に身につけるとあなたを守ってくれます。脾臓のチャクラを閉じることで、相手のエネルギーが来ないようにしたことを逆恨みし、誰かがあなたに仕返ししようとしたときには特に有効です。

　情緒面では、人生に対して憤りを感じたときや、誰かが憎しみからあなたを傷つけようとしたときなどには有効です。怒り、傷心、心の痛みを解消し、高次の心臓のチャクラを開きます。そして、右のわきの下の肝臓のチャクラを浄化して怒りを静め、誰かがあなたに抱いた悪意を退け、情緒に平穏をもたらします。情緒と肉体をつなぐ架け橋となるこの石は、閉塞感が引き起こした心身症の改善に効果を発揮します。このような閉塞感は不要になった感情や思考が石のように凝り固まってできたもので、ガスペイトがすべて溶解してくれます。

ヒーリング効果

　肝臓と胆嚢の働きを助け、胆石、管の閉塞、肝硬変、腸の不調、必要に応じた神経系の鎮静および刺激に有効です。吐き気や乗り物酔いを抑えるのに効果があります。

使い方

　必要に応じて、手に持つか、グリッディングしてください(p.28-31を参照)。もしくは適切な場所に置いてください。自分のエネルギーを守るにはわきの下に当ててください。旅行するときはポケットに入れて持ち歩くといいでしょう。

成形したもの

ゲーサイト (Goethite) [和名：針鉄鉱]

母岩上の畝のある
結晶

色	茶色
外観	深い畝があり不透明、または星形
希少性	簡単に入手可能
産地	アメリカ合衆国、ドイツ、イングランド、フランス、カナダ

特 性

　ゲーサイトと瞑想していると、自分の体が、すべてが静止した状態の中にとどまっているような感覚を覚えます。この石と一緒にいるとただそこに「在る」だけの状態になります。宇宙のアンカー*を開き、地球の核と銀河の中心*の間にあなたを安全に結びつけます。

　霊性面では、変身と変容を象徴する数字の44と同調し、透聴力*と形而上学的能力*を開花させます。また、あらゆる占いや預言に役立ち、霊界への旅に役立つ場合には、あなたの魂の未来の計画を明らかにします。

　ゲーサイトは情緒体を浄化します。もはや役に立たない自分自身に対する感情や信念、心のわだかまりを解消するこの石は、これまでの経験に対する

クリスタル図鑑

慈愛であなたの心を満たし、様々な経験を通して得た学びや恵みを明らかにしてくれます。

肉体面では、人間としての経験を楽しむのに必要なエネルギーを供給し、体内の酸素の流れをよくします。コミュニケーションの道具としても役立つこの石は、霊感と実務能力をうまく組み合わせ、トラウマから立ち直ろうとする肉体をサポートします。

環境面では、自然の治癒力と強く同調するこの石は、ダウジング能力を高め、地球が奏でる音色と同調します。あなたをデーヴァ*と地球の魂のもとに連れて行き、精妙なエネルギーと地球内部および体内のエネルギーの流れに対する感度を高めます。また、地球の経絡*の微調整を促進します。大地と基底のチャクラを清め、チャクラ全体を地球と高次の意識につなげます。

ヒーリング効果

ウェートトレーニングをサポートします。てんかん、貧血、月経過多に効果があり、耳、鼻、喉、消化管、静脈、食道、骨髄の機能を高めます。

使い方

必要に応じて、手に持つか、適切な場所に置いてください。地球外生命体とコンタクトするときはグリッディングしてください（p.28-31を参照）。

特殊な形

イリデッセントレインボーゲーサイトは憂鬱、陰気、落胆を解消し、人生に希望の明かりを灯します。形而上学的能力を養うのに役立ちます。

注：スター（ホランダイト）クォーツの中には、星の形に見えるゲーサイトの針状結晶が内包されています（p.304-305を参照）。

イリデッセントレインボーゲーサイト（原石）

グリーンランダイト (Greenlandite)

グリーン（研磨したもの）　　　ブルー・グリーン（原石のスライス）

色	原石は灰色または青色がかった緑。研磨すると濃い青緑。または、すみれ色
外観	緻密で不透明、金属光沢
希少性	希少
産地	グリーンランド

特性

　グリーンランダイトはアベンチュリンが高次のエネルギーに共鳴*してできたものです。美しさに思わず息を呑むこの宝石は、グリーンランド司教のケープの一部にも使われており、38億年前に生成されたものです。表面の縞模様に古代のエネルギーが暗号化されているといわれるこの石は、地球を大切にし、自然と調和を保ちながら生きる方法を教えてくれます。

　霊性面では、心臓のチャクラを活性化して保護します。心臓のエネルギーを狙うサイキックバンパイアリズム*に対して防御機能を発揮します。エネルギーの略奪行為から脾臓のチャクラを守り、極めて精妙なレベルに働きかけて、今世または他生で生じたカルマのもつれ*を断ち切ります。肯定的な性

質を持つグリーンランダイトには有害な状況を解消し、事態を好転させる働きがあります。

　心理面では、リーダーシップと決断力を強化します。どもりや極度の神経症を緩和し、その背後にある原因を明らかにします。慈愛、共感、再チャレンジを促し、あなたを過去世に連れ戻し、不調*の根本原因を解明します。

　知性体と情緒体のバランスをうまくとるのもグリーンランダイトの特徴です。精神を安定させる作用があるこの石は、心のバランスを整え、知覚を刺激し、創造性を高めます。宇宙の知的存在の英知とつながり、特に他者から提示された代替案や選択肢をあなたが受け入れやすいようにしてくれます。

　情緒面では、怒りやイライラを静めます。情動回復を助け、いつまでも人の心の中に生き続ける力を育てるこの石は、成熟した愛を深めるのに最適です。

　肉体面では、幸福感を高めます。男女のエネルギーのバランスを整え、心の再生を促します。

　環境面では、デーヴァの王国*と強いつながりを持ち、グリッディング*することでジオパシックストレス*から地球を守り、アースヒーリング*、地球のグリッドの再調節を促進します。身につけておくと、電磁スモッグ*を吸収し、環境汚染を防止するのに役立ちます。また、汚染物質に敏感な人はこの石を身につけたり、携帯電話にテープで留めておくと効果的です。

ヒーリング効果

　目、胸腺、結合組織、神経系統、副腎、肺、副鼻腔、心臓、筋肉、泌尿生殖器、血圧、代謝、コレステロール、動脈硬化に有効です。肌の吹き出物やアレルギーを抑え、片頭痛を癒し、目の疲れを取ります。炎症にも効き目があり、万能薬として、皮膚疾患に有効です。

使い方

　必要に応じて、手に持つか、適切な場所に置いてください。脾臓のチャクラを保護するには左のわきの下に当てるか、胸骨の下部に身につけてください。

ハックマナイト(Hackmanite)

タンブル

色	青、薄紫、ピンク
外観	緻密で不透明、または結晶質
希少性	希少(熱処理加工したものは入手可能)
産地	グリーンランド、カナダ、ロシア、オーストラリア、アフガニスタン、ミャンマー、パキスタン

特性

　ソーダライトが高次のエネルギーと共鳴*してできたハックマナイトは、地球とのつながりを保ちながら極めて高い波動を持つ石です。宇宙のアンカー*を活性化し、生体磁気シース*を保護するこの石は、体内で自己が無限の存在へと拡大していく可能性を開き、ライトボディ*を統合します。また、精妙なチャクラのレベルで他の魂との不要なきずなを効率的に断ち切る働きがあります。

　霊性面では、この洗練された石は直感と論理を統一します。高次の知性にアクセスし、その知性を物理的世界につなげることで、啓発された知性を生み出します。深い瞑想状態へいざない、霊的な才能と同調して、喜び、自由、癒しをもたらします。

　心理面では、自らが置かれた状況を把握するのに役立ち、その状況に立ち向かうことを選んだ魂の目的と同調します。自身の影のエネルギー*を受け入

れ、その中に恵みを発見するのに役立ちます。神経過敏な性格を変え、魂の自己主張を抑圧している恐れ、病的恐怖症、罪悪感、自己制御機構を浮き彫りにし、それらをすべて解消します。また、自尊心、自己受容、自分への信頼感を高める働きもあります。真理と理想を追求する強い姿勢を示すハックマナイトは、自分の気持と素直に向き合い、信念を貫くよう強く促します。

精神面、カルマ*の面では、知性の束縛や厳格な思考様式から解放します。特に過去世で刷り込まれた宗教的な理想主義の呪縛から解放し、新しい無限の可能性に意識を向けさせます。合理性を備えた直感的なものの見方を許容するこの石は、感情を言葉に表し、新しく得た洞察を実行に移す際に力を与えてくれます。

環境面では、電磁気による汚染をなくします。グリッディング*するとシックハウス症候群、電磁スモッグ*、あるいは化学物質による複雑なアレルギー症状を抑えるのに役立ちます。

ヒーリング効果

代謝、リンパ系、免疫系、喉、声帯、喉頭の働きをよくします。カルシウム不足、放射線によるダメージ、不眠症、しゃがれ声、消化器官の不調、発熱、血圧、じん帯の損傷、分泌液の吸収に有効です。

使い方

必要に応じて、手に持つか、グリッディングしてください(p.28-31を参照)。もしくは適切な場所に置いてください。

混合石

バイオレットウシンガイトを伴うハックマナイトは霊的に極めて高い波動*を地球に伝え、アセンションした魂の拡張した意識を、物理的世界に根づかせるのに極めて有効です。

注：混合石が手に入らなければ、ハックマナイトの上にウシンガイトをかざしてください。できれば銀の台に載せてください。

バイオレットウシンガイトを伴うハックマナイト(原石)

ハーライト (Halite)

ホワイト
(天然の形態)

色	白、ピンク、青
外観	もろくて、ごつごつした、透明な大小の立方晶系結晶
希少性	簡単に入手可能
産地	アメリカ合衆国、フランス、ドイツ、北アフリカ

特性

　浄化作用のあるハーライトは、霊的な識別力と多次元的な進化を刺激します。霊性面では、ソウルボディやエーテル体*から不純物を取り除き、内なるバランスを整えます。それによって、あなたの意志を高次の自己*の導きに結びつけ、客観的な視点を授けます。負のエネルギー、エンティティー*の付着、サイキックアタック*から身を守り、特に飲酒や麻薬の影響で意識がもうろうとしている場合や霊的な感覚を失ったときに有効です。また、あなたが誰かの理不尽な性的衝動のはけ口になったときに守ってくれます。

　心理面では、昔からの思考パターンやこだわり、マイナス思考、怒りなどの体に刷り込まれた感情を消去し、困難を乗り越える力を与えてくれます。不安感をやわらげ、満足感をもたらすこの石は、遺棄や拒絶の不安感を拭い去り、情緒に平穏をもたらし、友好関係を深めます。

　肉体面では、経絡*を刺激し、鍼や指圧の効果を高め、他のクリスタルのヒーリング特性をグラウンディング*させます。

ヒーリング効果

解毒作用、代謝、細胞記憶*に有効です。水分保持、腸の不調、躁鬱、気管支炎、肌などに有効です。

使い方

身近な場所に置くか、ポーチに入れてください。負のエネルギーをすばやく吸い取ると湿ってくるので、頻繁に玄米で浄化し、乾燥した場所に保管してください。バスタブの中やシャワーの水で浄化することもできます（負のエネルギーを分解し、浄化します）。

特殊な色

ピンクハーライトは浮遊する霊を遠ざけ、憑依から身を守ります。再び霊が近寄ってきたり、新しい霊が付着*するのを防ぐのにも有効です。ピンクは霊的成長を促し、個人の波動を上げ、形而上学的能力*を開花させ、負のエネルギーを除去する働きがあります。情緒面では、幸福感と誰かに愛されているという意識を助長します。心理面では、憂鬱を払いのけ、利尿剤として使うこともできます。

ブルーハーライトは形而上の世界への扉を開きます。直感を研ぎ澄まし、霊感による気づきを促します。現実を歪曲した見方を修正し、精神に付着した霊や不当な影響力を第三の目や精妙体*から取り除いて浄化します。肉体面では、ヨードの吸収、甲状腺、胸腺、視床にすぐれた効果をもたらします。

ピンク（原石）

ブルー（天然の形態）

ハンクサイト (Hanksite)

グレー
(天然の形態)

色	緑、灰色、白、茶、黄
外観	半透明の結晶。脂を含んだ感じ、または粉をふいたような感じで、粘土のインクルージョンがある
希少性	希少だが、入手が可能になりつつある
産地	カリフォルニア

特性

　ホウ砂とハーライトを含むハンクサイトは蒸発の過程で形成され、深い泥の中で産出されます。このことは過去のしがらみから解放されるのを待つ英知を象徴しています。浄化作用が強いため、この石を持っていると有毒ガスが充満している場所でも呼吸することができます。過去世のチャクラとソーマチャクラを通して、真の女性性のパワーと直感を取り戻す作用があり、レムリアンシードクリスタルとの相性は最高です。

　霊性面では、多次元的な進化を促すことで、石に秘められた膨大な知識がレムリアやアトランティスの時代から閉じ込められている意識の拡張を加速します。ハンクサイトはこうした古代文明に再接続することで、あなたが当時持っていたパワーや英知にもう一度つなげてくれます。ただし、手にしたパワーや英知は、利己的な目的に使うのではなく、すべての生命を利する目的に用いる

べきであるとこの石は警告します。許しを象徴するハーライトは過ちやパワーの乱用による傷を癒し、二度と同じ過ちをおかさないように約束させます。また、付着霊*から身を守る働きがあります。すべてのレベルにおいて浄化、解毒作用を持つこの石はチャクラと他のクリスタルを浄化します。幾多の過去世でたまりに溜まった垢を速やかに体外に排泄し、過去世からひきずっている怒り、嫉妬、恨みや欺瞞をきれいに洗い流すことで、否定的な感情が肉体に悪影響を及ぼさないようにします。その結果、感情のムラがなくなり、情緒が安定します。不純物を除去し、内なるバランスを整えるこの石は、情緒的な自己ではなく、霊的な自己の導きに同調できるよう支援します。陽気で純粋無垢なインナーチャイルド*を再現することもあるので、子どもの頃味わった恐怖心がよみがえり、この石から冷淡で不快な印象を受けることもあります。

精神面では、客観的な視点が身につき、不要になった思考パターンやこだわりを手放すように促します。

環境面では、この石は以前から「地球が原点に回帰するときの時限爆弾」といわれてきました。すなわち、この石は人類による環境破壊がこのまま続いた場合に地球が回帰する状態や、人類が地球に誕生する以前の世界を映し出す鏡と考えられているのです。ハンクサイトはオゾン層の破壊が進み酸素がなくなったとき、地球再生を支援してくれるでしょう。また、古代の英知を応用することで、現代社会が抱える様々な問題の解決にあたるよう支援してくれます。

ヒーリング効果

水分の保持、解毒、代謝、細胞記憶*、腸の不調、肌に有効です。風邪に効き、粘液過多や炎症が原因の呼吸困難にも有効です。

使い方

足元に置いてください。ダビデの星の形にグリッディング（p.28-31を参照）して、中心にスモーキーエレスチャルを置くと解毒作用を発揮します。もしくはレムリアンクリスタルのエネルギーの安定剤として用いてください。頭痛や吐き気を感じたら、大地のチャクラにスモーキークォーツを当て、その中に頭痛や吐き気をもたらすエネルギーを押し込んでください。

注：湿気があると溶解するので、乾燥した場所に保管し、調理前の玄米で洗浄してください。

クリスタル図鑑

ルチルを伴うヘマタイト(Hematite with Rutile)

天然の形態

色	銀と金
外観	美しい金色と銀色で不透明
希少性	希少
産地	アフリカ、オーストラリア

特 性

　ヘマタイトのグラウンディング*作用と生命をエネルギッシュにする作用が、ルチルの浄化力と組み合わさってできた混合石です。過去世のチャクラとソーマチャクラを活性化する高次の波動*を持ち、魂同士の深い結びつきに気づかせます。

　霊性面では、ソーマチャクラとソウルスターチャクラの上に置くと、あなたの真我と同調し、真我を物理的世界に具現化させます。その結果、具現化した真我の魂は肉体が滅びた後も生き続けます。この石にはあなたの魂の断片を時空を超えて浄化し、統合する働きがあります。多次元的な深い癒しをもたらし、チャクラを最高の次元にまで浄化し、ライトボディ*を肉体につなぎ

留め、宇宙の最高次の波動と強固につながります。

　カルマ*や魂を深いレベルで浄化するのに有効なこの混合石は、エーテル体の青写真*を修正して細胞記憶*を修復し、肉体に再びエネルギーを与えて身体機能を調節します。

　心理面では、不調*の原因を心身症の観点から洞察する力を与え、情緒体と精妙体*とのバランスを整えます。強力な保護機能と再生機能をもつこの混合石は、和解を促し、対極にいる人たちを協調させ、無機的な人間関係と有機的な人間関係の両方を支援します。日常生活で何かバランスを崩していることがあれば、この石がきっと整えてくれるでしょう。

ヒーリング効果

　肉体のレベルを超えた次元で最大の効果を発揮します。精妙体に作用し、多次元的な癒しをもたらします。

使い方

　必要に応じて、手に持つか、グリッディングしてください（p.28-31を参照）。もしくは適切な場所に置いてください。

（p.318-319のルチルの項も参照）

天然の形態

クリスタル図鑑

ヘミモルファイト(Hemimorphite)

ブルー
(母岩上のブドウの
房状の結晶)

ブラウンとホワイト
(母岩上の結晶)

色	青、茶、白
外観	母岩上にできた微細で透明な、縞のある針状結晶、または ピラミッド状の結晶。もしくはブドウの房のようなクラスト
希少性	簡単に入手可能
産地	イングランド、メキシコ、アメリカ合衆国、ザンビア

特 性

　ヘミモルファイトは保護作用が極めて強い石で、特に悪意に満ちた思考や人を巧みに操ろうとする意図からあなたを守ります。古来、毒を中和するために用いられてきた歴史があります。

　霊性面では、肉体と精妙体*の波動*を引き上げ、最高次の霊性や多次元

とのコミュニケーションを促進します。

　最短距離での自己の能力開発を助長するので、この石を扱うのは簡単ではありません。自己責任を求め、高次の自己*とつながり、幸せになるのも不調*にみまわれるのもすべて自分次第であり、目の前の現実は普段の思考や態度が作り出したものであると説きます。魂の計画*にそぐわない外的影響力を浮き彫りにして排除します。

　心理面では、社会の一員であるという意識を持ちながら、内面の強さを養い潜在能力を最大限に発揮する方法を教えてくれます。この石の力を借りれば、社会的な責任をまっとうし、最後まで熱意をもってプロジェクトに取り組み、完成を見届けることができます。

　情緒面では、優しく不安をやわらげます。いつも成果を期待しすぎたり、高すぎる目標を設定する傾向がある人には、結果に執着せずにもう少し現実的な目標設定ができるよう応援します。楽観的なこの石は、今までの自分を振り返り、イライラする性格や体に染み付いた性格をリフレーム*するのを手助けします。また、隠し立てせず、周囲の人たちと腹を割ってコミュニケーションできるように支えてくれます。肉体面では、完全な健康を取り戻すのをサポートしてくれます。

ヒーリング効果

　減量、痛みの緩和、血液の疾患、心臓、細胞記憶*、細胞組織に有効です。陰部ヘルペス、イボ、潰瘍、ホルモンバランスの崩れ、火傷、脚不穏症の症状改善に役立ちます。

使い方

　必要に応じて、手に持つか、グリッディングしてください（p.28-31を参照）。もしくは適切な場所に置いてください。タンブルは身につけるか、ヒーリング用に配置するのが最適です。

ブルー（タンブル）

ヘルデライト(Herderite)

ブラウン(原石)

色	金、灰色、茶、緑、紫がかったラベンダー色
外観	不透明または半透明で、天然のファセットとターミネーションを持つ
希少性	希少
産地	ブラジル、南アフリカ、アメリカ合衆国、ドイツ、ロシア

特 性

　高次の波動*を持つヘルデライトは精妙なチャクラを調節し、意識を最高次に高め、啓発された知性を覚醒します。産地によって色や効能が異なり、個人のエネルギーの青写真*や次の段階に進化する用意ができているか否かによっても効能が異なります。

　霊性面では、ヘルデライトが第三の目を開くときあなたは多次元に存在する自己を全身で意識するようになり、地球との深いつながりを感じるでしょう。この石を手の中に握ると、身体が完全に地球に支えられているような感じになり、目標を持って大地を軽快に歩んでいる感覚に浸ることができます。

　人間の脳を進化させ、啓発された意識と高次の知性が持つエネルギーを

地球上に具現化します。肉体面では、エーテル体の青写真のパターンを修正し、脳の損傷や閉塞を癒し、もとの完璧な状態に戻します。また、集中力や記憶力を高めるのにも有効です。この石に同調するとあらゆるレベルで再構築が促されます。

ヒーリング効果

　肉体レベルを超えた次元で最大の効果を発揮し、多次元的に癒しの効果を発揮します。頭痛、片頭痛、脳損傷に有効で、脳、膵臓、脾臓の働きを助けます。

使い方

　必要に応じて、手に持つか、グリッディングしてください（p.28-31を参照）。もしくは適切な場所に置いてください。第三の目に置くと、形而上学的能力*が一時的に停止したときに起こる片頭痛を治すことができます。

特殊な色

　ゴールデンヘルデライトは内在神に接続し、あなた自身が聖なる存在であることに気づかせ、あなたを至福に満ちた場所へいざないます。そこはいままで見たこともないようなすばらしい所にみえますが、実はあなた自身の内面に存在する世界です。この石は自身の内面の聖なる存在をよりいっそう具体的に示し、ソウルスターチャクラ、ステラゲートウェイチャクラと共鳴します。

ゴールデンヘルデライト
（天然の形態）

ヒューランダイト (Heulandite) [和名：輝沸石]

ピーチ(天然の形態)

色	桃色、白、緑
外観	結晶質からガラス質まである。不透明で、真珠光沢をもつ結晶。母岩上にできる
希少性	簡単に入手可能
産地	インド、アイスランド

特性

　ヒューランダイトは進化を望む人にはぴったりの石です。カルマ*の面では、過去世やレムリアやアトランティスなどの古代文明の知識や技術に再接続するのに役立ちます。異次元や次元内を縦横無尽に行き来することを可能にし、アカシックレコード*について見識を深める機会を与えます。また、あなたを過去世に連れ戻して否定的な感情を一掃し、喪失感から立ち直るきっかけを

与えてくれます。そして、会得した古代文明の知識を人生に応用する方法を示します。

心理面では、細胞レベルに染み込んだ悪癖を断ち、新しい生き方やわくわくするような可能性の扉を開きます。

情緒面では、嫉妬や否定的な感情を追い出すのに役立ちます。人を見下したり、ひとりよがりの優越感に浸ることのないように見守ってくれます。特にグリーンヒューランダイトは自分の物差しで人を判断したり、とがめたりするような人を避けます。個々の魂の持つ価値は平等であることに気づかせ、魂がどの方向に進んでも許しを与えます。

ヒューランダイトのそれぞれの色は肉体、精妙体に異なった作用をもたらします。白は脳と神経系、ピンクは内分泌に働きかけます。緑は心臓に作用し、つらい思いが身体に与える影響を緩和し、つらさを生きる喜びに変えてくれます。

ヒューランダイトを専用化して身近な場所に置いておくと、あなたが望む変化が穏やかに訪れるはずです。ただし、定期的に洗浄してください。

ヒーリング効果

細胞記憶*と移り気に有益で、減量、成長、下肢、血流、腎臓、肝臓を支えます。

使い方

必要に応じて、手に持つか、グリッディングしてください(p.28-31を参照)。もしくは適切な場所に置いてください。

ヒューブネライト (Huebnerite) [和名：マンガン重石]

[別名：Hubnerite]

天然の形態

色	赤みがかった黒
外観	縞模様またはブレード。不透明でわずかに金属質
希少性	希少
産地	アメリカ合衆国、メキシコ、ペルー

特性

ヒューブネライトには解毒作用があり、肉体と情緒体から憎しみ、かんしゃく、苦しみを取り除き、情緒に再びエネルギーを与えます。大地のチャクラと基底のチャクラを開いて、宇宙のアンカー*を活性化します。負のエネルギーを大地に送って変質させ、肉体が高波動のエネルギーを取り込んで、吸収するのを助けます。その後、取り込んだ高波動のエネルギーを地球に送って大地を癒すこともできます。このプロセスを完了するには他の石が必要になる場合があります。肉体面では、活力を取り戻します。

ヒーリング効果 肝臓、背骨、膵臓の働きを助けます。

使い方 必要に応じて、手に持つか、グリッディングしてください（p.28-31を参照）。もしくは適切な場所に置いてください。

ジャスパー:**レオパードスキン・オビキュラー・ジャスパー**
(JASPER: Leopardskin Orbicular jasper)

2色のオレンジ(タンブル)

色	緑または2色のオレンジ
外観	不透明でヒョウのような斑点がある
希少性	簡単に入手可能
産地	南米

特 性

　二元性という名の奥深い神秘の世界との架け橋となるレオパードスキン・ジャスパーは、光と影のバランスを修正し、影があってこその光であることを教えます。メディスンホイール(p.368-375を参照)の西と密接に結びつき、強力な保護作用を持ちます。シャーマンの世界ではシェープシフター(変身する者)が用いる石で、ジャーニー*の際にあなたを守り、ジャガー、クーガー、ヒョウ、クロヒョウといった守護動物とコンタクトを取るために用いられます。視覚を遮断し、知覚に神経を集中させることで、内なる声に耳を傾けさせます。逆説的に言えば、自身の内面を外部世界に映し出すことで、体に染みついた思い込みを洗い流し、存在の本質を見極め、あなたが置かれている状況を冷静に判断する方法を教えてくれるのです。

霊性面では、転生前に結んだカルマ*の約束や魂の契約を履行するのに力を貸してくれます。また、こうした契約のうち、もはや適切でないものに光を当て、約束や契約の期限や目的を無効にしたり、再交渉するのを助けてくれます。必要な場合は魂のきずなを断ちます。

心理面では、不安感をやわらげ、情緒体を癒し、自意識を高めます。受動と能動、霊性と情緒のバランスをはかるのに最適な道具で、あなたの人生を詳細に描き出します。試練に直面したときや、目標を達成しようとがんばっているときにあなたを守ってくれます。将来の計画を立てる際に、自己の魂の一部を未来に置いてきたときは、穏やかに現在に連れ戻してくれます。

情緒面では、罪悪感、恐れ、情緒面でのストレスを克服し、心に平穏をもたらします。

肉体面では、12本の鎖がラセン状に絡み合ったDNAヒーリング*を活性化し、抵抗力をつけて無病息災で過ごせるようにしてくれます。環境面では、生来の英知や先住民が用いた癒しの方法に対して尊敬の念を抱かせます。人類と動物のきずなを深め、調和のとれた環境を生み出すのに役立ちます。

2色の
オレンジ
（タンブル）

ヒーリング効果

細胞記憶*、DNA、細胞組織の再生、消化機能、排泄、腹痛、皮膚病、腎臓、胆石に有効に作用し、体臭を消し、不眠症の解消に効果があります。

使い方

必要に応じて、手に持つか、グリッディングしてください（p.28-31を参照）。もしくは適切な場所に置いてください。

ジャスパー：**オーシャン・オビキュラー・ジャスパー**
(JASPER: Ocean Orbicular jasper)

[別名：アトランティスストーン（ATLANTIS STONE）]

研磨した
天然の形態

色	多色
外観	渦巻き、等高線、帯のような縞模様があり不透明。晶洞が点在する
希少性	希少だが簡単に入手可能
産地	マダガスカル

特性

再生と強さを象徴するオーシャン・ジャスパーはアトランティスとつながり、神秘的な知識を内に秘めています。この石と瞑想すると過去世に逆戻りして、その頃に獲得した英知を取り戻すことができます。今世や過去世で霊的なパワーを乱用した場合は、それをリフレーム*するのを助け、霊的なパワーや意

志力を賢明に使う方法を教えてくれます。ヒーラーやカウンセラーにとっても有益なこの石は自分と他者を愛することを促します。客観的かつ冷静に、他者の情緒的、精神的要求に感情移入できるようになります。ドルジークォーツを内包している場合は、人を癒したいという気持を強めます。

霊性面では、この石の渦巻き模様は万物のつながりを象徴し、自然は常に循環し、リズミカルで、流動的であることに気づかせてくれます。また、変化に対応し、人類に奉仕するのを助けます。円を描く模様はこの石が促進する循環呼吸と循環するものすべてに共鳴しています。

心理面では、オーシャン・ジャスパーの内部に含まれるグリーンジャスパーには不調*を癒し、強迫観念を解消する作用があります。自分の人生にとって極めて重要なことでも人の犠牲の上に成り立っている場合は、その歪みを是正します。

情緒面では、穏やかな養育のエネルギーを持つこの石は、長い間心の奥にしまっていた未解決の問題を表面化させ、それにうまく対処できるよう手助けします。未来に向って前向きに生き、自分の行動に責任を持つよう促し、忍耐力を養います。

タンブル

肉体面では、リンパ排液を刺激し、体臭の原因となる毒素を体外に排出します。

ヒーリング効果

癒し効果は多方面に及びます。ストレスを緩和し、免疫系、リンパ液、循環、弱った内臓、女性生殖器、月経前症候群、消化、胴体の上部、消化管をサポートします。腫瘍、歯肉感染、アトピー性皮膚炎、嚢胞、風邪、幻覚、不眠症、炎症、皮膚疾患、腫脹の症状緩和に有効です。

使い方

必要に応じて、手に持つか、グリッディングしてください（p.28-31を参照）。もしくは適切な場所に置いてください。

クリスタル図鑑

ジャスパー:**ポピージャスパー**
(JASPER: Poppy jasper)

天然のスライス

色	赤
外観	まだらで不透明。花柄の模様がある
希少性	簡単に入手可能
産地	カリフォルニア、アメリカ合衆国、中国、南アフリカ

特性

　ポピージャスパーは喜びと力強さにあふれた石で、その名前は環状の花柄模様に由来します。穏やかな刺激作用を持つかと思えば、ときには炎のような激しさも併せ持った精力あふれる石です。基底のチャクラと共鳴し、体内に活力と情熱をグラウンディング*させ、性的衝動を刺激します。逆に言えば、過剰な刺激を与えられた基底のチャクラを鎮め、性的な欲求不満を解消し、過剰な性欲を抑える働きがあります。やる気を奮い立たせる必要があるときにこの石を用いると、アドレナリンが放出されたときのように元気が出ます。ポピージャスパーの渦巻きを辿っていくと、シャーマンが訪れる下位世界*へのジャーニー*が可能になり、簡単に夢を思い出すことができるようになります。また、いかなるときでもあなたをそばで見守ってくれます。不公平な状況を是正してみせることで、人類に助け合いの精神を説きます。陰陽のバランスを整え、肉体、情緒体、精神体を調節し、エーテル体との調和をはかりま

す。電磁気による環境汚染を浄化し、ダウジングに役立ちます。

心理面では、決断力を養います。問題に正面から取り組む勇気を与え、常に自分に正直であることをすすめます。どうしても争いが避けられないときはあなたを支え、問題が大きくなる前に注意を促し、困難な状況を洞察する力を与えてくれます。ストレスに悩んでいるときは心の支えになり、静穏と強健さをもたらしてくれます。手に持つと心が落ち着きます。

精神面では、機転が利くようになり、組織をまとめる力とプロジェクトを完成させる能力を育てます。想像力を発揮させ、アイデアを実現させます。

肉体面では、性的な喜びを高めます。長期にわたる入院治療の時期に支えとなり、元気を回復させるこの石は、健康増進に効果を発揮します。また、循環器、血流、肝機能を高めて解毒する作用もあります。基底のチャクラを活性化し、誕生と転生を支援します。生体磁気シース*を浄化し、安定させ、細胞壁も含め、境界線を強化する働きがあります。動物アレルギーのある人に有効で、アレルギーを癒す力のあるものとの同調を助け、継続的にエネルギーを送って回復を支援します。また、しつこくつきまとうストーカーや元パートナーを退散させるのにも有効です。

タンブル

ヒーリング効果

循環器、消化器、性器の働きを助け、アレルギー症状を改善します。肝臓や胆管の詰りを分解し、体内のミネラルバランスを整えます。

使い方

基底のチャクラに置くか、できれば肌に触れるように置いてください。長期間の使用をおすすめします。枕の下に置くと、夢の記憶がよみがえり、ベッドのまわりにグリッディングすると（p.28を参照）、性的快感が高まります。ストーカーを退散させるので安心して眠りにつくことができます。

ジャスパー:**レインフォレスト・ジャスパー**
(JASPER: Rainforest jasper)

原 石

色	緑と白
外観	ざらざらした表面で、不透明
希少性	簡単に入手可能
産地	南米

特 性

　地球の大自然とつながるレインフォレスト・ジャスパーには、大地、基底、脾臓の各チャクラを統一し、情緒を安定させる働きがあります。

　霊性面では、魂が道を誤った場合は原点に立ち返らせます。地歩を固めなおして、自分の置かれている状況を客観的に把握させるためです。遠い昔の記憶にあるハーブによる癒しの知識を活性化するこの石は、植物の効能に関

する知識を女系の先祖を通じて後世に伝えます。先祖をたどって女家長にアクセスし、日々の生活を通して伝えてきた伝統的神話や英知にあなたを再び結びつけます。

心理面では、冷静にあるがままの自分を受け入れるよう促す力があります。この石を身近に置いておくと、いつでも心のバランスを取り戻すことができます。また、自分自身と他者に対して心から敬意を抱くように促します。

精神面では、客観性、明晰性、想像力、現実的な創造性をはぐくみます。情緒面では、安定と実際的な考え方を助長します。

肉体面と環境面では、湿度を調節し、湿気と乾燥具合の適度なバランスを保ちます。細胞記憶*を改善するのに特に有効です。

ヒーリング効果

細胞記憶を高めます。流感、風邪、多湿環境で起きるウイルス感染、体液恒常性障害にかかりやすい人には予防効果があります。

使い方

必要に応じて、手に持つか、グリッディングしてください（p.28-31を参照）。もしくは適切な場所に置いてください。

カコートカイト(Kakortokite)

[別名:ローパーズブラッド(LOPAR'S BLOOD)]

研磨されたもの

色	白、赤、黒
外観	そばかすのような斑点があり、不透明
希少性	希少
産地	グリーンランド、アラスカ

特性

　生命力と活力がみなぎるカコートカイトは、高いレベルのエネルギーを保有していますが、最高次の波動*を持つには至っていません。霊性面では、「呼吸を通して存在する」方法を教えます。すなわち、地球との物理的なつながりと、無限の存在との霊的なつながりを同時に体験することができるのです。あなたの目の前の現実は、あなたがいまこの瞬間、どこにいて、どんな役目を果たすべきかを完璧に表わしていることを教えてくれます。

　カコートカイトは、レッドユーディアライトとブラックアルフベドソナイトから地熱によってホワイトセイナイトの中に形成されたもので、まさに、エネルギーと色がパワフルに融け合って一つになった石です。冥王星の石であるカコートカイトは大地、基底、心臓、宝冠、ソウルスターの各チャクラを統合します。そして星の光が体内に入る道を開き、宇宙のアンカー*を活性化して地球の核に固定します。銀河の中心*とつながるこの石は、宇宙の生命力を伝え

て地球を再び肥沃にし、地球が来るべきエネルギーの変動を乗り切れるようにしてくれます。また、下位世界・上位世界*へのジャーニー*に役立ちます。

カルマ*の面では、縁のある魂やソウルグループ*のメンバーを引き合わせ、再会の理由を明らかにします。再会の理由は複雑で、古代からの魂の目的と関係していることもあります。また、別の魂との契約や課題*が今でも有効であるか否かをチェックするのにも役立ちます。契約解除が必要なときは関係を断ち、あなたと相手方が放免されるよう支援します。

心理面では、この石を持つと、自分の能力に対する自信が深まり、他者からの信頼感が増します。そもそもこの石を採掘しようとする試み自体が、不屈の精神の表れといえるでしょう。採掘した石を運んで急峻な岩場を下りていくには、安定した強靭な足腰なくしてはとうてい無理でしょう。こうした作業が環境への適応力と逆境を乗り越える力を養うのです。

情緒面では、嫉妬、敵意、怒り、恨みを抑え、許しをもたらします。陽気なカコートカイトの明るい波動が人々に元気を与え、陰鬱な気分を追い払うので、憂鬱や季節性情動障害(SAD)を癒すのに効果的です。肉体面では、身体と血液に十分なエネルギーと酸素を送り込みます。

ヒーリング効果

エネルギーの枯渇、季節性情動障害、細胞の多次元的な癒しに有効です。視神経を強化し、肝臓、血液、神経系の働きを支えます。

使い方

必要に応じて、身につけるか適切な場所に置いてください。

(p.128-129のユーディアライトの項も参照)

クリスタル図鑑

カイアナイト:**クリスタラインカイアナイト**
(KYANITE: Crystalline kyanite)［和名：藍晶石］

研磨されたもの

色	青
外観	わずかに縞がある、透明感のある青い結晶
希少性	簡単に入手可能
産地	アメリカ合衆国、ブラジル、スイス、オーストリア、イタリア、インド

特 性

　不透明のカイアナイトが波動の高いエネルギーと共鳴*してできたクリスタラインカイアナイトは、自浄作用を持つ透明感のある青が特徴です。極めて軽快な高振動のこの石は、チャクラと啓発された知性を速やかに活性化します。急速に深い瞑想状態にいざない、形而上学的能力を開花させるこの石は、多次元的なつながりをもたらして、エーテル体の青写真*を癒します。

　霊性面では、あなたの魂が歩むべき道と天職にアクセスします。この石は必ず誠実な目的に用いることが要求されます。もし悪用した場合はその影響が身につけている人に跳ね返るので注意してください。過去にあなたがどのような場面で人の信頼を裏切る行為に及んだかを思い出させるこの石は、透視力を用いてスパイ行為などを行った結果、閉ざされてしまった第三の目もしくは形而上学的な世界への扉を再び開けます。

　情緒面では、男女の関係が末永く続くための道を整えます。一組の男女をプログラミング（p.358を参照）すると、テレパシーと直感による意思疎通が

促進され、お互いの関係に調和と無条件の愛がもたらされます。

ヒーリング効果

卵巣の痛みあるいは排卵痛を緩和し、喉頭やしゃがれ声に有効です。

使い方

必要に応じて、手に持つか、グリッディングしてください（p.28-31を参照）。もしくは適切な場所に置いてください。

追加の形

ブラックカイアナイトは地球の癒しと心理面での癒しに効果を発揮します。転生の間の状態*に移動して今世の魂の計画*を明らかにし、もはや目的にそぐわない魂の課題*を解消するのに役立ちます。日常生活で行う選択によりどんなカルマ*が生み出されているのかを知ることができるので、魂の計画の結果を予測するのに役立ちます。この石の線紋は精妙体*から負のエネルギーを速やかに追い出し、チャクラの働きを調節します。肉体から不調*と淀んだエネルギーを取り除き、有益な生命力を吹き込みます。肉体面では、完全な健康状態を維持するために、細胞と聖なる青写真全体とのつながりを維持します。肉体を持って地球に転生することに困難を感じている魂を大いに勇気づけるこの石は、精神を浄化し、泌尿生殖器、生殖器、筋肉、アドレナリン、喉、副甲状腺の働きを助けます。ブラックカイアナイトには環境への癒し効果もあります。地球の進化を支援し、環境汚染から地球を守り、もとの健全な状態に戻そうとする人たちとつながります。

ブラックカイアナイト
（天然の形態）

ラズーライト (Lazulite) [和名：天藍石]

原石

色	藍色
外観	ざらざらした緻密な塊で、極小のピラミッド状の結晶を伴う
希少性	簡単に入手可能
産地	ブラジル、オーストリア、スイス、アメリカ合衆国、カナダ

特 性　純粋な宇宙のエネルギーを引き寄せ、直感とバランス感覚を磨くラズーライトは、宇宙の調和を促し、あなたを至福へ導きます。霊性面では、第三の目に置くと、静謐な自己が生み出され、聖なる存在の一部と化します。心理的な問題や人生の問題の根底にある原因を見抜く力を与え、直感的な解決策を授けます。中毒症状の原因を的確に指摘し、もっと欲しがる気持や強迫観念にとらわれた行動からあなたを遠ざけます。心理面では、自信と自尊心を深めます。

ヒーリング効果　日光過敏症、免疫系、細胞記憶*、骨折、リンパ系、甲状腺、下垂体、肝臓、片頭痛に効果があります。

使い方　必要に応じて、手に持つか、グリッディングしてください（p.28-31を参照）。もしくは適切な場所に置いてください。
（p.231のラズーライトを伴うブルークォーツの項も参照）

レムリアンジェイド (Lemurian Jade)

ミッドナイト(研磨したもの)　　　シャドウ(研磨したもの)

色	灰・青・緑(シャドウ)、黒(ミッドナイト)
外観	緻密で、まだら模様。金色のそばかす状の斑点を伴う
希少性	希少
産地	ペルー(鉱山は一つのみ)

特性

　このパワフルな石はいわば2つの世界の境界線上に立っています。もしあなたが、肉体と高次の意識、あるいは一人の人間と別の人間の境界線に立っていると仮定した場合、レムリアンジェイドは、自分の立ち位置と反対側で起きていることを直感的に理解しながら、境界線をしっかり維持するよう促します。シャーマンがワークを行う際にこの石を手にしてください。そうすれば、母なる大地、シャーマンの守護動物、大自然とのつながりが深まります。シャーマンのアンカー*を作り、宇宙のアンカー*を活性化するこの石は、あなたのエネルギー場の核を安定させます。エネルギー場が安定すると、地球の波動の変動を吸収し、吸収したエネルギーをこんどは大地にしっかり根づかせることができます。

　霊性面では、大地を軽やかに歩きまわることを可能にし、自然と地球と人類の調和を取り戻します。また、この石を用いて地電流*と同調したり、アー

スヒーリング*を行ったり、岩石との一体感を味わうこともできます。イニシエーションを象徴するレムリアンジェイドは死の床にある者を新しい住処に案内し、特に霊性面での人生の転換期にはあなたの力になってくれます。ジェイド、クォーツ、アイアンパイライト、その他の鉱物を含むこの石には極めて強い保護作用があります。臆せず暗闇を通り抜ける力を与え、暗闇の中で価値あるものや恵みに出合うたびにそのことに気づかせてくれます。希望の光が見えるまでの試練の時期にあなたを勇気づけてくれる頼もしい味方となるでしょう。過去世で出会った人の中で今世でもかかわりのある人や、今世の魂の計画*に関係する人をあなたに引き寄せます。色が濃いほど神秘の世界への霊的な旅を促進するといわれています。

心理面では、つらい過去世を経験した人を助け、虐待による心の傷を癒します。情緒を安定させ、自分に欠けているものを欲しがるよりは、今あるものに感謝するよう促します。自分は可哀そうだと思い込んでいる人には、この石を常に持ち歩くことをおすすめします。自分がどれだけひどい目にあったかではなく、人に何を与えることができるかに関心が向くようになるからです。このような変化が起き始めると、喜びにあふれた豊かさがきっとあなたのもとに引き寄せられてくるでしょう。神聖な女性性に同調しているレムリアンジェイドは、その神聖なエネルギーを男女両方にもたらします。これにより、エネルギーが内的に統合され、性別の違いを超えた視点から人生を見つめ直すことができるようになるのです。

ヒーリング効果

病後の回復期や免疫系に悪影響を及ぼす慢性疾患などに有効で、免疫力と心臓を強化します。

使い方

必要に応じて、手に持つか、適切な場所に置いてください。大地のチャクラに置くといいでしょう。

注：レムリアンジェイドは米国アリゾナ州で産出されるヒーラーズゴールドに似たエネルギーを有しています。

レオパードスキン・サーペンティン（Leopardskin Serpentine）

研磨したもの

色	緑、灰色、黒
外観	不透明で、ヒョウ柄に似ている
希少性	希少
産地	イギリス、ノルウェー、ロシア、ジンバブエ、イタリア、アメリカ合衆国、スイス、カナダ

特性

　スキンシップを好むレオパードスキン・サーペンティンは体の上に置くよりも、手の中に握ったり、精神的なつながりを持つほうがよく反応します。グラウンディング*のエネルギーが強く、下位世界*へのジャーニー*の間もあなたの肉体をしっかり地球につなぎとめます。恍惚状態と深い瞑想を促し、霊的な導きへ直接通じるルートを開きます。

　メディスンホイール（p.368-375を参照）の西に置かれ、シャーマンが用いるこの石はヒョウのエネルギーにアクセスします。そして、守護動物が持つ癒

しのパワーを借りて霊的な旅に出ることを促し、必要な場合は、ヒョウに変身するよう促します。カルマ*の面では、特に過去世や他生で手放したり、盗まれたり、悪用されたパワーを取り戻すのに役立ちます。

　心理面では、人生の目的や意味について洞察を与え、魂の選択とその特徴に光を当てます。そして、今世の魂の計画*に沿って生きるために必要な軌道修正を支援してくれます。

　環境面では、地球や大自然に対する深い愛をはぐくみます。自然の中にやすらぎを見つけ、地球に酸素を供給する大自然を守るのに効果を発揮します。

ヒーリング効果

　甲状腺、副甲状腺、膵臓の働きを整え、解毒作用もあります。

使い方

　必要に応じて、手に持つか、グリッディングしてください（p.28-31を参照）。もしくは適切な場所に置いてください。

クリスタル図鑑

レピドクロサイト(Lepidocrocite)

クォーツに内包された
天然の形態

色	赤
外観	ごつごつした不透明な結晶、または赤みがかったインクルージョン
希少性	簡単に入手可能
産地	スペイン、インド

特性

　直感を鍛えて合理的な思考と結びつけるレピドクロサイトは、物質と意識の架け橋となって霊的洞察を現実世界へ応用することを促します。すべての

クリスタル図鑑

チャクラを調節して、刺激し、生体磁気シース*を浄化します。

　霊性面では、独断と偏見に基づかずに真実を伝える力や、偏った判断によらずに物事を観察する力を養います。また、権力闘争に巻き込まれることなく、他者に権限を譲る能力を強化します。この先どんな展開が待ち受けていようとも、この石を身近に置いておくと人生を歩み続ける力を与えてくれるので、魂の計画*に沿ったやるべき仕事がはかどるようになります。また、どんなレベルであっても、自己の長所を把握するのに役立ちます。知性を刺激し、俗世間の中でしっかり地に足をつけて生きていけるよう応援します。

　精神面では、混乱を解消し、マイナス思考、よそよそしさ、格差を克服し、自分自身と環境、人類全体に対する無条件の愛に置き換えます。

　肉体面では、多動性障害、躁鬱、注意欠陥多動性障害（ADHD）、エネルギー過剰によるバランスの崩れの解消に効果を発揮します。

ヒーリング効果

　他の石が持つ癒しのエネルギーを強化します。食欲を抑える働きがあり、肝臓、虹彩、生殖器に有効に作用するといわれています。腫瘍を分解し、細胞の更新を助長します。

使い方

　必要に応じて、手に持つか、グリッディングしてください（p.28-31を参照）。もしくは適切な場所に置いてください。

（p.333-334のスーパーセブンの項も参照）

クォーツポイントに内包されたレピドクロサイト

クリスタル図鑑

リビアンゴールドテクタイト（Libyan Gold Tektite）

[別名：リビアングラス（LIBYAN GLASS）、リビアンデザートテクタイト（LIBYAN DESERT TECKTITE）]

天然の形態

色	淡い黄、金色、淡い緑、白
外観	なめらかな、あるいはわずかに泡だった感じの半透明でガラス状
希少性	入手しやすくなってきている （人工的に作られるものもある）
産地	リビア

特性

　リビアンゴールドは、隕石が西部砂漠地帯の荒野に落下したときに融解した岩や砂が、勢いよく成層圏に放り出されて形成されたと考えられるガラス状のクリスタルです。地球とのつながりを実感できない人や故郷の星に見捨てられたと感じている人に有効です。古代エジプトでは、太陽神を地球に招く儀式で装飾用として用いられていました。ツタンカーメン王が死後、星界へ無事に旅立って行けるよう護符として用いられた胸当てのスカラベにもリビアンゴールドが使われています（p.14-15を参照）。

霊性面では、パワフルな太陽のエネルギーと豊かな生命力を持ち、未知の領域への旅や意識のフロンティアを越えた霊的世界への旅に身につけているとお守りになります。古代エジプトの英知と再びつながり、権力や知識の乱用を特定するのを助けます。しかし、古代エジプトの民は自分たちの境界線を注意深く守っていたため、招かれざる客は魔法の呪文によって近づくことができなかったのです。もし、現在、過去、未来へ通じる道を旅することが難しければ、この石に願いをかけて他生で課された制限を取り除いてください。

　環境面では、高次の宇宙のエネルギーと地球を結ぶのに役立ちます。宇宙のエネルギーを地球と肉体にグラウンディング*して、変質させ、霊的ビジョンを開花させます。また、地球のエネルギー変動のバランスを調整するのにも役立ちます。隕石の衝突というとてつもないエネルギーから生まれたリビアンゴールドは、新しい生命の誕生と地球での自己実現を支援します。不要になったものを切り捨てるこの石は、エーテル体の外科手術に有効で、過去のしがらみからあなたを解放し、魂のルーツに再び結びつけます。この石にはかなり強力な作用があるので、使用前には心の準備をしておいてください。

天然の形態

ヒーリング効果

　萎えかけた生命力を回復します。腎臓、膀胱、胆嚢と共鳴する以外は身体への効果は限定的です。旅行中の下痢を予防します。

使い方

　適切な場所に置くか、身につけてください。ジャーニー*の際は過去世のチャクラかソーマチャクラに置いてください。情報にアクセスしたり、洞察を得るには、第三の目に当ててください。

リモナイト (Limonite) ［和名：褐鉄鉱］

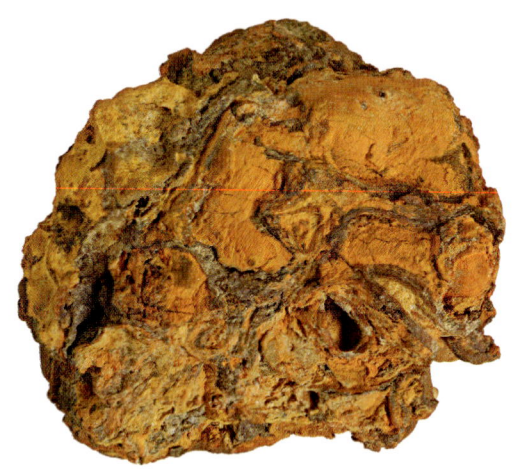

原 石

色	黄
外観	どんよりした感じの緻密な塊で、金属質の色または鈍いさび色。鉱床に内包されている場合もある
希少性	簡単に入手可能
産地	ブラジル、フランス、ドイツ、ルクセンブルグ、イタリア、ロシア、キューバ、ザイール、インド、ナミビア、アメリカ合衆国

特性

　大地のチャクラ、基底のチャクラ、仙骨のチャクラと共鳴するリモナイトは天然の鉄さびで、保護作用が強く、グラウンディング*に適しています。特に極限状態に直面したときに、持久力を与え、内面的な強さを刺激します。

霊性面では、悪意*や心霊的な攻撃から保護します。形而上学的なワークの際に肉体を守り、テレパシーの能力を高めます。

心理面では、あなたを窮地から救ってくれます。反撃することなく、自らの立場を貫くことを促し、裁判などで助けてくれます。他のクリスタルの力を借りれば、インナーチャイルド*を癒すこともできます。

精神面では、知性の発達を大きく助長します。知性を磨き、効率のよい思考を促し、混乱を解消します。肉体面の用途としては、伝統的に脱水症状の治療に用いられてきました。若々しさを回復する作用があるといわれています。

ヒーリング効果

浄化作用があり、黄疸や発熱の緩和、肝機能や消化促進に効果があります。筋肉や骨格を支え、鉄分とカルシウムの吸収を促す働きがあります。

使い方

必要に応じて手に持つか、グリッディングしてください（p.28-31を参照）。もしくは適切な場所に置いてください。リモナイトは内包されたものを用いるのが最も簡単です。

（p.277-278のレッド・ファントムクォーツ、イエロー・ファントムクォーツの項も参照）

マーカサイト (Marcasite)

母岩上の原石

色	白っぽい黄
外観	金属質の塊、または小さな結晶
希少性	簡単に入手可能
産地	アメリカ合衆国、メキシコ、ドイツ、フランス

特性

マーカサイトは、心霊の侵入を防御する盾となってあなたを守り、大地としっかりつながりながら日常生活を送れるようにします。透視力*や精霊を感知する力などの形而上学的能力*を刺激し、ハウスクリアリング*や除霊*に携わる人々を守護します。また、日々の生活を通して、霊性を高めたいと願う人には有益です。

心理面では、客観性を高め、もっと冷静な目で自身や他者を洞察するよう促します。成長するためには自分自身が変わらなければならないと感じている人を助け、人に頼らずに自らの潜在能力を自信を持って発揮できるよう支援します。マーカサイトは行く手を照らす灯りが必要なときにはまさに最適の石です。意志力を高め、以前は二の足を踏んでいたことにも果敢に挑戦するよう後押しします。カルマ*の面では、霊的な成長を実感できないために真の豊かさを発見できないでいる人に救いの手をさしのべます。

　精神面では、精神的な疲労をやわらげ、集中力を高め、思考を明晰にします。その結果、考えがまとまりやすくなり、記憶力が回復します。

　情緒面では、ヒステリーを鎮め、体に染み付いた被害者意識を取り除き、極度の精神的疲労を緩和し、情緒に平穏をもたらします。

　心理面では、陽性のエネルギーと共鳴します。体内のエネルギーのバランスを整えて至福をもたらし、エネルギーのレベルを上げます。

ヒーリング効果

　血液を浄化する作用があります。イボ、ホクロ、そばかすを取り除き、脾臓の働きをよくします。

使い方

　必要に応じて、手に持つか、グリッディングしてください（p.28-31を参照）。もしくは適切な場所に置いてください。エネルギーが消耗したときに身につけると効果的です。

クリスタル図鑑

メナライト (Menalite) [和名：珪乳石]

天然の形態

色	白
外観	不透明で、チョークのように白い
希少性	希少
産地	アメリカ合衆国、アフリカ、オーストラリア

特性

　予言・予知能力を高めるメナライトは、賢明な女性性や女性聖職者のパワーに再び接続します。大人の女性への通過儀礼に最適なこの石は、輪廻の存在に気づかせ、再生と若返りに特に効果を発揮します。

　霊性面では、死を正面から受け入れるよう促すことで死に対する恐怖を取り除き、別の世界に転生するという安心感を与えます。瞑想するときに用い

ると魂の記憶がよみがえります。

有史以来この石は、シャーマンが異次元にジャーニー*するときや、儀式をとり行う際に用いられてきました。この石の形は守護動物や古代の豊饒の女神を彷彿させます。養育の石メナライトは、母なる大地との間に強いきずなを築き、大地の子宮へあなたを連れ戻して癒し、生命の根源に再び結びつけます。エネルギーの性質はフリントやノバキュライトに似ています。宇宙のアンカー*の地球につながる部分を開いて、あなたを地球奥深くの核と結びつけることで、あなたの核となるエネルギー場を強化します。下位世界*へ旅する際にシャーマンのアンカー*としても役立つこの石は、石の形とそっくりのシャーマンの守護動物たちとつながっています。儀式的なワークやメディスンホイール*(p.368-375を参照)を行う前に、この石を一つ手にとって守護動物に呼びかけてみてください。きっとあなたを守ってくれるでしょう。

肉体面では、思春期や出産など体内のホルモンバランスが崩れやすいときに有効です。閉経期には枕の下に置いておくといいでしょう。体がほてったり、のぼせたり、寝汗をかくときは手の中に握ると症状が緩和されます。

ヒーリング効果

生殖能力を高め、閉経期、生理、授乳期間、寝汗に有効です。

使い方

必要に応じて手に持つか、グリッディングしてください(p.28-31を参照)。もしくは適切な場所に置いてください。

マーリナイト (Merlinite)

[別名：サイロメレーン（PSILOMELANE）]

成形されたもの

研磨されたもの

色	黒と白
外観	巻きひげ状の模様があり、2色で不透明または半透明。真珠光沢を示すものもある
希少性	簡単に入手可能
産地	ニューメキシコ

特性

　マーリナイトは人生に魔法と幸運をもたらします。樹枝状のこの石はシャーマン、錬金術師、魔術を使う聖職者の知恵を持っています。多次元にアクセスするので、ジャーニー*に持っていくと役立ちます。シャーマンの儀式や魔法の儀式を支え、必要に応じて過去や未来をかいま見せ、霊的に何か新しい試みを行った場合、それを成功に導きます。マーリナイトはクォーツとサイロ

メレーンの混合石ですが、珪化したものもあり、白熱光を発するものもあります。「地」、「風」、「火」、「水」の4元素に同調しています。4元素と多次元世界の統一を象徴するこの石は、クリスタルメディスンホイール（p.368-375を参照）の中心に置くには最適の石です。

霊性面では、均衡の石であるマーリナイトの2色は、物事に調和をもたらし、陰と陽、意識と無意識、知性と直感、男性性と女性性のエネルギーなど、お互い補完しあうもの同士のバランスを整えます。女神と神を一体化し、霊的な波動と地球の波動を融合して体内や環境にグラウンディング*させるのに最も適しています。

心理面では、強力なエネルギー浄化作用を持つこの石は、精神、情緒のエーテル体の青写真*に刻まれた行動パターンのプログラムを書き換えて、心理的な変化をもたらします。不愉快な経験を正面から受け止め、肯定的な学びに変えるのを支援します。

マーリナイトは、カルマ*の解消に極めて効果的で、過去にさかのぼってアカシックレコード*を解読し、閉塞感を生み出している信念や誓いをリフレーム*するのを助けてくれます。

肉体面では、体内のエネルギーと酸素の循環を促進します。エネルギーを節約し、情報の処理速度を落とします。樹枝状の巻きひげは神経線維と同調し、背骨を伝って脳へ向かうエネルギーを加速します。神経系の調和を保ち、高次の波動*が体内に取り入れられるように働きかけます。

ヒーリング効果

呼吸器系、神経系、循環器系、腸と心臓の働きをよくします。

使い方

必要に応じて、配置するか、グリッディングしてください（p.28-31を参照）。もしくは身につけてください。

モリブデナイト (Molybdenite) ［和名：輝水鉛鉱］

クォーツに含まれたモリブデナイト
(母岩上の天然の結晶)

色	銀
外観	金属質の緻密な結晶で、すべすべした手触り
希少性	希少
産地	アメリカ合衆国、イングランド、カナダ、スウェーデン、ロシア、オーストラリア

特 性

　モリブデナイトは夢想家の石として知られています。夢の中で癒されたいときや洞察を得たいときは、プログラミングして(p.358を参照)、枕の下に置くといいでしょう。

　霊性面では、日常の自己と高次の自己＊を統一します。ヒーラーがワークを行うときに重宝する石で、銀河系間との交信を促すといわれています。心理

面では、あなたが自分の影の性質*と出合い、それがもたらす恵みにアクセスするのに役立ちます。偏った判断に陥ることのない人格形成を促し、あなたの過去の至らなかった点は不問にします。

モリブデナイトは、精神レベルで特に効果を発揮し、知性を磨きます。肉体面では、強い電荷を帯びているので、あなたのエネルギー場に置いておくと継続的にエネルギーの充電とバランスの回復作業を行い、精妙体*を修復してエネルギーを再充電します。

水銀を含んだ充填物を調和させて、より有益な波動を行い、水銀の毒性を体外に排出させます。

ヒーリング効果

顎の痛み、歯、循環、酸素化、免疫系に有効です。

使い方

必要に応じて、手に持つか、グリッディングしてください(p.28-31を参照)。もしくは適切な場所に置いてください。

混合石

モリブデナイト(クォーツに内包) は暗闇に一筋の光明を灯し、あなたは決して独りぼっちではないことに気づかせます。潜在意識下の知識を利用して、霊的洞察力を深め、多次元とのつながりをもたらします。保護作用を持つこの石は、集団作業に有益で、2人以上の集団の波動とエネルギー体をうまく調和させる働きがあります。精神的な閉塞感を取り除き、心の荷物を手放すよう促し、生体磁気シース*をふさいで保護します。夢から洞察を得るのに極めて有効な石です。

クリスタル図鑑

ミスティックトパーズ (Mystic Topaz)

ファセット加工

色	虹色、濃い紫、青、緑
外観	輝きを放つ透明なファセット加工された結晶
希少性	希少。通常は宝石類としてみかける
産地	トパーズに人為的に被覆加工

特 性

　蒸発させた酸化チタン(ルチル)を被覆加工することによって、トパーズのエネルギーが極めて高い波動*をもち、多次元的アクセスを可能にします。あなたの霊的成長への道を照らし出し、目標を明確にし、内的資源をうまく引き出

してくれます。

　霊性面では、宇宙への信頼感を高めます。それによって、何かを「為さ」なくても「存在」しているだけで自分には価値があると思えるようになります。疑念や不安を払拭し、あなたの今世の魂の計画*を明らかにしてくれるこの石は、肯定的宣言、自己実現、視覚化をサポートしてくれるでしょう。そして、感情移入や心理的な投影*をすることなく、自分の気持に素直に生きるにはどうすればいいかを教えてくれます。

　生体磁気シース*の浄化とリラクゼーションにすぐれた効果を発揮するこの石は、あらゆるレベルの緊張を解きほぐしてくれます。さらに、遅々として進まなかった霊的成長への歩みを加速する働きがあります。心理面では、内面的な豊かさに気づくきっかけを与えてくれるでしょう。

　精神面では、問題解決をサポートし、あなたの意識を宇宙意識と調和させます。あなたがもつ影響力やこれまでの人生経験で得た知識を明らかにし、物事の全体像と細部の両方を見て、双方がいかに関連し合っているかを認識させる働きがあります。

　また、大きな心の支えとなり、情緒を穏やかにし、あらゆるソースからの愛を受け入れやすくします。美しい輝きを放つこの石は、経絡*を刺激し、気の循環をよくすることで、傷ついた精妙体*を修復する働きがあります。

ヒーリング効果
　精妙体のレベルで最大の効果を発揮しますが、すべてのレベルで健康状態を整えます。消化機能を促進し、神経性食欲不振の解消に効果があり、味覚を整え、神経系統を強くし、新陳代謝を活発にする働きがあります。ジェムエッセンスとして皮膚に塗るか、かすみ眼の治療に用いるといいでしょう。ただし、ジェムエッセンスは間接的方法で調合してください（p.361を参照）。

使い方
　耳元、首周り、手首につけてください。

ナトロライト (Natrolite) [和名：ソーダ沸石]

グレー
(天然のワンド)

透明感のあるホワイト
(タンブル)

淡いイエロー
(タンブル)

色	透明感のある白、灰色、または淡い黄
外観	長くて、わずかに畝のある結晶、またはタンブル
希少性	希少
産地	アメリカ合衆国、ドイツ、チェコ共和国

特 性　ナトロライトは神経系の働きを微調整して新しい波動を呼び込み、その波動をライトボディ*と調和させます。

　霊性面では、純白のナトロライトは深い霊的変化をもたらすとともに、形而上学的変化を起こして、高次のエネルギーをライトボディと肉体に運び込みます。その結果、覚醒された魂を包み込んで守るマントの中で、あなたの魂は多次元の存在を完全に意識しながら生きることができるようになります。

　精神面では、大局的に物事を見るように促し、啓発された知性に基づいたホリスティックな考え方ができるようにします。

ヒーリング効果　肉体レベルを超えた次元で効果を発揮しますが、神経系を支える働きもあります。

使い方　左手に持ってください。グリッディング(p.28-31を参照)するか、第三の目もしくはソーマチャクラに当ててください。またはソーマチャクラと宝冠のチャクラの中間に置いてください。

194

ネプチュナイト (Neptunite) ［和名：海王石］

母岩上の結晶

色	黒
外観	母岩の中にできた縞のある結晶
希少性	希少
産地	カリフォルニア

特性　ネプチュナイトは月や海と密接な関係があり、水面下の環境にかかる負荷を軽減します。霊性面では、あなたがなぜ、霊的な問題に関連して自身や他者をごまかしたり、錯覚に陥れたりするのかを理解するのに役立ちます。集中力とバランス感覚を鍛えるこの石は、真実を覆い隠すベールを取り除き、真理を発見する方法を教えてくれます。心理面では、あなたがどんなに苦しい状況に置かれたときも励まして、怒りや恨みを抑えてくれます。あなたの魂がつらい経験を選んだ理由を教え、魂の進化を妨げる間違った信念を取り去ってくれます。

ヒーリング効果　肉体を超えた次元で作用しますが、かんしゃくを鎮める効果もあります。

使い方　もろいので、身近な場所に置いておくのが最適です。

ノバキュライト(Novaculite)

原石

色	白
外観	光沢があり、半透明から不透明まである。ろうのような繊細な質感
希少性	比較的簡単に入手可能
産地	アメリカ合衆国

特 性

　極めて繊細な高次のエネルギーを持つノバキュライトは魂と精神を磨きます。霊性面では、天使とのコンタクトや多次元的なジャーニー*を促進します。宝冠のチャクラと高次のチャクラを開いてすべてのチャクラの働きを整え、霊的なエネルギーを体内に定着させます。エネルギーを強度に集束させた強烈な光を放つこの石は、魂のへその緒を切るための究極の道具で、人間のエーテル体同士をつなぐきずなを根っこから断ち切ることができます。チャクラの上に置くと、極めて精妙なレベルで魂のへその緒を切り離し、その傷痕を癒します。ノバキュライトはどんなレベルの障害や問題も解消します。ヌーマイトと用いると、魔術や呪文を払い除けるのにすぐれた効果を発揮し、その後でタグチュパイトと用いると、無条件の愛と許しがもたらされ、過去の傷が癒されるでしょう。

心理面では、強迫観念の根本原因を突き止め、強迫観念について新しい視点を得るのに役立ちます。心に深い傷を負うようなひどい目にあっても、その中に何かの学びや恵みを発見できるよう支えます。心を落ち着かせる作用があるこの石は、絶望の淵にある人や躁病の人には有益です。

肉体面では、その繊細な質感ゆえに、特に皮下組織と肌の弾力を保つ効果があります。電磁エネルギーを効率的に伝え、エーテル体*やエーテル体の青写真*から不調*を解消するのに役立ちます。ノバキュライトで精妙体*に心霊手術を行うこともできます。ただし、この石は剃刀のような刃先を持っているので、資格を持ったヒーラーが行うのが安全です。

環境面では、地球の経絡*の詰まりを除去し、電磁気の流れを修復します。

恒星間のコンタクトを活発にするとされるこの石は、古代の言語に隠された暗号の解読に役立つといわれています。人を惹きつける個性を育てる力があることから、サービス業に従事している人には有益で、買い手と売り手の調和をはかるとされています。

ヒーリング効果

細胞記憶*を高め、躁鬱、強迫観念、イボ、ホクロ、悪寒に有効で、細胞組織、弾力のある健康な肌を保つ効果があります。

使い方

必要に応じて、手に持つか、グリッディング(p.28-31を参照)してください。断片は尖っているので注意して置いてください。

(p.132-133のフリントの項も参照)

ヌーマイト(Nuummite)

研磨したスライス

色	黒
外観	不透明で、火花のような閃光を放つ
希少性	徐々に入手しやすくなっている
産地	グリーンランド、カナダ

特 性

　ヌーマイトは魔術師の石で、悪意*や心霊による対人操作に対して強い保護作用を発揮します。地球上で最古の鉱石の一つに数えられ、自身のエネルギーが十分進化した人がこの石を用いてワークすると、極めて強力なエネルギーを獲得することができます。ワンドとして用いると、負のエネルギーやインプラント*を取り除くのにすぐれた効果を発揮します。儀式的ワークに用いるときは、銀の台に載せて、タグチュパイトと組み合わせることをおすすめします。

　霊性面では、外見の奥に隠れているものに目を向けさせ、自身の内面の心象風景の探求を助けます。保護作用の強いヌーマイトはオーラを守る盾*を強化し、負のエネルギーや魔術の影響から身を守ります。また、極秘に安全

な旅をするのに役立ち、特に失われた魂や魂の子どもの部分を回復するために下位世界*へジャーニー*する際に用いると最適で、あなたの乗った車を視界から遮って守ります。この石には魔力がありますが、石に敬意を表して、正しい目的に用いないと、あとで反動がくるので注意が必要です。また、過去世のチャクラとソーマチャクラを活性化し、すべての精妙なチャクラを開いて統合することで、意識に大きな変化をもたらします。

カルマ*の面では、過去世とのつながりを意識させます。パワーを乱用したことにより背負った罪に目を向けさせ、二度と同じ過ちをおかさないよう促します。ソーマチャクラに置くと、肉体と情緒体からカルマの残骸を取り除きます。強力な電磁場を持ち、細胞記憶*のプログラムを書き換える力があるこの石は、カルマの残骸やそのほかの原因によって消耗したエネルギーやパワーを急速に回復させます。また、自身が作り出したものも含め、魂の進化を阻む障害を取り除いてくれます。

心理面では、過去世での対人操作や転生に起因するしがらみを断ち切ります。これによって、他者があなたを過度に保護したり、誘導しようとしたことが原因で生じた問題を解決します。さらに、対人操作への対抗手段として身についた行動パターンを解消します。このように過去世の経験をすべて洗い流すことのできるこの石は、あなたの真我とつながって思考プログラムを書き換え、自分の身は自分で守るよう教えます。また、敬意や信義の大切さを説き、今世にかかわる責任や義務を果たした後は、それ以外の責任や義務を手放すよう求めます。

肉体面では、生体磁気シース*と肉体のバランスを調整し、今世、他生を問わず、地球外生命体や魔性から受けた精神的な悪影響を除去します。ノバキュライトと組み合わせて用いると、呪いを解き、過去世の課題*、魔術や悪意の影響からうまく逃れることができます。霊的に正しい方向へ導き、自己の成長とともに不要になったメンターとの魂のきずなを断ち切ります。ノバキュライトとの組み合わせは、エーテル体の青写真*に付着した霊を取り除く心霊手術に有効です。過去世でのけが、トラウマ、行動などに原因がある不調をすべて取り除いてくれるでしょう。ヌーマイトを切開に、ノバキュライトを浄

化・再生のエネルギーを引き寄せるために用いてください。引き寄せたエネルギーは、不調*を切除した後の傷口をふさいで癒してくれるでしょう。さらにタグチュパイトを加えると、無条件の愛と許しをもたらしてくれます。儀式的ワークの際はヌーマイトを銀の台に載せて、タグチュパイトと組み合わせてください。

タグチュパイトと
ヌーマイトの組み合わせ
(研磨し、銀の台に
はめ込んだもの)

ヒーリング効果

不眠症、ストレス、変成疾患、細胞組織の再生、パーキンソン氏病、頭痛、インシュリンの制御、目、脳、腎臓、神経に有効です。三焦の経絡*を強化します。

使い方

必要に応じて、手に持つか、グリッディングしてください(p.28-31を参照)。もしくは適切な場所に置いてください。悪意や心霊的な対人操作から身を守るためには常に身につけてください。銀で包むと特に効果的です。

(p.342-343のヌーマイトを伴うタグチュパイトの項も参照)

オリゴクレイス(Oligocrase)

[別名:Oligiocrase]

原 石

色	白
外観	不透明または透明感がある。泡が吹き出したような跡が見える
希少性	かなり簡単に入手可能
産地	ノルウェー、ロシア、カナダ、タンザニア、インド、フランス、アメリカ合衆国

特 性 黄みが抜けたサンストーン(日長石)、ゆらめく光のないムーンストーン(月長石)に似たオリゴクレイスは、月の満ち欠けの周期に合わせて感情を処理するように促します。すなわち、月の光がほとんど届かない闇夜は静かに将来の夢を描き、満月の夜は活動的になって、アイデアや洞察を実行に移すのに適しているのです。

　心理面では、昔からの思考パターンやこだわり、旧習を打破し、信頼と潔白を回復します。メディスンホイールの北西に置くと効果があります(p.368-375を参照)。

ヒーリング効果 体液のバランスを整え、リンパ液の流れをよくします。骨を強くし、骨折の際に有効です。

使い方 必要に応じて、手に持つか、グリッディングしてください(p.28-31を参照)。もしくは適切な場所に置いてください。

オパール:アンデス・ブルー・オパール(OPAL:Andean Blue opal)

アンデス・ブルー(原石)

色	緑がかった青
外観	不透明で、かすかに玉虫色に変化する青
希少性	簡単に入手可能
産地	ペルー

特性

アンデス・ブルー・オパールは至高善のための正しい行いを促進します。ジャーニー*に役立ち、受容性を高めるこの石は、催眠による軽いトランス状態を招き、預言・予知能力と形而上学的能力*を高めます。霊性面では、精妙体の不調和や歪みを整え、他者とのつながりを強めるので、心からのコミュニケーションを刺激します。カルマを解消するこの石は、過去世で負った心の傷をやわらげ、ストレスを感じても心の平静さを保つのに役立ちます。地球を癒す必要性に気づかせることで環境を守り、地球の波動を自己の肉体や精妙体*を通して良好な波動に変える人々を支援します。

ヒーリング効果

細胞記憶*、水分保持、筋肉の腫れに有効です。心臓、肺、胸腺の働きを助けます。

使い方

必要に応じて、手に持つか、グリッディングしてください（p.28-31を参照）。もしくは適切な場所に置いてください。

追加の形

オレゴンオパールには宇宙意識*が備わり、異次元間の移動、過去世の探求、カルマの解消を促進します。ある世での出来事がいかに他生に影響を与えるかを示します。他者の嘘や欺瞞だけでなく自己欺瞞も暴き、真理を明らかにします。過去からの悲しみ、トラウマ、失望をいっきに解消し、こうした感情を喜びと明るい希望に置き換えます。情緒体を清めて心の重荷を降ろし、明るく前向きな感情を拡大させるので、自分の本当の気持を口に出して言えるようになります。肉体面では、過剰な粘液を取り除きます。

オレゴン
（原石）

ジラソル（ブルーオパール）はソウルグループ*の仲間同士のつながりを強化し、今世でそのつながりがいかに重要な意味を持つのかを教えてくれます。過去世では口にできなかった難題の解決策を示し、嘘や偽りを暴きます。カルマの面では、過去世の経験がパニックや病的恐怖といった形で今世に悪影響を及ぼしているときに有効です。エーテル体の青写真*に刻印された記憶を消去し、細胞記憶を修復するからです。精神面では、創造性を刺激し、コミュニケーションを円滑にします。情緒に平穏をもたらすこの石は、心霊的な印象とあなたの心の奥底に隠れた感情とを区別します。不調*の根本原因を理解するのを助け、自分と他者との境界線を強化し、自らの情緒的な要求を満たす方法を教えてくれます。グリッディング*すると仕事や瞑想を行う静かな空間を確保することができます。肉体面では、鉄分の吸収を助け、視力、疲労困憊、代謝、脱毛、リンパ節に効果的に作用します。

ジラソル
（タンブル）

クリスタル図鑑

パライバトルマリン (Paraiba Tourmaline)

ピンク(原石)　　　　　ターコイズ(ファセット加工)

色	ターコイズブルー、ピンクまたは金色
外観	長いブレード状で透明または不透明、またはファセット加工した宝石
希少性	希少で高価(熱処理している場合もある)
産地	ブラジル、ナイジェリア、モザンビーク

特 性

　パライバトルマリンは真理と英知を象徴する天使とつながりがあります。この石特有の放射状に広がる愛情のエネルギーは、あなたが自身と地球に対して無限の慈愛を注ぐことができるよう支援します。純粋な、慈愛に満ちたエネルギー場であるターコイズフレイム*とつながるこの石は、あなたの意識を高次に引き上げ、人類への奉仕を促します。高い波動を有するこの石は、どんなに暗い状況にも調和と希望の光をもたらし、暗闇の中にも霊的進化の糧となるものを発見させてくれます。多次元、インナーレベル*での許しを促し、カルマ*を解消します。パライバの銅の色は、肉体、情緒、精神、霊性、環境を損なう汚染物質からあなたを保護するとともに、強力なエネルギー伝達作用を発揮します。

　霊性面では、瞑想に最適の石で、高次の自己*への同調、生体磁気シース*の防御、チャクラの調整、肉体とライトボディとの統合に最適です。また、直

感を研ぎ澄まし、透視力*を開花させる働きもあります。心理面では、昔からの自己破滅的なプログラムを削除し、今世の魂の計画*に置き換えます。大志を抱いて人生を歩むことを支援するこの石は、あなたが真実の道からそれたときは注意を与えてくれます。また、自身と他者を許し、過ぎたことは忘れるよう促します。過去世でやり残したことを完結させるのを助け、自分の役目をすべて終えた状態に導きます。感受性の強い人と密接につながるこの石は、他者への寛容をもたらし、偏狭な判断や狂信的行為を退けます。責任感に押しつぶされそうになっている人を助け、個人の責任ある行動を促します。

　精神面では、思ったことや感じたことを言葉に表わしやすくさせます。心を落ち着かせ、本質と関係のない思考を取り除きます。喉のチャクラを浄化し、高次の領域とコミュニケーションを促進することで、脳に伝達される情報をフィルターにかけ、知覚を研ぎ澄まし、知力を鍛え、混乱を取り除きます。

　情緒面では、恐れをやわらげ、ストレスを感じている心を静め、根底にある心の動きを理解し、今の自分の感情を正確に把握するのに役立ちます。肉体面では、一般的に強壮剤としての効果があり、特に目の疲れによく効きます。免疫系の過剰反応や自己免疫疾患にも効果的です。

ヒーリング効果

　のどの痛み、花粉症に効き目があり、目、顎、歯、胃を強くし、関節炎、肥大した腺や甲状腺の疾患に有効です。臓器を浄化し、代謝機能を高め、ホルモンの分泌を促します。

使い方

　必要に応じて、手に持つか、グリッディングしてください（p.28-31を参照）。もしくは適切な場所、または目の上に置いてください。

注：熱処理したアパタイトやフローライトはパライバとして流通しています。パライバフローライトはミスティックトパーズに似たパワフルな石です。

ピーチセレナイト(Peach Selenite)

成形したもの

色	桃色
外観	細かい畝があり不透明
希少性	簡単に入手可能
産地	イングランド、アメリカ合衆国、メキシコ、ロシア、オーストリア、ギリシャ、ポーランド、ドイツ、フランス

特性

　セレナイトが放つ水晶の輝きにも似た神聖な光は、常にあなたの人生を照らし、身のまわりの環境を神聖な空間に変えてくれます。物質を変容させる冥王星の炎と冥界の王プルートーンの妻ペルセポネーの純朴な英知を象徴するピーチセレナイトは、再生力が強く、白い光ではなく黄泉の国の暗い色の光を放ちます。自身の心の動きを洞察する力を与え、あなたの影の性質*と隠れた自己の受容を可能にします。大きな進化を遂げ、拡張された自意識と新しい人生を手にした瞬間、そばに置いておくには最高の石です。

　霊性面では、輪廻転生について深い洞察を与えることで、すべての女性に内在する司祭として能力を開花させます。また、思春期や出産を祝って行われる月への感謝の儀式で用いるのに適しています。情緒面の変容をもたらすこの石はカルマ*の浄化と癒しにすぐれた効果を発揮し、人生を振り返り、大昔からのトラウマを克服するのを助けます。遺棄、拒絶、疎外感、裏切りと

いった問題をすべての過去世から引き出して、癒し、許し、受容を与えます。

ヒーリング効果
思春期、閉経期、そのほかの過渡期に有効です。

使い方
手に持つか適切な場所に置いてください。

追加の石
セレナイトファントムは、魂の核に覆いかぶさった不要なものを剥ぎ取り、真の霊的自己および魂の進化の大きな目的とつながります。精神的、霊的な混乱を解消し、カルマとのかかわりを断ち切ります。学びの中で得た洞察は、ファントムの幅の広いほうのポイントを用いて、肉体にしっかり固定することができます。両端の鋭いポイントはカルマの残骸をエーテル体*から除去し、細胞記憶*のプログラムを書き換えます。生体磁気シース*からエンティティ*を除霊し、外部からの思考があなたに悪影響を及ぼさないようにします。ファントムはカルマによる情緒面での不調*を改善し、再生と新しい命の象徴としての役目を果たします。肉体面では、細胞記憶、背骨の矯正、関節の柔軟性の維持に効果があります。

セレナイトファントム
(天然のポイント)

デザートローズは旅の途中、明かりを落として秘密の会議を開くことを促します。心理面では、自らに課した否定的なプログラム*にとらわれて行き詰ったときに、あなたをそのような束縛から解放してくれます。この石と瞑想すると、積年の争いが愛に変わります。愛する方法だけでなく、愛を受けとめるすべも教えてくれるデザートローズには、感情が高ぶるのを抑える働きがあります。地球とそのエネルギーが乱れた場所を癒し、母なる大地を守り、肉体面では、結合組織と骨を強くします。

デザートローズ（天然の形態）

ワンウェイポータル

セレナイトのワンドの上に、クロライトクォーツのロングポイント（たとえば、シャーマンクォーツやグリーンファントム）をかぶせてX型を作り、その上にスティブナイトのワンドを置きます。こうするとワンウェイポータルが出来上がり、ここを通って浮遊霊やエンティティ*を地球から追い出し、二度と戻って来ることができないようにすることができます。この場合、セレナイトは信号灯の役割を果たし、クロライトはエネルギーを浄化し、スティブナイトは入口を閉じた後、守衛の役割をします。高次の宝冠のチャクラの上にかざすと効果抜群です。終わったらエーテルレベルの汚れを落とす特別の洗剤でクリスタルをよく洗ってください。スティブナイトには毒性があるので、触った後は手をよく洗うようにしてください。

パールスパドロマイト(Pearl Spa Dolomite)

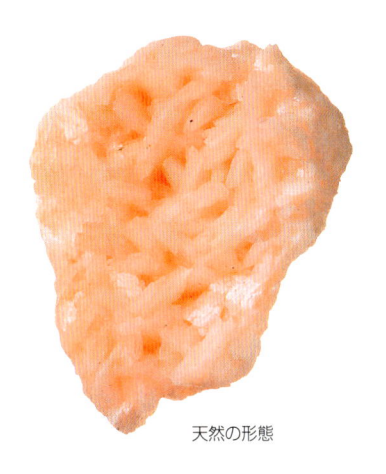

天然の形態

色	淡いピンク
外観	母岩上のブレード
希少性	簡単に入手可能
産地	スペイン、インド、イタリア、イギリス、スイス、ナミビア

特性

　償いの石であるパールスパドロマイトは、霊性を磨くためには心身のバランスを保ちながら地に足のついた日常生活を送り、その中で霊性を表現していくことが大事であり、霊性は俗にいう「あの世」で磨かれるものではないと説きます。人間の本質は地球を旅する魂であることを思い出させ、この地球に転生したことに心地よさを感じ、自分の肉体を愛しむよう促します。

　心理面では、静寂をもたらし、孤独感を癒すこの石は、一人瞑想にふけり、

静かに宇宙との一体感を感じることの価値を説きます。また、子どもが悪夢を見ないように保護する働きもあります。昔からのパターンや否定的な行動を排除し、人に言われたからするのではなく、自らの発意で人生を切り開いていくことを奨励します。

精神面では、明晰さと理路整然とした思考を促すことで、はやる気持を抑えます。

情緒面では、悲しみ、怒り、恨みといった否定的な感情を抑え、情緒に平穏をもたらします。子どもや大人のかんしゃくを抑えます。

肉体面では、解毒作用があり、活動過多を抑えるのに有効です。環境面では、クリスタルの組み合わせ効果とグリッディング*の効果を高め、調和させます。

ヒーリング効果

筋肉、骨格、生殖器、爪や肌、代謝機能を支えます。減量を助け、食欲を調節します。

使い方

必要に応じて、手に持つか、グリッディングしてください(p.28-31を参照)。もしくは適切な場所に置いてください。

プレセリ・ブルーストーン (Preseli Bluestone)

研磨したもの　　　　　　　　　　　原　石

色	ブルー・グレー、ブルー・グリーン
外観	まだらでそばかすのような斑点がある。花崗岩状。研磨すると光沢を放つ
希少性	産出は一箇所のみ
産地	プレセリ山（ウェールズ）

特性

　プレセリ・ブルーストーンは夢見と遠い過去の記憶を象徴する石で、イングランド南西部のウィルトシア州にあるストーンヘンジの環状列石の内側に用いられています。古代から存在するこの石は時空を越えて多次元にアクセスすることができます。地電流の強力な電磁気を帯びたこの石は、宇宙のアンカー*を開いて地球の核とつながり、あなたの核となるエネルギーに抜群の安定性をもたらします。そのおかげで、あなたのエネルギーは地球のエネルギー変動の間も安定した状態を保つことができるのです。その後、あなたのエネル

ギーを銀河の中心*に同調させることで、あなたは銀河と地球の間に宙吊り状態になり、エネルギーの波は体内を通り抜け、地球の中心に到達します。また、上位世界や下位世界*へジャーニー*する際にはシャーマンのアンカー*としての役目を果たします。

　イギリス産としてはユニークなこの石は、霊性面では、魔法使いマーリンのエネルギーや誰の中にも存在するシャーマンのエネルギーとつながっています。母なる大地と強いつながりがあるこの石は、地球を汚すことは自らを汚すのと同じであると警告します。チョークやフリントと組み合わせると、一種のバッテリーとして機能します。すなわち、霊的なエネルギーやパワーを発電し、アースし、グラウンディングさせ、心霊能力や形而上学的能力*を高めるのです。預言者の石であるプレセリ・ブルーストーンは、すべての過去世の探求に用いることができますが、特にケルト族とのつながりを追跡するのに有効で、さらに、この石の奥深くに眠っている古代エジプト人の知識ともつながることができます。ソーマチャクラか過去世のチャクラに置くと、魂の回復*とパワーの回復に効果を発揮し、努力せずとも遠い過去世に戻ることができます。夢見の石としては完璧で、答えがすぐに見つかるでしょう。また、霊的な情報にアクセスし、統合するのにも役立ちます。

　ブルーストーンは石のサイズが重要です。小さな石でも非常に強いエネルギーを持っているので、過剰な刺激を避けるために、大きい石は夜間、寝室には置かないほうがいいでしょう。また、この石は置く方向によって特性が異なります。たとえば、ワークの最中にプレッシャーを感じたり、頭痛がしたら、自分の向きを変えるか、石の向きを変えてください。そうすれば体内の霊的羅針盤がリセットされます。特殊な方向性を持つこの石は、地球の電磁力をチャネリングし、地電流*に沿ったエネルギーの移動や地球のグリッドの癒しを促進します。また、イギリス全土の環状列石をつないで莫大なエネルギーのラセン構造を作った後、地球上のパワースポットとつながります。環状列石やそれ以外の神聖な場所に暗号化されたエネルギーの幾何学的パターンを解明し、故意または偶然にエネルギーが乱されたり、遮断されてしまった場所にこうしたエネルギーの幾何学的パターンを再接続することで、エネルギー場を正常な状態に戻

します。もし、神聖な場所から不適切な目的でエネルギーが奪われているとしたら、その流れを断ち切り、その場のエネルギーを守ります。

心理面では、意志力を高め、勇気と力強さを与えることで、冷静に苦境を乗り越えられるよう支援し、苦しい経験からどんな学びを得たかを理解させます。エネルギーを強化し、すべてのレベルであなたを守護します。心臓、胸腺、喉のチャクラをつなぎ、本音を語れるようにしてくれます。精神面では、集中力を鍛え、雑念を追い払い、知識が直感的に湧き上がってくるような空間を生み出します。

情緒面では、安定作用があります。昔からの愛着やこだわりを捨てて、日々穏やかに暮らすことができるよう援助します。

ブルーストーンは肉体への影響が極めて大きい石です。五感すべてに影響を与え、エネルギーのバランスを保ちます。運動療法やサイコメトリー（ものに触れることで未来を予言する能力）に用いると有効です。ハーブや本草学とも強い結びつきがあり、特に山に生育する植物と強いつながりがあります。興奮状態を抑える一方で、再び活力を与えるという、全く正反対の効果も期待できます。エネルギー線やクリスタルの波動を肌で感じる力や、鍼のツボを流れる精妙なエネルギーと同調する力を強化します。この石を携えて野山を歩き回ると、そこで過去に起きたすべての出来事と「接続した」感じになりますが、それに愛着を覚えるようなことはないでしょう。この力強い石は私たちが「今を生きる」ことを応援してくれます。

ヒーリング効果
喉と免疫系に穏やかに作用し、体内のエネルギーのバランスを整えます。

使い方
癒しとしての夢見と遠い過去の記憶の回想には、ソーマチャクラか過去世のチャクラに置いてください。夢見は枕の下に置いてください。頭痛がしたら、取り除くか向きを変えてください。

注：ブルーストーンは、原石からとれる天然の破片を扱う業者から購入することをおすすめします。石によって方向性の強さの度合いが大きく異なります。

パミス (Pumice)

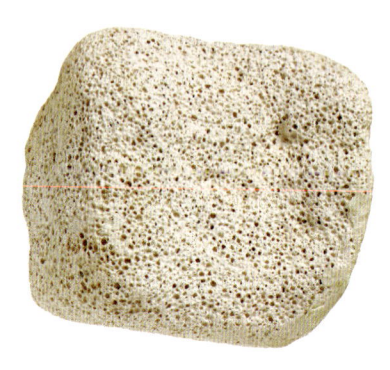

水の作用で摩滅した
天然の形態

色	薄い灰色またはベージュ
外観	軽そうで、泡がはじけたような穴がある
希少性	簡単に入手可能
産地	世界中

特性

一般にクリスタルとはみなされていませんが、パミスには大きな癒し効果と負のエネルギーを吸収する働きがあります。胸腺の上に置くと、心に刻まれた古傷を癒し、情緒にかかわる細胞記憶*のプログラムを書き換えます。

心理面では、息苦しくなるような罪悪感や憤り、それに過去世からのカルマ*による負のエネルギーや今世の幼少期に刷り込まれた負のエネルギーをきれいに洗い流してくれます。また、自分は生きている価値のない人間だという思いからどうしても抜け出せない人にも有効です。蛇が脱皮するように、

生体磁気シース*全体に働きかけて、あなたを覆っている否定的な感情の皮を全部むいてくれます。皮がむけた後、生体磁気シースにできた傷口はセレナイトかクォーツでふさぐといいでしょう。

　心理面では、人の感情を逆なでする人たちには特に有効です。こうした人たちは、これ以上傷つくのが怖くて周囲にバリアを張り巡らしているものの、心にまとった鎧の下では無防備さを感じているものです。バリアを取り払い、自分の弱さを素直に認めることができるよう優しく手をさしのべ、他者を信頼して、受け入れることへの抵抗感をなくしてくれます。他者を自分の世界に引き込む力を徐々にはぐくみながら、様々な人たちと親交を重ねていくよう促します。

　肉体面では、結腸洗浄療法の際の解毒を促進します。治療後、パミスを手に持つと施術者の負のエネルギーも除去されます。

ヒーリング効果

　結腸洗浄療法、解毒、細胞記憶に有効で、過敏性腸症候群（IBS）を緩和します。

使い方

　必要に応じて、手に持つか、グリッディングしてください（p.28-31を参照）。もしくは適切な場所に置いてください。ヒーリングや施術を行う部屋に置いて、塩水で頻繁に洗浄してください。

パープライト（Purpurite）

原石

色	紫
外観	あざやかな帯状の模様と脈状の縞模様。金属質で不透明
希少性	簡単に入手可能
産地	ナミビア、西オーストラリア、アメリカ合衆国、フランス

特性

　パープライトは心霊の侵入を防ぐのに極めて有効で、悟りを開く道を示します。霊性面では、高次の宝冠のチャクラを開いて基底のチャクラにつなげることで、たゆまぬ進化を刺激し、進化することによりレベルアップしたエネルギーを現実的な世界へグラウンディング*させます。

　人前で話すときにこの石を持っていると、あなたの思考とコミュニケーション能力に明瞭さ、集中力、自信が備わってきます。さらに、意見を述べるとき

に妨害されないよう守ってくれます。

　心理面では、過去にこだわる原因となっている古くからの習慣や態度を切り捨て、絶望感に打ちひしがれているあなたに救いの手をさしのべます。精神面では、導きや新しいアイデアに対して常にアンテナを張り巡らせ、受容性を高めるのを助けます。

　肉体面では、元気回復の石であるパープライトは、肉体と精神を元気づけ、どんなに疲れて落ち込んでいても元気を回復させます。

　環境面では、環境や近隣の有害な力が売却を妨げている家、特に過去世からの争いが繰り返されている家の売却をスムーズに進めます。集団のしがらみを断ち、前へ進むことを促します。身のまわりの環境から負のエネルギーを追い払い、呪いを解き、悪意＊や心霊の干渉から身を守り、肯定的なエネルギーを体内に取り込みます。販売活動においても有効で、プログラミング（p.358を参照）すると、買い手がすぐに見つかるでしょう。

ヒーリング効果

　疲労を回復し、スタミナをつけ、元気を取り戻すのに有効です。細胞記憶＊、打撲傷、出血、膿疱に効き目があり、心臓と胸部の働きを改善し、血流を促進し、血をきれいにして、脈拍を安定させます。

使い方

　必要に応じて、手に持つか、グリッディングしてください（p.28-31を参照）。もしくは適切な場所に置いてください。サイキックアタック＊や不当な影響を阻止するには、その発信源とあなたの間に置いてください。

パイロフィライト (Pyrophyllite) [和名：葉蝋石]

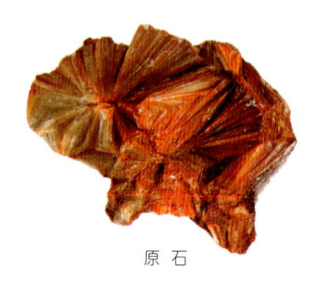

原石

色	ピンク
外観	母岩上の扇状の結晶
希少性	簡単に入手可能
産地	アメリカ合衆国、カナダ、ロシア、オーストラリア

特性

パイロフィライトは心理的な自立を促します。境界線があいまいな人や、侵害されやすい人に有効です。自分と他者の境界線の区別ができない人や、他者に影響されやすい人は、太陽神経叢にこの石を当てると境界線が明確になり、自分の領域に侵入してくる人にはっきり「ノー」と言えるようになります。

霊性面では、この石はあなたが今世あるいは他生において特定の人物とかかわり続ける原因になっている約束、魂の契約、義務の再交渉を行います。

ヒーリング効果

消化、胸やけ、過酸性、下痢に効果があります。

使い方

パイロフィライトは繊細なので、身につけるには不向きです。

クォンタムクアトロ (Quantum Quattro)

タンブル

色	青・緑・ターコイズの混色
外観	まだらで不透明
希少性	タンブルは簡単に入手可能
産地	ナミビア

特性

　シャッタカイト、ダイオプテース、マラカイト、クリソコーラ（スモーキークォーツ上）の混合石であるクォンタムクアトロは、負のエネルギーが次第に消滅していくときに起こるヒーリングクライシス*やカタルシスを予防します。変化の石であるクォンタムクアトロは、エネルギー場に極めて大きな影響を与え、免疫系とDNAを強化し、12本の鎖がラセン状に絡み合ったDNAヒーリング*を活性化させます。霊的エネルギーを地球にグラウンディング*させ、存在のすべてのレベル間を情報が行き交うようにします。護符としても貴重な石で、負のエネルギーや汚染物質を吸収します。

　霊性面では、霊視力を開花させ、チャネリング*の際、エンティティ*に肉体を乗っ取られないよう保護します。西暦2012年に予想される地球の波動変動に同調するこの石を、明確な意図を持って誠実に用いれば、より良い世界

を実現することができます。この石と瞑想する際、明るい変化が起きるよう心の中で願えば、身のまわりにあふれる暗い予測をすべて帳消しにしてくれます。この石は完全であることと平和を象徴します。

環境面もしくは肉体面では、バランスが崩れた箇所に置くと穏やかにバランスを回復します。第三の目と太陽神経叢にもう1つずつ置くと、精神、肉体、情緒のバランスを整えることができます。

心理面では、過去世や今世での深い悲しみを癒し、肉体にすみついた心の痛みを取り除きます。心の奥深くに眠る感情を引き出し、心身症の原因を明らかにし、望ましくないきずなや、不要になった思考パターンを手放すよう促します。そして、自らの行動や考え方に責任を持った生き方を教えます。催眠術による命令*や霊視力の使用禁止命令を解除し、過去世の呪いや秘密厳守の命令を解く働きがあります。何ごとにも前向きに取り組む姿勢をサポートし、隠れた才能に目覚めさせるこの石は、進むべき方向性を示してくれるので、行き詰まったときには特に有効です。精神を浄化し、解毒する作用があるこの石は、他人をコントロールする必要性を感じなくさせます。

情緒面では、心の傷を癒す大きな効果があり、高次の心臓のチャクラを活性化します。太陽神経叢から罪悪感などの否定的な感情を追い出し、情緒に有害なプログラムを完全に書き換えます。情緒的な癒し、特にインナーチャイルド*の癒しへの架け橋となり、膿んだ傷や心の奥底にしまった痛みを消し去り、悲しみ、裏切り、悲哀の記憶を消去します。また、誰かに捨てられたことによる心の傷を癒すのにも大きな効果があります。人間関係がうまくいかないのは内的自己と外的自己のせめぎあいに原因があると指摘します。内的自己と外的自己を統一し、すべてのレベルで愛を引き寄せるこの石は、愛に飢えた人の心の中にぽっかりと空いた穴を愛で満たしてくれます。さらに、愛とはどうあるべきかといった固定観念を一掃して新しい愛の波動を呼び寄せます。家族とのふれあいを大切にし、個人的な人間関係を安定させる働きがあるので、人間関係で悩んでいる人には有益です。

平穏と持続を象徴するこの石は、刻々と変化する状況に冷静に対処するのに役立ち、内面的な強さを喚起します。個人の能力を高め、創造性を喚起し、

環境への配慮と環境に優しい解決策を促進します。すべてのレベルにおいて排泄作用と解毒作用を持ち、周囲をプラスの波動で満たします。

　クォンタムクアトロは、魂の目的にそぐわないものはすべて記憶から消し去る方法を教えてくれます。地球のエネルギーが乱れた場所にいるときは、足の下の大地のチャクラとグラウンディングコードを保護します。肉体を持って転生したことに対する葛藤を乗り越えさせ、自分の肉体と性的な本質を受け入れやすくします。中毒や強迫観念にとりつかれた人間関係にみられるカルマ*による共依存の循環を効果的に断ち切ることができます。世話をする側の人間は、中毒患者やパートナーの人生を背負うことはできないし、彼らの行動をコントロールすることもできないということに気づかされます。中毒患者やパートナーの魂が学びの旅を続けるのを静かに見守るよう促しますが、援助の手をさしのべることが相手にとってプラスになる場合は、そのタイミングを教えてくれます。

タンブル

ヒーリング効果

　万能のヒーラーです。身体のバランスを徐々に整え、カンフル剤としても効果的です。細胞間構造、細胞の異常、血液再酸素化、肺、膵臓、インシュリン、甲状腺、代謝機能、T細胞、胸腺、メニエール病、高血圧、痛み、片頭痛、疲労、ショックに有効です。吐き気を抑え、肝臓、腎臓、消化器官の働きを助けます。月経前緊張症を緩和し、中毒やストレスを克服します。関節炎、潰瘍、筋肉の強化、筋肉の痙攣、感染症、ミアズマ*に有効です。

使い方

　必要に応じて、手に持つか、ベッドまたはヒーリング用のソファのまわりにグリッディングしてください（p.28-31を参照）。もしくは適切な場所に置いてください。頭痛、火傷、痛みにはエッセンスとして使用してください（p.361を参照）。

クリスタル図鑑

アホアイトを伴うクォーツ (Quartz with Ajoite)

アホアイトと
パパゴアイトを伴う
クォーツ
（天然のポイント）

色	海緑色
外観	半透明のファントムあるいは色のついた斑点
希少性	極めて希少
産地	南アフリカ、アメリカ合衆国

特 性

　アホアイトは極めて高次の波動*を持つクリスタルで、純粋な慈愛のエネルギー場であるターコイズフレイム*と同調しています。魂を普遍の愛で包み込み、母なる大地との接触を保ちながら、天使の領域へ誘います。

　霊性面では、この石の波動と同調すると、深いレベルで意識の変容が起こり、多次元の世界に生きていることを実感することができます。カルマ*の傷やインプラント*を、その程度や発生時点にかかわらず、身体から取り除くことができます。取り去った後の傷を無条件の愛で優しく癒し、細胞記憶*をリフレーム*します。

　心理面では、自身や他者への許しと慈愛によって争いを解決します。気が

クリスタル図鑑

つくと、いつも誰かのために重荷を背負わされている人や、常に自分の存在価値を軽視する傾向がある人に適した石で、そのようなパターンを解消してくれます。

この石には、情緒体を浄化し、永遠の平和をもたらし、環境に落ち着きを取り戻す働きがあります。有害な感情や昔からの深い悲しみを取り除き、許しと慈愛で優しく心を満たします。胸腺に置くと、エーテル体の青写真*と肉体との調和をはかり、身体を完全な健康状態にもっていきます。

ヒーリング効果

細胞記憶と細胞組織に有効です。

使い方

必要に応じて、手に持つか適切な場所に置いてください。

追加の混合石

パパゴアイトを伴うアホアイトは、星間に存在する異次元やあなたの内面に存在する偉大な神性と容易に接続することができます。極めて希少価値の高いパパゴアイトは、すべての魂に慈愛を惜しみなく注ぎ、魂の一体化と解放を促します。悲しみを癒し、「罪」は神との別離にほかならないことを教え、深い静穏をもたらします。

アホアイトとパパゴアイトを伴うクォーツ（原石）

シャッタカイトを伴うアホアイトは、電磁スモッグ*やサイキックアタック*を退けます。マイナス思考や有害な環境に囲まれていても、霊的にはすべてを受け入れる状態を維持することができます。この石を身につけていると心が落ち着き、内的自己に意識が向います。カルマを癒すにあたっては、償いの必要性を解消し、魂を解放します。償いと和解の違いを教え魂に完全に許しを与えることで、カルマから解脱*する道を開きます。エネルギーの伝達効率がよいこの石は、腸閉塞や便秘を治し、細胞記憶を助け、ストレス性の疾患を克服します。

シャッタカイトを伴うアホアイト（原石）

クォーツ:アメジストハーキマー
(QUARTZ:Amethyst Herkimer)

アメジスト
(母岩上の結晶)

色	薄紫
外観	ダブルターミネーションを持ち、インクルージョンを伴う
希少性	希少
産地	アメリカ合衆国、ヒマラヤ、中国

特性

　アメジストハーキマーは変性のエネルギー場であるバイオレットフレイム*と同調し、最高次の霊性とつながる道を開きます。霊性面では、第三の目を微調整することで、形而上学的能力を十二分に発揮させて魂の回復*を促し、ばらばらになった自己の魂を統合し深いレベルで癒します。肉体を持った魂を、純粋な精霊を運ぶ乗り物として他の次元の魂と同調させて再統合します。進化した魂がこの石を賢明に用いると、悟りを得ることができます。ジャーニー*や瞑想の際には盾となって魂を守り、霊的なワークや癒しのワークの後にエネルギーを浄化します。

　心理面では、創造性と高次の知性との同調を促し、強迫観念と刷り込まれた行動パターンを解消します。情緒面では、この石をプログラミング

クリスタル図鑑

(p.358を参照)すれば、あなたのツインフレイム*とソウルコンパニオンを引き寄せることができます。

ヒーリング効果

肉体レベルを超えて作用し、魂を癒します。

使い方

心臓または高次の心臓のチャクラに置くか、適切な場所に置いてください。

追加の色

シトリンハーキマー(黄)は貧困意識*を取り除きます。その源がどこであれ、あなたを貧困状態から抜け出せないようにしている執拗なプログラムや信念を削除することで、豊かさへの道筋を整え、モチベーションを高めます。強力な浄化力と再生力を持つこの石は、地球のエネルギーを強化し、地球資源を適切に利用することを促します。生体磁気シース*、精妙体*、チャクラを強力に保護する働きがあり、細胞記憶*を調整し、太陽神経叢と心臓のチャクラを結びつけ、すべての感情に無条件の愛をもたらします。シトリンをグリッディング*すると、創造的なエネルギーを刺激し、生殖機能を高めます。

シトリン
(天然の形態)

スモーキーハーキマー(灰色/茶色)は大地と基底のチャクラを調節して霊的エネルギーを地球に送ります。心霊の除去と解毒に効果があり、肉体を保護する盾となって、電磁気や有害な地球放射線による汚染が精妙体に与える影響を取り除き、グリッディングすれば環境保護にも役立ちます。カルマの解脱*と同調しているこの石は死後の世界に持っていくには最適です。

スモーキー
(天然の形態)

ゴールデン・
エンハイドロ・
ハーキマー
(天然の形態)

ゴールデン・エンハイドロ・ハーキマーは何百万年も前の液体の泡を内包し、存在の総体*とつながり、情緒面での深い癒しと心の変化をもたらします。啓発された知性のエネルギー場であるゴールデンフレイム*に同調し、ヒマラヤ山脈に伝わる古代の英知と直接つながります。極めて強いエネルギーを持つこの石は、太陽神経叢、第三の目、宝冠、高次の宝冠のチャクラをソウルスターチャクラと調和させます。霊的能力を開発するのに有効で、インプラント*を除去し、今世あるいは他世で霊視力の開発に課された制限を取り除きます。

太陽神経叢の乱れやカルマ*による情緒障害を効果的に癒し、情緒体を浄化して安定させます。また、転生する間に性別が変わったことに対する混乱や相反する感情を静める働きもあります。

ルーマニア産のブーランジェライトを内包したブルーハーキマーは、穏やかな、優しいエネルギーを持ち、心に喜びと生来の幸福感をもたらします。この石は停滞を嫌い、自分のペースで目標に向って進むよう後押しします。柔軟性を失った臓器内部のエネルギーの循環をよくする働きがあり、循環を妨げる障害物を溶かします。チャクラ全体を調節し、エネルギーを与えるこの石は、過去世で無理やり閉じられた第三の目を開きます。新たな霊的ビジョンを開くこの石は、魂が悟りを開くための静かな瞑想空間へ導きます。

ブーランジェライトを
伴うブルーハーキマー
(天然の形態)

クォーツ：アンフィボールクォーツ
(QUARTZ:Amphibole Quartz)

[別名：エンジェルファントムクォーツ（Angel Phantom Quartz）]

天然のポイント

色	透明感があり、白、黄、赤、桃色のインクルージョンがある
外観	ファントム状の、線維を束ねたような、「天使の翼」を思わせるアンフィボールが透明感のある、または不透明のクォーツに内包されている
希少性	希少
産地	ブラジル

特 性

　アンフィボールクォーツは天使の翼を連想させるアンフィボール（角閃石）を内包し、天使の波動を持つことから、別名エンジェルファントムとも呼ばれています。

最高次の霊的経験とつながり、あなたの守護天使と高次の存在を呼び寄せ、内なる歓喜をもたらします。極めて平穏で優しいエネルギーを持っています。

霊性面では、宝冠のチャクラに置くと、すべての高次の宝冠のチャクラが活性化され、意識のレベルを上げるための階段を用意します。あなたの意識はその階段を上って高次の自己*とつながり、徐々に波動を上げながら最終的には最高次の導きに出会うことができます。特に第三の目に置いて内省と洞察を行えば、宇宙意識の英知とつながり、今までよりも冷静に人生や進化について考えることができるようになります。この石の奥深くを覗き込むうちに、深遠な普遍の愛に満ちた空間に到達し、常に愛に基づいて行動できるようになるでしょう。

アンフィボールクォーツの中にあるファントムやインクルージョン*には、赤いヘマタイト、白いカオリナイト、黄、桃色のリモナイトが含まれていることがあります。赤いヘマタイトは非常に安定性のある石で、負のエネルギーを寄せ付けません。白いカオリナイトは内なる声を聞くための耳を作り、黄、桃色のリモナイトはサイキックアタック*や他者からの精神的影響を退けるので、霊的世界へのジャーニー*に携帯するには最適です。ファントムは魂の輪廻転生を象徴し、あなたを多次元的世界への旅にいざないます。また、昔からの行動パターンを断ち切り、魂の記憶にある古代の英知とつながるのに役立ちます。

環境面では、職場に置いておくのに最適です。場の精妙なエネルギーを最高のレベルまで押し上げ、協調と調和の波動をもたらすからです。3つのアンフィボールクォーツで三角形を作れば、瞑想や創造的な仕事をするのに最適な空間を作ることができます。

ヒーリング効果
肉体レベル以外で最大の効果を発揮します。

使い方
必要に応じて、手に持つか、グリッディングしてください（p.28-31を参照）。もしくは適切な場所に置いてください。

（p.275-279のファントムクォーツ、p.182-183のリモナイトの項も参照）

クォーツ:ブルークォーツ (QUARTZ: Blue quartz)

タンブル　　　母岩上の天然の結晶

色	青
外観	透明感のある青いクォーツ。または斑点もしくは繊条がクォーツに内包されている
希少性	天然のものは希少
産地	世界各地

特性

　喉のチャクラに置くと、ブルークォーツは他者に救いの手をさしのべ、自己の霊性の本質を理解するのに役立ちます。

　霊性面では、この穏やかな石は、変身と変容を経験することを促します。

　精神面では、明晰さと自己抑制をもたらすので、混乱した頭の中を整理するのに役立ちます。心を落ち着かせ、恐れを取り除き、希望の光を灯して創造性をかきたてます。

ヒーリング効果

　喉、免疫系、脾臓、内分泌系、上半身の臓器の働きを支えます。解毒作用があり、憂鬱を癒し、過剰な刺激を抑制します。ルチル入り結晶の場合は、早漏に効くといわれています。

クリスタル図鑑

使い方
必要に応じて、手に持つか、グリッディングしてください（p.28-31を参照）。もしくは適切な場所に置いてください。

（p.121-122のデュモルティエライト、p.318-319のルチル、下記のインディコライトクォーツの項も参照）

追加の形
インディコライトクォーツ（ブルートルマリンを内包したクォーツ）の透明または曇った白いポイントの内部にある青い繊条には、幽体離脱やジャーニー*を刺激する作用があります。

霊性面では、あなたに高次の波動*を経験させながら、人生の概観を示し、今世の魂の計画*を洞察する力を与えます。心理面に関しては、あなたはこれまで過去の痛みから逃れるために復讐を重ねてきたことはないでしょうか。あるいは攻撃は最大の防御とばかりに相手を傷つけたり、逆に自滅するパターンにとらわれてきたことはないでしょうか。もし身に覚えがあれば、この石はあなたをそのようなパターンから解放することで、自分自身と相手を許し、優しくいたわることができるようにします。

情緒面では、感情を素直に表現するのに役立ち、今まで抑えていた感情をいっきに吐き出す機会を与えてくれます。悲しみをやわらげ、慰め、悲哀や喪失感の深い原因とそれがもたらす影響について洞察を与えます。この美しい石は、悲しみを一人で抱え込まないように諭します。また、案内役やヘルパー役をしてくれる多数の精霊にアクセスします。こうした精霊たちは力を合わせて、死の床にある人の魂や、置き去りにされようとしている魂がスムーズに霊界へ移行できるよう助けてくれます。また、肉体は滅びても愛は不滅であることにも気づかせてくれます。

インディコライトクォーツ（天然のポイント）

この石は、いかに理不尽に見えても、死は必ずその魂にとってふさわしいタイミングで訪れるということも教えてくれます。死を迎えるということは、今世の学びを終えた魂が、カルマ*から解脱し、才能を開花させて、故郷へ帰って行くことを意味すると教えます。そして、残された者に寄り添い、慰めを与えてくれます。

負のエネルギーが付着するのを防ぐこの石は、ヒーラーが重宝する石で、不調*をきたしている身体の部位を即座に発見します。調子が悪い箇所やうっ血している部分に置くとすぐに反応します。慢性的なのどの痛み、細胞記憶*、肺系統、免疫系、脳、分泌液のアンバランス、腎臓、膀胱、胸腺、甲状腺、副鼻腔炎、細菌感染、喉、喉頭、肺、食道、目に有効です。また、火傷を癒し、不眠症と寝汗に効果があります。

ラズーライトを伴うブルークォーツは深遠で純粋なエネルギーを引き寄せます。宇宙に調和をもたらし、無限の生命というこの上ない喜びに同調します。瞑想するときや形而上学的能力*を養うのに有効で、神聖な存在との間に強い関係を築き、内在神の存在に気づかせてくれます。周囲をことごとくコントロールしようとする支配魔や中毒症状を生み出す根本原因を知りたい人に有益です。過去世あるいは今世での原因を深いレベルで解決し、確固たる自信を与えてくれるでしょう（p.173のラズーライトの項も参照）。

ラズーライトを伴う
ブルークォーツ（原石）

クォーツ:ブランドバーグ (QUARTZ: Brandenberg)

天然のポイント

色	透明な色、紫、くすんだ茶色、黄
外観	明るく、透明感のあるポイントで、ファントムまたは気泡を内包する
希少性	入手しやすくなっているが、高価になっている
産地	ナミビア

特性

　ブランドバーグは極めて高次の波動*を持ちます。魂の錬金術に威力を発揮するこの石は、あなたの広大な霊的存在や存在の総体*とつながります。純粋な意識のエネルギー場であるホワイトフレイム*と同調して、無限の慈愛を与えるこの石は、魂を深く癒すのに用いたり、許しのワークで用いるのに最適です。

　霊性面では、あらゆるレベルのワークを効果的に補助し、多次元と速やかにつながることができます。内省や、波動の階段を一歩ずつ上って高次に進んでいくのを助けます。宇宙のアンカー*を地球の奥深い部分と銀河の中心につなぐことで、どんな変化が起きても、あなたの核のエネルギー場を強固に保つ働きがあります。客観的な視点を育てるこの石は、普段なら自覚して意識することのできない異次元を旅するときに役立ちます。また、瞑想、退行、

癒しの質を高める脳波を組み合わせて全身に送り込みます。

　クリアークォーツ、スモーキークォーツ、アメジストクォーツの波動が共鳴しあっているため極めて多様性に富むこの石は、持ち主の個性や用途によって効能が大きく異なります。自分に合う石を見つけたと思っても、もう何個か必要になる場合もあります。というのは、アースヒーリング*に適したものもあれば、魂を癒したり、カルマ*を解消するのに適しているものもあるからです。もちろん何にでも効果のあるブランドバーグもありますが、大事なのは共鳴の度合いで、大きさではありません。購入する前に、霊的な次元でブランドバーグと対話してみてください。

　グランドバーグは、サイキックアタック*や宇宙人の侵略を防ぎ、負のエネルギーを退け、明るく有益な光を呼び込みます。特に、暗い場所で魂の回復*や魂の子どもの部分を回復するためのワークを行うときは、暗闇に明かりを灯し、回復した魂を浄化して現在のあなたの魂と統合します。ソーマ、ソウルスターもしくはステラゲートウェイチャクラに置くと、あなたの霊的本質の核心部分と同調し、真の内省と意識の活性化を促します。ハートシードチャクラに置くと、あなたが転生の間の状態*に旅をして、今世の魂の計画*を確認できるよう手助けします。また、意識的な選択が必要となる岐路にさしかかったときは、そのことを教えてくれます。魂が進むべき道を踏み外したときは、元の正しい道に戻る道順を示し、自己の成長により不要になった魂の課題*を解消する方法を教えてくれます。過去世のチャクラに置くと、どの次元で起きたかにかかわらず、過去世のトラウマの記憶や影響を癒します。第三の目に置くと、純粋な生命の根源からの導きにアクセスし、霊視や心霊能力の開発を妨げる要因を排除します。

　ブランドバーグは、あなたの肉体の元になっているエーテル体の青写真*のエネルギーを最高次の波動に戻して存在の総体に同調させることで、青写真を有史以前の最初の完璧な状態に回復する働きがあります。この癒しは即効性があり、精神体、心理体、情緒体、肉体に深く浸透し、すべてのレベルでバランスを回復します。

　高次の心臓のチャクラを浄化し、喉のチャクラを開きます。その結果、あ

なたは無条件の愛と慈愛を感じながら霊的な真理を語り始めるでしょう。高次のチャクラのもつれの原因となった過去世での神秘的儀式による結婚やこれに類する関係を速やかに終わらせます。

肉体面では、エネルギーの状態を完璧に整えることで、病後の回復を促し、再び活力を与えます。

ヒーリング効果

万能の癒し効果があります。病気や疲労困憊からの回復を促し、活力を取り戻します。脳震盪、免疫不全、慢性疲労、大脳辺縁系、多次元的な細胞記憶*の癒しに効果があります。歯痛を抑えます。

使い方

必要に応じて、適切な場所に配置するか手に持ってください。

特殊な色

スモーキーアメジストブランドバーグは、ファントムのインクルージョンもしくは石の色から、明らかにアメジストクォーツとスモーキークォーツが組み合わさったものです。インプラント*、霊の付着*、憑依、他者の思考や意見が及ぼす精神的影響を取り除くには最適の石でしょう。特に死を通じて、意識の変革をもたらす大きな効果があります。

スモーキーアメジスト（天然のポイントの逆セプター）

スモーキーブランドバーグはアースヒーリングに最適です。地球のグリッドを完璧な青写真に戻し、地球のチャクラと経絡*を整え、地球の奥深くに癒しのパワーを送ることで、母なる大地を元気にします。また、あなたの宇宙のアンカーを浄化し、地球と銀河の中心に再接続します。もしあなたがいま、カルマの因縁により、あるいは魂の成長のためや神意に沿うために、肉体的、精神的な不調*やトラウマと闘っているとしたら、この

スモーキー（天然のポイント）

石はあなたが求めている神の恵みとは何なのかについて理解を深めさせます。心穏やかに、喜びを感じながら人生を精一杯生きることを支援し、現在の境遇が魂の進化にとって最もふさわしい環境であることに気づかせてくれます。

心の問題に関することなら**アメジストブランドバーグ**に任せておくと安心です。宇宙の中心に存在する、無条件の愛と神聖なエネルギー場であるバイオレットフレイムの中に導いてくれるからです。この愛に包まれていると心の奥底から癒されるのを感じるでしょう。この石を持つと、過去世での失恋の悲しみやソウルメイトへの義務感から解放され、今世でのツインフレイム*を呼び寄せることができます。あなたの男性性と女性性が結ばれた内なる結婚という形をとることもあれば、現実世界で結婚という形で実を結ぶ場合もあります。結婚相手は完全なあなたとあなたの魂を全身全霊で支えてくれます。

シトリンブランドバーグは啓発された知性のエネルギー場であるゴールデンフレイムと同調する希少で、特別な価値を持つ石です。魂がもたらす豊饒と霊的な喜びに目覚めさせ、強い生命力を持って地球に転生した、啓発された魂として、人生を謳歌する方法を教えてくれます。

クロライトブランドバーグ（緑のインクルージョン）は霊性を浄化するエネルギー場であるビリジアン（青緑色）フレイムと同調しています。魂とエーテル体を浄化し、ライトボディ*が完全に具現化する準備をします。

アメジスト
（天然のポイント）

シトリン
（天然のポイント）

クリスタル図鑑

クォーツ:ブッシュマン・レッド・カスケード・クォーツ
(QUARTZ: Bushman Red Cascade quartz)

天然の形態

色	白地にオレンジがかった赤
外観	小さな赤い結晶が大きいポイントを伝って流れる滝のように見える
希少性	希少。一箇所のみで産出
産地	南アフリカ

特 性

　ブッシュマン・レッド・カスケード・クォーツの色はリモナイトの色です。リモナイトは強力なエネルギーの電荷を生み出し、霊的意志のエネルギー場であるバーミリオンフレイム*と同調しています。バーミリオンフレイム自体は肉体や情

緒に十分蓄積されたエネルギーを利用します。肉体疲労や精神疲労を感じたときはこの石がおすすめです。この活力あふれる、微細な結晶に覆われた石は、たちまちあなたをリフレッシュさせ、エネルギーを充電してくれるでしょう。ただし、使用する際は注意が必要です。クリスタルのエネルギーを吸収するスキルがないと、エネルギーが強すぎて手に負えないからです。感受性の強い人が用いると、躁病的な発作——創造性が喚起された状態ともいえますが——を引き起こす場合がありますので、資格を持ったヒーラーの指示にしたがってください。

　心理面では、創造性を高め、精神面では、知的なスキルと能率をアップさせます。粘り強さを発揮させ、積極的な行動を促し、プログラミング(p.358を参照)すれば、裁判などの法的な争いの場で勝つことができます。

　情緒面では、スモーキークォーツと相性が良く、否定的な感情を浄化し、体に染み付いた無気力な行動パターンや無関心な態度を解消する働きがあります。個人の意志を目覚めさせ、それを高次の自己*に同調させます。進むべき道を示し、魂の成長に拍車をかけます。

　肉体面では、基底と仙骨のチャクラを刺激することで、生殖能力と生きる意欲をかきたてます。

　この石はクリスタルメディスンホイール(p.368-375)の南に置くと効果を発揮します。再生をもたらし、魂の計画*に沿って完全に機能する霊的意志を伴って、魂が心地よく転生するのを支援します。

ヒーリング効果
　活力、元気、血流を支えます。血管と筋肉を強化します。

使い方
　必要に応じて、手に持つか、グリッディングしてください(p.28-31を参照)。もしくは適切な場所に置いてください。

(p.250-251のドルージークォーツ、p.272-273のオレンジリバークォーツの項も参照)

クォーツ:キャンドルクォーツ
(QUARTZ: Candle quartz)

レッド(天然のポイント)

ホワイト(天然のポイント)

色	白、灰色、赤茶色、黄
外観	溶けたロウが結晶を覆っているように見える
希少性	簡単に入手可能
産地	マダガスカル、ブラジル、世界各地

特性

　地球の波動を上げようと努力する人たちや地球全体に光を灯すキャンドルクォーツは、あなたの守護天使を近くに引き寄せます。この石と瞑想すると、魂の目的が明らかになり、人のために奉仕することに人生を捧げるよう導かれます。直感を磨くこの石は、地球全体もしくは個人を啓発するための水晶占い*に用いられます。霊的錬金術に用いられる大きなキャンドルクォーツは、豊かさを引き寄せ、集団で作業する際に役立ちます。というのは、この石には集団のために、あるいは集団を代表して愛を注ぎ、集団の和を作り出す働きがあるからです。また、古代の英知を実践し、トーテムや、シャーマンの守護動物を近くに引き寄せるのにも有効で、クリスタルメディスンホイール(p.368-375)の南、すなわち過去、情緒、心臓を示唆する場所に置かれます。信頼と潔白を取り戻す働きのあるこの石は、自身の内面にある傷ついた子どもの部分を癒し、無

クリスタル図鑑

条件の愛のオーラに包まれて、より完全な状態で転生できるよう、アンセストラルライン*やカルマ*を癒します。

　心理面では、圧迫感や絶望感を退け、日常世界の先を見通す啓発された知性に平穏と自信をもたらします。情緒面では、あなたは決して独りぼっちではないことを教え、内的自己に存在する神聖な愛の核心部分とつながります。情緒的な面での自立心を養いつつ、相互依存の精神も教えます。すなわち、お互い助け合う関係にあるときでも、パートナーに頼って、問題を共有するのが妥当なときと、自分一人の力で解決すべきときがあることを教えてくれるのです。また、あなたが情緒的に自立した行動を取ったときに、パートナーが孤独感を感じないようにその人を支えてくれます。そして、もし必要とあらば、もはやお互いのためにならない二人の関係に慈愛をもって終止符を打つのを支援します。

　肉体面では、自分の肉体に心地よさを感じさせてくれるので、肉体を持った転生になじめない人には有益です。情緒的、精神的なストレスがいかに肉体にダメージを与えるかを教え、心臓を癒します。

ヒーリング効果
　炭水化物と栄養素のエネルギーへの転換と、インシュリンの制御を支えます。第三の目がふさがれたことに起因する頭痛を解消します。

使い方
　必要に応じて、グリッディングするか（p.28-31を参照）、身につけてください。もしくは適切な場所に置いてください。

特殊な色
スモーキーキャンドルクォーツは明晰さをもたらし、自身の内面を見つめ、真我を発見するのを助けます。死と再生を経験するジャーニー*に持参するのに最適で、エネルギーを浄化する作用があります。

ピンクキャンドルクォーツは心臓のチャクラを開くのに有効で、高次の心臓のチャクラと慈愛に満ちた心を活性化します。

レッドキャンドルクォーツは「セレスチャルクォーツ」と呼ばれることもあります（p.242を参照）。

クォーツ:カテドラルクォーツ(QUARTZ: Cathedral quartz)

[別名:ライトブラリー(Lightbrary)、アトランティスストーン(Atlantis Stone)]

スモーキー(天然の形態)　　　　　　　　ホワイト(天然の形態)

色	透明感のある色、白、黄、くすんだ灰色
外観	ポイントがいくつもあるクォーツ
希少性	簡単に入手可能
産地	ブラジル

特性

　アカシックレコード*と古代の英知を含むカテドラルクォーツは地上と天界で起きたすべてのことへのアクセスを可能にするライトライブラリー(Light Library)で、そこには過去世から来世に至るまでのあなたの魂の足跡がしるされています。高次の自己とつながるのに最適で、魂の進化を助長するこの石をリーディングすれば、今世のミッションや魂の目的と課題*を確認することができます。

　霊性面では、すべての世における人生の概観を客観的に見せ、あなたが今世の学びを選択した理由や、目の前の現実を高次の自己と共同で制作した理由を明らかにしてくれます。案内役の精霊や助言者とのコミュニケーションを促進し、カルマ*を解消し、徳を積ませます。この石と波長を合わせると、トラ

ウマになるようなひどい経験の中にさえ神の恵みを発見することができます。危機、試練、魂の変革の旅を通じてあなたを支え続けます。

精神面では宇宙意識との同調を助けます。思考に高次の波動を与え*、啓発された知性を開花させることによって、意識の進化を助長します。また、他のクリスタルの効果を増幅させる作用があり、集団思考の受信機と送信機の役割を果たすことで、集団思考の波動を上げる働きもあります。肉体面では、すぐれた鎮痛作用を発揮します。予防薬としても有効で、細菌やウイルスが体内に侵入してきた兆候が現れたときや、体調不良や情緒的な不調*を感じたときに身につけておくと安心です。

ヒーリング効果

軽い症状には即効性があり、抗ウイルス剤としての働きもあります。また、すぐれた鎮痛作用があります。

使い方

痛みを感じる箇所に置いてください。寝室にグリッディング（p.28-31を参照）するか手に持ってください。

特殊な色のクリスタル

スモーキー・カテドラルクォーツは、魂を深い部分で洗い清めます。負のエネルギーや体に染み付いたパターンを洗い流し、それを光に置き換えます。この光は不愉快な経験が、実は、慈愛、共感、自己愛といった肯定的な感情をはぐくむ糧となることを私たちに教えてくれます。

シトリンカテドラルクォーツは情緒的にも肉体的にも何かが不足している状態、特に過去世から染み付いた貧困意識*の解消に役立ちます。貧困意識の核心に立ち返り、その根底にある信念を捨てさせて明るい展望に置き換え、あなたを光と愛で満たしてくれます。人生を通じて霊的、物質的な豊かさと喜びを素直に表現する方法を教えてくれます。

シトリン
（天然の形態）

クリスタル図鑑

クォーツ:**セレスチャルクォーツ**
(QUARTZ: Celestial quartz)

ホワイト
ヒマラヤ
(天然の形態)

ホワイト
マダガスカル・
キャンドルクォーツ。
別名
セレスチャルクォーツ
(天然のポイント)

色	白、灰色または赤
外観	ひび割れがあり、透明感のある蝕像結晶、または極小の結晶。ポイントはロウが溶けたロウソクのように見える
希少性	希少
産地	マダガスカル、ヒマラヤ山脈

特性

　セレスチャルクォーツは他の石と間違えやすいクリスタルです。白、灰色または赤のマダガスカル産でキャンドルクォーツと呼ばれるものもある一方で、ヒマラヤ産のセレスチャルクォーツは、外見はニルヴァーナクォーツに似ていますが、必ずしも同じ高次の波動*を有しているわけではありません。どちらも異質

242

のエネルギーを有し、様々な方法でエネルギーの変化を促進します。しかし、共通しているのは、カルマ*への執着を断ち切るという点です。それはやがてカルマからの解脱へとつながり、十分なワークを行えば、最終的には魂が完全に解放されて存在の総体*を経験することができるのです。両方ともアカシックレコード*を解読し、転生した魂の目的を明らかにします。その時点で、神々しいエネルギーが日常の世界に伝わり、人々がこのエネルギーを体感して表現することで、深いレベルでのアースヒーリング*が可能になります。

マダガスカル・レッドセレスチャルクォーツ(スモーキー・セレスチャルクォーツ)はホワイトセレスチャルクォーツよりもエネルギーがしっかり大地に根づいています。転生して間もないために、まだ自分の肉体になじめない人々を助けます。肉体をライトボディ*としっかり統合させることで、彼らにとって地球を住みよい環境にします。また、来るべき地球変動がどのような形で起きるのかについての情報を保有しています。地球や環境を癒すのに適した石で、地球の経絡*とクンダリーニ*の再調整と修復を行い、両方にエネルギーを再注入します。クリスタルメディスンホイール(p.368-375を参照)の南に置くと特に有効で、魂が完全な霊的意識を持ったまま、肉体を持って転生するのを支援します。地球の経絡を修復し、地球全体を癒すためにグリッディング*するとすぐれた効果を発揮します。

ヒーリング効果

両方とも肉体よりは魂を癒すのに効果があります。レッドセレスチャルクォーツは身体にバイタリティを与え、細胞組織を整えます。一方、スモーキー・セレスチャルクォーツには解毒作用があります。

使い方

必要に応じて、手に持つか、適切な場所に置いてください。マダガスカルセレスチャルクォーツはヒーリング用のソファのまわりにグリッディング(p.28-31を参照)するか、神聖な空間を確保するために用いると非常に効果があります。

(p.238-239のキャンドルクォーツの項も参照)

クリスタル図鑑

クォーツ:チャイニーズ・クロム・クォーツ
(QUARTZ: Chinese Chromium Quartz)

熱加工処理した形態

色	緑
外観	ポイントと「管」を泡状の細かい結晶が覆っている
希少性	かなり簡単に入手可能
産地	人工のクォーツ

特性

　クォーツをクロムと一緒に表面が融解するまで過熱して作ったのがチャイニーズ・クロム・クォーツです。洞察に満ちた石で、この石と瞑想すると、膵臓の働きが低下した原因を突き止め、精神状態が影響していると思われる糖尿病の原因を明らかにすることができます。これから地球に転生しようとしている魂の中には、人生に喜びを見いだせないでいる魂が多い点を指摘します。心の手足を縛っている制御機構の存在を指摘し、人生にバランスを取り戻し、再び生きる喜びを味わうために何が必要なのかを明らかにします。そ

して、人生に喜びをもたらすものとは何か、それはどのようなかたちであなたの人生に訪れるのかを示します。その一方で、理解力を授け、交友の輪を広げさせ、必要なものはすべて自分の中にあることを教えてくれます。

情緒面では、独立心を養い、中庸を得ることを促すこの石は、幸せは自分の手でつかみ取るものであることを教えます。

肉体面では、昔から膵臓疾患の治療や血糖値を正常値に戻すために用いられてきました。この石に惹かれる人の代謝機能を制御し、免疫力を強化します。体内に水銀の毒性や重金属が過剰に蓄積されている場合は、ホメオパシーと同じ原理で金属を体外に排出します。

ヒーリング効果

重金属の毒性の除去、血糖値のアンバランス、糖尿病、慢性疲労、体重制限、ホルモンの欠乏症に有効です。

使い方

必要に応じて、手に持つか、グリッディングしてください(p.28-31を参照)。もしくは適切な場所に置いてください。膵臓のあたりにテープでとめてください。

クォーツ：チャイニーズ・レッド・クォーツ
(QUARTZ: Chinese Red Quartz)

天然のロングポイント
ブリッジと鋭いポイントが幾つも
付着しており、鍵状の先端を持つ

色	赤
外観	つやのある被膜に覆われた、または内包されたクォーツポイント
希少性	簡単に入手可能
産地	中国

特性

　つやのある天然の被膜に覆われた、または内包*されたチャイニーズ・レッド・クォーツは、個人、家族、集団レベルでの癒しと和解を助長します。霊性面では、この石を用いると、カルマ*を焼き尽くす炎の中に放り込まれてすべてが浄化されたような感覚を覚え、魂が新たなスタートを切る準備が整います。許しを助長し、人類が過去におかした間違いは、人類が相互理解を深め、進化の道をたどるために必要な学びであったことを教えます。人種間の紛争の傷跡を癒し、罪をおかした者たちを許すよう促します。また、魂が一体化した高次の世界では、人種や宗教の違いなどは存在せず、そのような概念を超越した世界が広がっていると指摘します。

　心理面では、どんな状況にも恵みや学びがあることに気づかせ、試練を通

クリスタル図鑑

して得られる有益な教訓を明らかにし、今世の魂の計画*に光を当てます。何か不満や足りないものがあるときは、魂はそれを内的自己の中に作り出すことができることを教えてくれます。チベットブラックスポットと組み合わせて用いると、相違点と折り合いをつけ、心の奥底から平穏を感じることができます。

　情緒面では、深い絶望を乗り越え、生命力と活力を回復させるのに効果があります。忍耐力を養い、欲求不満を解消し、人生に喜びをもたらします。怒り、恨みなどの否定的な感情が病気となって身体に現れた場合、自分を許すよう促すことで、そのような病気——主に関節炎や、皮膚結核などの自己免疫系の不全による疾患——の症状を改善します。また、筋痛性脳脊髄炎からの回復意欲をかきたてます。

　環境面では、地球を癒すために用いられ、海や山を含め、地球のエネルギーを安定させます。ビジネスにも有益で、経済的な安定を高めるのに有効です。

ヒーリング効果

　血液と身体に酸素を送りこみ、エネルギーを強化し、関節炎や自己免疫不全による疾患の腫れや炎症を抑えます。基底と仙骨のチャクラにエネルギーを再充電します。

天然の
ポイント

使い方

　適切な場所に置いてください。

注：ヘマタイトから人工的に作られたチャイニーズ・レッド・クォーツも流通していますが、天然のものほど強い特質はありません。

クリスタル図鑑

クォーツ:ドリームクォーツ (QUARTZ: Dream quartz)

[別名:クォーツに内包されたエピドート(Epidote in Quartz)]

ドリームクォーツ
(原石)

クォーツに内包されたエピドート(原石)

色	緑
外観	黒っぽいすじが入っている。または半透明
希少性	比較的簡単に入手可能
産地	コロンビア(ドリームクォーツ)、ブルガリア、オーストリア、フランス、ロシア、ノルウェー、アメリカ合衆国、南アフリカ(クォーツに内包されたエピドート)

特性

クォーツに内包されたエピドートの形状は2種類あります。母岩*上に黒っぽいすじのように見えるものと、純度の高い波動を持つ淡い緑色のドリームクォーツで、どちらも人によって好き嫌いの差がはっきりと出る石です。

霊性面では、この石と波長が合えば、非常に心が落ち着きます。深い瞑想状態と異次元間の旅の出入り口となるこの石は、明晰夢の中で洞察を与え、夢の回想を助長し、新たな将来設計を描くのに役立ちます。ソーマチャクラもしくは過去世のチャクラに置くと、ジャーニー*の間あなたを守り、トラウマになった経験を洗い流してリフレームします。またエピドートには強力な保護作用があります。

　一方、この石と波長が合わない人は、なぜ好きになれないのか、この石のどこがそんなに嫌なのかを自分に問いただしてみる必要があるかもしれません。もしかしたら、その嫌悪感は心の奥底で凝り固まった信念や、自分の可能性に蓋をしてしまうような行動パターンの存在を示唆している可能性があるからです。ひょっとしたら、今のままでは夢を実現することができないことを暗に示し、もう一度夢を描く前に自分自身に変わらなければならない点があることを知らせてくれているのかもしれないのです。

　心理面では、高次の感情と知性への扉を開きます。元気を回復させ、自分の可能性に蓋をするような愚かなパターンを解消するこの石は、大きな挫折から立ち直る勇気を与え、魂の成長に新たな弾みをつけてくれます。

クォーツに
内包された
エピドートの結晶

ヒーリング効果

　打撲傷、捻挫、痛みによく効きます。結石や痛風の原因である関節にたまった結晶を分解し、臓器内で増えすぎた顆粒球を分解します。

使い方

　必要に応じて、手に持つか、グリッディングしてください（p.28-31を参照）。もしくは適切な場所に置いてください。明晰夢を見るには枕の下に置いてください。

（p.125-126のエピドートの項も参照）

クォーツ:ドルージー (QUARTZ: Drusy)

スモーキー＆
ホワイトドルージークォーツ
（原石）

色	白、オレンジ、青、茶、灰色
外観	母岩上の極小の結晶
希少性	簡単に入手可能
産地	世界各地

特性

　ドルージークォーツは、エネルギーを強化するというクォーツの特性を備えていますが、ほとんどの場合、クォーツよりも穏やかな波動を持つので、クォーツよりも核となるエネルギーを吸収しやすくなります。特にドルージークォーツがダンビュライトやエレスチャルクォーツのような他のクリスタルの表面を覆っている場合は顕著です。しかし、ブッシュマン・カスケードのような赤いドルージークォーツは極めて大きなエネルギーの電荷を帯びているのに対して、スモーキードルージークォーツは穏やかな解毒作用を持ちます。

　霊性面では、人生で経験することをすべて堪能する方法を教えます。霊的な活力と動機を再び与え、自らの可能性に課した制限を取り除くのに役立ちます。調和を生み、平常心を取り戻すには最適の石です。

ヒーリング効果

ホワイトドルージークォーツは歯周病によく効くといわれています。オレンジドルージークォーツは新たな活力を与え、無気力を克服します。

使い方

必要に応じて、手に持つか、グリッディングしてください（p.28-31を参照）。もしくは適切な場所に置いてください。

（p.115のドルージーダンビュライト、p.236-237のブッシュマン・レッド・カスケード・クォーツ、p.351-352のヤンガイトの項も参照）

特殊な色と形

オレンジドルージークォーツは、寝たきりの人や慢性疾患の患者とその介護者に最も適した石です。お互いに助け合うことを助長するこの石は、調和を促進し、介護するほうもされるほうも、お互いに感謝の気持を表わすよう促します。慈愛を深め、苦しいときも笑って暮らせるような力を与えてくれます。ポケットに忍ばせておくと、全身にエネルギーが満ちあふれてきます。基底、仙骨のチャクラを浄化、再調整して活気づけ、クンダリーニ*の流れを刺激します。

ブルードルージークォーツは、霊的な守護を与え、悲しい出来事をきっかけに成長できるよう応援し、あなたが望めば守護霊がいつもそばに寄り添ってくれることを思い出させます。生きる喜びを肌で感じさせてくれる石です。

スファレライト上のドルージークォーツは、孤独感や疎外感を消し去り、神経系統を整え、環境破壊が原因による病気を減らします。スファレライトはチャネリング*で得た情報の中に含まれる真実と嘘を見分け、世間の目にさらされている人々を守ります。ホームシックをやわらげるこの石は、地球が自分の故郷ではないと感じている人にとっては最適です。大地に根を下ろし、しっかり立つことができるようにしてくれるからです。また、前世とは異なる性別で転生した魂が、自分の肉体に早くなじめるよう手助けし、男女のエネルギーのバランスを整えます。

スファレライト上のドルージークォーツ（天然の形態）

クォーツ:エレスチャルクォーツ(QUARTZ: Elestial quartz)

ホワイト
(天然の形態)

色	透明感のある色、くすんだ色、紫水晶、ピンク、黄
外観	いくつものポイントを持ち、幾層にも折り重なった結晶で、ウインドー(平らな面)やファントムを内包することが多い
希少性	簡単に入手可能
産地	ブラジル、世界各地

特性

　エレスチャルクォーツはあなたの魂が歩むべき道を示します。霊性面では、神聖な高次の領域とつながり、形而上学的能力*を開花させます。魂の進化を促す極めて高次の波動*を持つこの石は、ソウルスターと高次の宝冠のチャクラを開き、チャクラを通じて神聖なエネルギーを体内に取り込みます。生活、仕事、恋愛のための神聖な空間を作り出すのに最適で、色の違いによって様々な特徴を持ちます。カルマ*を理解させるためにあなたを他生へ連れて行き、進化の過程を理解させるために内的自己の奥深くへ連れて行きます。宇宙への信頼感を徐々に植え付け、カルマからの解脱を強力に促進することで、魂の本質を癒します。

　心理面では、変化と変容を象徴するこの石には情緒的な変化を促す働きがあります。混乱、閉塞感、恐れを解消し、必要な変化への扉を開いてくれます。その変化はある日突然起こることもあります。肉体面では、対極にあるもののバランスをはかり、肉体改造を行うのに役立ちます。

ヒーリング効果

多次元的に細胞の癒しと再生を支援します。エーテル体の青写真*を描きなおし、薬物やアルコールの乱用によりダメージを受けた脳細胞を修復します。

使い方

必要に応じて、手に持つか、グリッディングしてください（p.28-31を参照）。もしくは適切な場所に置いてください。

追加の色と形

スモーキーエレスチャルクォーツはすぐれた浄化作用と解毒作用を持ちます。環境や体内に溜まった負のエネルギーを除去し、保護作用を持つ生気にあふれた光を送り込みます。アースヒーリング*に極めて有効なこの石は、地球の経絡*に沿ってエネルギーを転送し、地球のエネルギーの出入り口を浄化し、活性化します。また、ジオパシックストレス*や邪気の侵入を阻止し、グリッディング*することによって安全な空間を作ることができます。あるいはグリッディングする代わりに、臍下丹田*にこの石を当てて、エネルギーが個人や集団がいる場を包み込む様子をイメージすることで安全な空間を作ることもできます。

カルマの面では、過去世で負ったトラウマや不調*を今世の肉体から取り出してリフレーム*します。エーテル体の青写真*と精妙体*を癒し、魂がつらい経験の中で得た学びを理解させます。トラウマや心の傷を伝えるアンセストラルライン*を浄化して癒すこの石は、多次元的に細胞記憶*を癒します。この強烈なエネルギーを持った石は、あなたを過去世へいざない、失ったパワーを取り戻し、否定的なカルマを浄化します。そして、過去世であなたを意のままに操ってきた人物の呪縛から解放してくれます。情緒的にはカルマのもつれ*を解き、不要な魔法の儀式を廃止します。

肉体面では、激痛が襲ったあとの身体をリセットし、多次元的に細胞を癒します。大地のチャクラ、基底のチャクラと共鳴し、すべてのチャクラをソウルスターチャクラへつなげる架け橋となってチャクラを流れるエネルギーの流れをスムーズにします。グリッディングしたり、手に持つと、地球を癒し、

スモーキー
（天然の形態）

悪夢を退け、憂鬱を緩和することができます。また、集中力を高め、レントゲン撮影による放射線の影響から身を守る働きもあります。痛みのある箇所に当てると鎮静作用を発揮します。

ホワイトエレスチャルクォーツはステラゲートウェイチャクラを開き、純粋意識のエネルギー場であるホワイトフレイム*と同調しています。波動のエネルギーの質を高めて統合するすぐれた作用があり、物理的世界に霊性をもたらします。地球のエネルギーを清め、先史時代の遺跡などをつなぐ想像上の直線であるレイラインを流れるエネルギーのバランスを整えます。神聖な場所を作るにはグリッディングすると非常に効果的です。

アメジスト
（天然の形態）

アメジストエレスチャルクォーツは高次の宝冠のチャクラを開きます。変性のエネルギー場であるバイオレットフレイムと同調しているこの石は、極めて癒し効果が高く、松果体腺を刺激し、案内役の精霊、ヘルパー、星の生命体とつながる道を開きます。負のエネルギーを蹴散らし、安心と落ち着きを与えます。多次元的に細胞を癒し、脳の働きを統合するのに有効で、麻薬やアルコールの影響を中和し、中毒のパターンと魂の課題*を解消します。除霊や死者の魂を来世に送り出す儀式で非常に役立ち、儀式を行う部屋にグリッディングすると非常に効果的です。

スモーキー
アメジスト
（天然の形態）

ローズエレスチャルクォーツは心臓の癒しにすぐれた効果を発揮し、無条件の愛と慈愛のエネルギー場であるピンクフレイムに同調しています。カルマに起因する傷心の影響を取り除き、心の重荷を降ろして、もう一度人を愛せるようにしてくれます。カルマやカルマの負債、魂の課題、罪悪感や不公平といったものは一切存在しない宇宙の中心へあなたを連れて行き、愛はすべての根源であることを思い出させます。スモーキーエレスチャルと組み合わせると、普遍の愛を大地にしっかり根づかせ、普遍の愛に対する意識を高めることができます。誰かに捨てられたり、拒絶されたりして傷ついた心を癒し、あなたは常に内在神とつながっていることを教えてくれます。

ローズ
（天然の形態）

クリスタル図鑑

クォーツ:ファーデンクォーツ(QUARTZ: Faden quartz)

天然の形態

色	白
外観	透明感のある平らな結晶で、糸状の線がはっきり見える
希少性	簡単に入手可能
産地	世界各地

特 性

　ファーデンクォーツの糸状の線は成長過程で割れたものが再び癒合したものです。そこから、自己を一体化し、断片化した魂の部分*を再統合する力があるといわれています。幽体離脱の際にエーテル体*を肉体につなぎとめるシルバーコード*を象徴するこの石は、ジャーニー*の際にあなたを守ってくれます。ソーマチャクラに置くと、魂を肉体に連れ戻し、宇宙のアンカー*の上半分を活性化します。

　霊性面では、あなたを高次の自己*と結びつけます。過去世退行や、転生の間の状態*を訪れるのに役立ち、魂の学びや不調*の根本原因の概略を見せてくれます。

　心理面では、トラウマと闘っている人に人生を生き抜く強さを与えてくれます。

情緒面では、失われた信頼関係を回復し、自立心を保ちながら、他者との親密な関係を築いていく方法を教えます。個人的な愛と神聖な愛を一体化し、心の奥底から自分を愛するように促します。情緒を安定させ、対極にあるものを調和させるこの石を太陽神経叢に置くと、情緒体に平穏をもたらすことができます。

溝を埋めることで、集団や家族のエネルギーを調和させる働きがあります。特に争いをなくしたい場合や、別離により傷ついた心を癒したい場合に有効です。遠隔ヒーリングの際にはヒーラーと患者のコミュニケーションを促進し、両者の心を結びつける働きがあります。自己治癒と人間的な成長を促し、生体磁気シース*を浄化します。また、チャクラのエネルギーの流れを調和させ、すべてのチャクラを開きますが、とりわけ宝冠と過去世のチャクラを開く作用があります。

環境面では、地球や肉体のエネルギーの流れが不安定な部分にグリッディング*すると、安定を取り戻すことができます。

ヒーリング効果

骨折、袋状の腫瘍、かさぶた、腰痛に有効です。すべてのレベルで安定をもたらし、細胞記憶*と内臓の働きを調節します。

使い方

必要に応じて、グリッディング（p.28-31を参照）するか、適切な場所に置いてください。

クォーツ:フェアリークォーツ(QUARTZ: Fairy quartz)

ホワイト(天然の形態)

色	白または灰色がかった色
外観	不透明なロングポイントを微細な結晶が覆い、隆起した線を作っている
希少性	かなり簡単に入手可能
産地	南アフリカ、メキシコ

特性

フェアリークォーツは妖精の国と、惑星や地球のデーヴァ*とつながりがあります。霊性面では、家族に伝わる神話や、先祖または文化によって継承されてきた物語の真実を解き明かし、必要な場合はリフレーム*します。情緒や肉体の不調*を取り出して、心の痛みをやわらげ、癒しのエネルギーを体内、特に子どもの体内に取り込みます。家庭環境の調和をはかり、悪夢を見た後の子どもの心を落ち着かせます。プログラミング(p.358を参照)すれば、創造性に富むインナーチャイルド*の望みを明らかにすることができます。

ヒーリング効果

細胞組織を解毒し、痛みをやわらげ、めまいを抑える作用があります。

使い方

適切な場所に置くか、手に持つか、グリッディング(p.28-31を参照)してください。もしくはワンドとして用いてください。

(p.300-303のスピリットクォーツ、p.311のフェアリーワンドクォーツの項も参照)

クリスタル図鑑

クォーツ:フェンスタークォーツ(QUARTZ: fenster Quartz)

[別名:ウィンドークォーツ(Window Quartz)]

天然の形態

色	透明感のある白
外観	クォーツの結晶中に窓(フェンスター)がいくつかある
希少性	簡単に入手可能
産地	世界各地

特性

　フェンスタークォーツは癒しの光を伝達するのに有効で、高次の波動*を伴う多次元的なエネルギーワークを効率的に行うことができます。このクリスタルの内部にある窓は別世界へ通じており、透視力や内なる眼を刺激します。

　霊性面では、あなたの魂の働きとその遍歴に光を当てます。初めて転生したときの魂の目的を明らかにしたいときは、魂の知識が蓄えられている次元にアクセスできるよう心の中で念じてください。そして、知識が姿を現すまで

静かに待ち、今世でその知識をどのように利用すればいいかを尋ねてみてください。また、本来の魂の目的に魂の課題*が上塗りされていないかどうかも確かめてください。もしあれば、そのような課題を解消させてください。

　心理面では、機能不全に陥った思考パターンや、自分にはふさわしくない感情を手放すのに有効です。カルマ*の面では、過去世あるいは幼少期に戻って中毒の原因を取り除き、強迫観念や強迫衝動の背後にある抑えがたい欲望を手放すことができるよう支援します。とりわけ、強迫観念や強迫衝動の背景にある精神的、情緒的な要因を調べるのに役立ち、中毒症状にみられる共依存の循環を断ち切るのに有効です。また、中毒患者を助けようとする人に、患者に成り代わってできることは何一つなく、患者の行動をコントロールすることもできないということに気づかせます。

　肉体面では、細胞記憶*のプログラムを書き換えて身体機能が最高の状態に保たれるようにします。筋肉の痙攣を抑えるのにも有効です。

ヒーリング効果

　目に有効で、中毒症状、摂食障害、強迫神経症、チック、トゥーレット症候群の症状改善に有効です。

使い方

　必要に応じて、適切な場所に置くか、グリッディングしてください（p.28-31を参照）。

クォーツ:アイスクォーツ(QUARTZ: Ice quartz)

[別名：グレイシャル・エッチド・クォーツ(Glacial Etched Quartz)]

天然の形態

色	白
外観	割れ目と蝕像のある純白の結晶
希少性	希少
産地	パキスタン

特性

　アイスクォーツは、グレイシャル・エッチド・クォーツとも呼ばれ、外見や手触りはニルヴァーナクォーツに似ていますが、エネルギーの強さでは若干劣ります。最近発見されたエスキモーの冥界の女神セドナとイヌイット族の神話に登場する女神と共鳴しています。伝説によると、その女神は彼女の創造主である父にカヤックから海に投げ込まれたあと、海の生命をつかさとるようになったとされています。

　霊性面では、この平穏な石は、現在の意識のレベルではニルヴァーナクォーツのエネルギーに圧倒される場合、あいだに入ってエネルギーの強さを調節します。アイスクォーツに同調すると、意識をふさいでいるバリアが静かに取り除かれ、意識の目覚めとともに、心が浮き立つような明るい未来をかいま見ることができるようにします。しかし、かといって圧倒されるわけではな

く、新しい環境に適応し、自分のペースで成長していく時間を与えてくれます。絶好のタイミングをはかるアイスクォーツは、なぜ物事が成就しないのを知るには格好の石です。辛抱強く待ち続ければ、必ず神の恵みが得られることを教えてくれます。アイスクォーツを手に持つと、深遠な静寂の中にいざなわれ、内在神と大いなる存在に同調することができます。やがて時期が来れば、あなたも存在の総体の一部になるという天命に気づき、存在の総体のもとへ旅立つための方法にも気づくでしょう。

　カルマ*による情緒的な問題を癒し、被害者意識や迫害の傷痕、あるいは過去世からの感情のもつれを解消するこの石は、カルマによる単調な人間関係の繰り返しから脱皮させます。情緒面では、凍りついた感情を溶かして手放す方法を教えます。情緒的な自立を説くこの石は、幸福を維持できるかどうかはすべて自分次第であることに気づかせ、配偶者や恋人をはじめ、自分の外側にあるものに依存すべきではないと説きます。一人だからといって淋しがる必要はないということと、孤独と孤立の中にも価値があることを教え、内なる自己と一緒にいると安心感を覚えることができるよう導きます。

　心理面では、こうしておけば誰からも傷つけられることはないという安心感を生み出してきた心の制御機構を手放すのに役立ちます。自分流のやり方へのこだわりを捨てるよう促すこの石は、自分自身、他者、世界との新しいかかわり方に目を向けさせ、意識的な選択が必要な世界を体験させます。

ヒーリング効果

　肉体レベルを超えて魂を癒しますが、肩関節周囲炎や関節炎に効果があります。

使い方

　手に持つか、グリッディング(p.28-31を参照)すれば神聖な空間を作ることができます。

注：アイスクォーツをニルヴァーナクォーツ(p.270-271を参照)と組み合わせて、ソウルスターチャクラと高次の宝冠のチャクラに置くと、高次の波動*のエネルギーを穏やかに吸収することができます。

クォーツ:クンダリーニクォーツ (QUARTZ: Kundalini quartz)

天然のポイント

色	緑がかった黄または茶色がかった黄
外観	大きなポイントのまわりに透明感のあるポイントが複数付着している
希少性	最近入手しやすくなっている
産地	コンゴ

特 性 天然の黄水晶であるクンダリーニクォーツは、クンダリーニ*のエネルギーを背骨を伝って基底のチャクラから宝冠のチャクラへ上昇させます。上昇の過程で、クンダリーニのエネルギーはすべてのチャクラを浄化し、高次のチャクラを開いてソウルスターとそれより上のチャクラにつなげます。頭上にかざすと、宇宙の創造主のふところに抱かれて、自分も創造主の一部になったような絶頂感を味わうことができます。そして、その経験は日常の現実世界にしっかり反映されます。タントラセックスに最適なこの石は豊かさを引き寄せ、あらゆるレベルで情熱をかきたてます。

ヒーリング効果 生殖器の障害を取り除き、性的衝動を促します。

使い方 グリッディング(p.28-31を参照)するか、大地、基底、ソウルスターチャクラに置いてください。もしくは、頭上にかざしてください。

クォーツ:レムリアンシード (QUARTZ: Lemurian Seed)

透明感のあるレムリアンシード
(天然のロングポイントで、真ん中に再結晶の痕跡がある)

色	透明感のある色、くすんだ色、ピンク、ミカン色、黄、青
外観	ロングポイントの表面に、水平の細い筋が1面おきに深く刻まれている。つや消し状が多い
希少性	希少
産地	ブラジル、ロシア、チベット、アーカンソー州(アメリカ合衆国)、ザンビア

特性

　ライトワーカー*が用いるとすぐれた効果を発揮し、古代レムリア人の英知を伝えるといわれるレムリアンシードは、地球の波動が大きく変動しようとしている中、地球に無条件の愛を与える神の恵みが宿った石です。ライトワーカーに対しては、他者の進化を助けるだけでなく自分も進化するよう促します。はしごのように長く伸びたポイントを使って内なる次元、多次元にアクセスするこの石は、私たちは多次元的な存在であることを教え、過去世の概略を教えてくれます。肉体を持って転生したことで他の魂と離れ離れになってしまったという幻想を打ち砕き、癒しとは自身の霊的自己を思い出すことにほかならず、時間という概念は、肉体を持って転生したがゆえの幻覚にすぎないことを教えます。さらに、境界線を越えて存在の総体*のもとへ移動する方法を示してくれます。

　天使とコンタクトを取るためにグリッディング*するのに理想的な石で、スターゲートを開き、古代レムリア人の英知を現代に伝えます。霊的な訓練や癒しの力に再び目覚めさせるこの石は、あなたを意識的に過去の知識に再接続させる

クリスタル図鑑

ことができます。過去世療法に用いると、不調*や自滅に至る情緒のパターンが現れる以前の状態にアクセスし、患者が内なる完全な状態を取り戻せるよう支えます。レムリアンワンドには、チャクラのバランスを整えきれいにする作用があり、カルマ*の残骸と魂の課題*を解消します。個々のチャクラを活性化して、高い次元で共鳴*させ、ライトボディ*とチャクラを統合させる働きがあります。肉体と精妙体の間の深いレベルでのコミュニケーションを促進し、波動の変化を肉体に定着させます。

精神面では、人間の思考力には独創性と様々な表現形式が備わっており、自己の信念にしたがって正しい目的に用いれば、思考力は潜在力をフルに発揮することができると教えます。重要な夢見状態にもう一度入りたいときや、明晰さと洞察を得たいとき、あるいは意識的に夢を見たいときや、新たな現実を思い描こうとするときは、枕の下に置いて寝るといいでしょう。

メディスンホイール(p.368-375を参照)やグリッディング(p.28-31を参照)に用いる際にエレスチャルクォーツと一緒に活性化すると、多次元的な癒しの空間が生み出され、現在、過去、未来に通じる強力なエネルギーの扉が開かれます。その扉の向こうに目を向ければ、魂のいかなる進化の段階にもアクセスすることができ、進化の程度をより良い状態へと変化させることができるのです。スモーキーエレスチャルと一緒に用いると、高次の波動*のエネルギーをつなぎとめ、ライトボディのために宇宙のアンカー*を活性化することができます。ハンクサイトとうまく組み合わせると、レムリアンシードの負のエネルギーが浄化され、肯定的な記憶に変換されます(カタルシスを伴う場合があります)。

ヒーリング効果

不調をきたしている部分や不要な部分をレーザー光線のように切り取り、精妙体や肉体に新しいエネルギーの通路を開きます。

使い方

必要に応じて、手に持つか、適切な場所に置いてください。

特殊な色

スモーキーレムリアンはカルマの浄化に有効です。過去のしがらみから解放し、

スモーキー
(ポイント先端が平らになっている)

ピンク
(天然のポイント)

シトリン
(天然のポイント)

クリスタル図鑑

過去世でのパワーの乱用が——被害者もしくは加害者の立場として——いかにしてカルマを生み出したかを正確に理解させます。パワーを賢明に用いるように説くこの石は、完全なる気づきを得て多次元で自分の役目を果たすことのできる魂を生み出します。勇気を持って暗闇に立ち向かい、自分の影*の性質に目を向けることで、光のありがたさがわかることを教えてくれるのです。

シトリンレムリアンは霊的な豊かさをもたらし、過去世において開花させた才能やスキルに自由自在にアクセスし、あなたの現在の環境に役立てようとします。啓発された知性のエネルギー場であるゴールデンフレイム*と同調するこの石は、地球のグリッドのバランスを立て直し、豊饒な地球へのシフトを加速させる方法を教えてくれます。

タンジェリンドリームレムリアンは、カルマと魂のアンバランスを矯正し、エーテル体の青写真*を修正することで、高次の波動を求めるライトボディの要求を満たします。この石は大きな変化をもたらして魂の創造性を刺激するエネルギーのパターンを有しています。

タンジェリン
ドリーム
(天然のポイント)

ピンクレムリアンは、心臓と強く結びついた石で、無条件の愛と慈愛のエネルギー場であるピンクフレイムと同調しています。情緒の残骸やカルマの残骸を心臓のチャクラと情緒体から取り除くことで、より純粋な波動状態をもたらし、普遍の愛を呼び込みます。レムリアやアトランティスの時代から続く情緒のきずなを断ち、その頃に乱用された心臓のエネルギーの痕跡を消し去り、今世では情緒面での自立を促します。ライトボディの心臓のチャクラを活性化します。

ブルーレムリアンはあなたがどんな過去世をたどってきたかを見せ、再び転生した理由を教えてくれます。多次元をジャーニー*して自分の仕事に必要な洞察を得るよう促します。また、この石には負のエネルギーが付着しないため、ヒーラーに最適の石です。診断したり、身体に不調をきたしている箇所を探すのに役立ちます。最も不調をきたしている箇所に当てると鋭く反応して、その不調を解消し、患部に癒しの光を注ぎます。

ブルー
(天然のポイント)

レピドライトマイカを伴うクォーツ (Quartz with Lepidolite Mica)

天然のソウルメイト

色	白と銀色
外観	クォーツの中に鱗状にはがれる薄い結晶がある
希少性	かなり簡単に入手可能
産地	世界各地

特 性 シャーマンが用いるこの石は直感を磨き、直感にしたがって行動する力を高めます。無条件の愛を深め、真の霊性と妄想、幻想と希望的観測の違いをはっきりさせます。マイカを内包したクォーツを身につけると、鍼や指圧に身体のエネルギーが反応しやすくなります。エネルギーの漏れている箇所を見つけて手当てし、チャクラや生体磁気シース*に溜まった負のエネルギーを正のエネルギーに変化させます。また、あなたの一番大きな願いを実現させる方法を教えてくれます。

ヒーリング効果 摂食障害に有効で、運動技能を鍛え、筋肉の衰えを予防します。

使い方 必要に応じて、手に持つか、グリッディングしてください (p.28-31を参照)。もしくは適切な場所に置いてください。

(p.287-288のシャーマンクォーツの項も参照)

クォーツ:ライラッククォーツ(QUARTZ: Lilac QUARTZ)

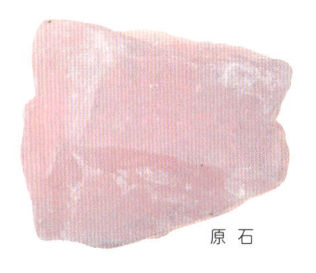

原石

色	薄紫色
外観	不透明から透明感のあるクォーツ
希少性	希少
産地	南アフリカ

特 性

　ローズクォーツが高次のエネルギーに共鳴*してできたライラッククォーツは、形而上学的能力*を刺激して異次元の旅を促し、瞑想の質を最高の状態に高めます。霊性面では、自己の回想と自我の目覚めを象徴するこの石は、意識を有していたすべての次元の回想を可能にし、広大な範囲に及ぶ霊的自己を統合します。心臓から高次の宝冠のチャクラと共鳴し、情緒面で多次元的な深い癒しをもたらします。

ヒーリング効果

　脳波の乱れを正し、細胞を再生する効果があります。

使い方

　必要に応じて、手に持つか、グリッディングしてください(p.28-31を参照)。もしくは適切な場所に置いてください。

クォーツ：モリオンクォーツ (QUARTZ: Morion quartz)

天然の形態

色	黒。表面に白いかさぶた状の付着物を伴う
外観	表面にかさぶた状の付着物を伴うクォーツのポイント
希少性	中ぐらい
産地	ロシア、スペイン、南アフリカ、スイス、中国、ルーマニア、フランス、カザフスタン、ヒマラヤ山脈

特性

モリオンクォーツは自然の放射線を浴びた黒っぽいクォーツで（ただし、放射性はなし）、ドロマイト、パイライト、あるいはフェルドスパーから成るかさぶた状の付着物に覆われていることが多いようです。特に旅や明晰夢のときに用いると、あなたの身の安全を守る盾の役割を果たしてくれます。霊性面では、霊視力を高めることで、二元性と折り合いをつけ、陰と陽、男性性と女性性、大地と空の調和をはかり、非二元性の世界へいざないます。ワンドとして用いると、停滞した負のエネルギーを体外に排出します。その後、かさぶた状の付着物が各々の特性にしたがってエネルギーを再充電します。たとえば、パイライトはエネルギーの盾を作って保護作用を発揮し、前進するために心理的なモチベーションを与えます。ドロマイトは、安心して転生できることを魂に約束します。

心理面では、ストレスの影響を克服します。あなたの影のエネルギー*の探

クリスタル図鑑

求とその発見を後押しします。障害を乗り越え、再び信頼を勝ち得るための勇気を与え、自尊心と内なる自信を支えます。平和に満ちた、グラウンディング*の石であるモリオンクォーツは傷ついた心と失恋の痛みをやさしく癒します。持ち主を安心感で包み込むので、正しい道を平常心で歩んで行くことができます。肉体面では、自己治癒と解毒を助長します。環境面では、母なる大地と強いつながりを持ち、地球を深く癒します。自然の放射線を浴びた地域や原子力発電所、廃棄物処理場、電磁スモッグ*、ラドンなどのエネルギーに対して極めて強い解毒作用があります。海水や河川が放射能で汚染されている場合に有効で、シックハウス症候群にも大変有効です。

ヒーリング効果

　放射線療法の効果を高め、毒性を除去します。骨粗鬆症、骨折、歯痛、背中や足腰の痛みによく効きます。循環、消化、代謝機能を高めます。

使い方

　必要に応じて、手に持つか、適切な場所に置いてください。枕の下に置くと明晰夢に有効です。適切な場所にグリッディング（p.28-31を参照）することもできます。定期的に洗浄してください。

追加の形

ホワイトモリオンはカルサイトとパイライトのかさぶたに覆われた珍しい組成のホワイトクォーツです。この石の高次の波動*は魂の自己変革の旅を促します。天使と高次のヘルパーをあなたの人生に呼び寄せ、非常に深い導きと明晰を与え、自己の魂の記憶をたどるのを助けます。白いモリオンと黒いモリオンのペアはエネルギーのバランスを完璧に保ち、極めて高い波動に包まれた瞑想や癒しの空間を生み出します。

ホワイトモリオン
（天然の形態）

クォーツ:ニルヴァーナクォーツ (QUARTZ: Nirvana quartz)

[別名:ヒマラヤ・グロース・インターフェレンス(Himalayan Growth Interference)]

ホワイト(天然の形態)　　　　　ピンク(天然の形態)

色	白、ピンク、薄紫色
外観	裂け目とぎざぎざがあり、多面体で、透明感のある、氷のような結晶
希少性	希少
産地	ヒマラヤ山脈

特性

　強力な魂の錬金術の石であるニルヴァーナクォーツは、極めて高次の波動*を持ち、純粋な意識のエネルギー場であるホワイトフレイム*と同調しています。ホワイトフレイムは魂の啓発を促進し、ソウルスターチャクラを開き、純粋な意識のエネルギーを大地にしっかりと根づかせます。アセンション*を加速し、肉体と精妙体*への霊的エネルギーの流れを加速してライトボディ*を調整します。

　霊性面では、ニルヴァーナへの到達を促します。ニルヴァーナとは純粋な啓発された知性が、存在の総体に宿る無条件の愛と相まった至福の状態あるいは悟りの境地をいいます。意識と物質、心と体、精神と魂、過去と未来、人間と神の境目に立つニルヴァーナクォーツはまるで神の意識の結晶のように感じられます。内部に深い英知を湛えたこの石は、意識に大きな変革をもたらし、宇宙の存在の一部として、あなたが自分の霊的運命を受け入れるプロセスを加速させま

す。霊的、心理的成長を阻む障害を取り除き、今まで夢にも思わなかったような潜在的可能性に目覚めさせてくれます。ただし、激しいヒーリングクライシス*に襲われる場合があるので、そのときは他の石の助けが必要です。ヒーリングクライシスの瞬間、魂はカルマ*を解脱して、魂の課題*や幻想から解放され、真の目的と同調して、自らのすばらしい可能性に気づくのです。目の前の現実を作り出しているのは自分自身にほかならないことを教えるこの石は、その現実に潜む可能性について私たちの視野を大きく広げてくれます。

　ニルヴァーナクォーツは、ヒーラーとヒーラーが会ったことのない患者との間に立って、エネルギーの橋渡し役をします。この石は、患者の友人や親戚がヒーラーと患者の間に入って行う除霊に特に効果があり、友人や親戚に霊が付着する可能性についてはインフォームドコンセントが義務付けられていないケースの一つであることを告げます。患者の魂が自ら選んで第三者にエンティティ*を付着させることはほとんどないからです。再侵入に備えて生体磁気シース*を封鎖しておくには他のクリスタルが必要になる場合があります。

ヒーリング効果

　肉体レベルを超えて作用し、啓発された知性を開花させます。

使い方

　必要に応じて、手に持つか、適切な場所に置いてください。特にソウルスターチャクラに置くとよいでしょう。グリッディング（p.28-31を参照）するときはアイスクォーツと組み合わせてください。

特殊な色

ピンクニルヴァーナクォーツは神聖な女性性のエネルギーと女神のエネルギーに同調しています。高次の心臓のチャクラを開いて神聖な愛を呼び寄せ、存在の本質は愛であることに気づかせます。

ホワイトもしくはパープルニルヴァーナクォーツは神聖な男性性と同調しています。内なる男性性と女性性を統合し、性別を超えて純粋な魂へと進化していくよう促します。

パープル
（天然の形態）

クォーツ:**オレンジ・リバー・クォーツ**
(QUARTZ: Orange River Quartz)

ツインフレイムまたはソウルメイト

セプター

色	オレンジ、赤、茶色
外観	クォーツの中もしくは表面に色のついた斑点
希少性	希少。一箇所のみで産出される
産地	南アフリカ

特 性:
　オレンジ・リバー・クォーツはヘマタイトを含む輪郭のはっきりした層が幾層にも重なった石で、エネルギーに満ち溢れています。生命のあらゆるレベルに新たな活力を与え、霊的意志のエネルギー場であるバーミリオンフレイム*と同調しています。人生を愉快にさせるこの石は、大地のチャクラを通して地球内部から創造性に富む生命力を引き出し、それをチャクラに沿って上昇させ、基底と仙骨のチャクラの創造性を刺激しながら、宝冠とソウルスターチャクラにつなげます。基

底と仙骨のチャクラにエネルギーを再充電するのに最適な石です。

　霊性面では、魂が目的や動機を見失ったとき、この石はあなたの高次の自己*と再度同調し、自分で敷いた人生のレールを歩み続けることができるよう手助けします。

　心理面では、人生を楽しむことをいつのまにか忘れてしまった場合に、楽しむ力を完全に回復させ、心から楽しんだり、楽しみを人に与えたりすることに目を向けさせます。

　左のページの下のほうの写真はセプタークォーツと呼ばれ、多次元的なヒーリングに用いられ、持ち主にパワーと霊的な権威を与えます。霊的なパワーを取り戻し、維持するのに効果的で、どんなオレンジ・リバー・クォーツも、あなたが加害者、被害者いずれの立場であるにせよ、カルマ*による霊的なパワーの乱用がこれ以上起こらないようにする働きがあります。あなた個人の意志と再びつながり、あなたを導く高次の自己の意志と同調させます。もしあなたが今世または過去世でパワーを放棄してしまったとしたら、それを取り戻し、魂の目的に沿った賢明な利用を促します。

　そしてもう一つタントリックツイン*という形状もあります。あなたに心の準備ができた段階でツインフレイム*を呼び寄せ、お互いを無条件の愛で支え合う関係に発展させます。過去のつらい関係の記憶を徐々に遠ざけ、情緒面で人生に新しいエネルギーを吹き込みます。ソウルメイトに過去世でやり残した学びを続けるよう求めることもあります。

　肉体面では、すぐれた癒し効果を発揮します。経絡*を整え、浄化された新しいエネルギーを蓄えた血液を通して、臓器内のエネルギーの流れを良好にします。

ヒーリング効果

　血液、肝臓、脾臓に有効です。血流を整え、赤血球の力を強め、免疫系と生殖器の働きを刺激します。

使い方

　必要に応じて、手に持つか、グリッディングしてください（p.28-31を参照）。もしくは適切な場所に置いてください。

　（p.236-237のブッシュマン・レッド・カスケード・クォーツの項も参照）

クリスタル図鑑

クォーツ:**オウロベルデ・クォーツ**(QUARTZ: Ouro Verde quartz)

原石

色	オリーブ色から黄緑まで
外観	わずかに滑らかでひびの入った、緑がかったオリーブ色のクォーツ
希少性	簡単に入手可能 (人工的に γ 線を照射)
産地	ブラジル

特性

　浄化や再充電を全く必要としないほど強いエネルギーを持つオウロベルデ・クォーツには強力な保護作用があります。霊性面では、人生の深い意味を教えることで、過去世で得た英知をもとに将来を見通す力を養い、より建設的な選択に導くといわれています。心理面では、あなたの個性や魅力、潜在能力をフルに発揮させます。病気の引き金となる心理的、環境的、情緒的な要因を察知します。

ヒーリング効果

　腫瘍、ヘルペス、アレルギーを癒す効果があります。末梢の循環、レイノー病、アナフィラキシーショックに有効です。放射能やラドンガスから守ります。もし合わなければ天然のスモーキークォーツを用いてください。

使い方

　必要に応じて、手に持つか、グリッディングしてください(p.28-31を参照)。もしくは適切な場所に置いてください。

クォーツ:ファントムクォーツ(QUARTZ: Phantom quartz)

[和名:山入り水晶]

天然の
ダブルターミネーション

色	以下参照
外観	透明感のあるクォーツの中に立体三角形が並んでいる
希少性	ほとんどのファントムクォーツは簡単に入手可能
産地	世界各地

特 性

　魂が歩んできた幾多の世を象徴するファントムは、さらなる霊的な気づきを促進して魂の成長を助けます。多次元、異次元間*の旅へいざない、一枚ずつ皮をはがすようにあなたの魂の本質を明らかにしていきます。カルマ*の面では、アカシックレコード*へのアクセスに有効で、抑圧されていた記憶を呼び戻し、過去に交わした魂の契約をリフレーム*したり、再交渉するのに役立ちます。転生の間の状態*に旅をすることで、今世での魂の計画*を発見し、古くなった魂の課題*を解消するよう促します。あらゆる移行をスムーズにし、次のステップとしてどのような選択肢があるのかを教えてくれます。

　心理面では、あなたの影*の性質とあなたを調和させ、隠れた才能を明らかにします。肉体面では、自然治癒力を活性化します。エーテル体の青写真*の修正を通じて癒しを促進します。環境面では、地球の癒しを促進し、有害な風景パターンを再調整します。

ホワイト
(天然の
ポイント)

アメジスト
(天然の
ポイント)

グリーン
(天然の
ポイント)

ヒーリング効果

以下の特殊な色のクォーツの説明を参照してください。

使い方

必要に応じて、手に持つか、グリッディングしてください（p.28-31を参照）。もしくは適切な場所に置いてください。

特殊な色

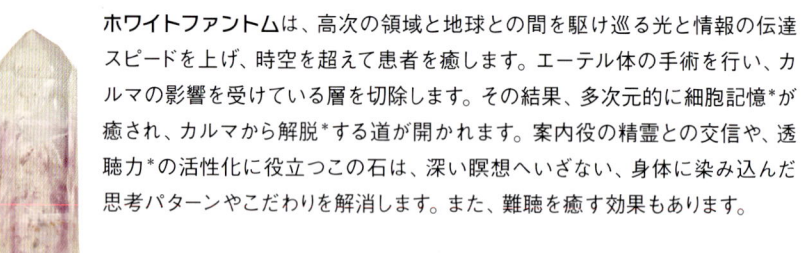

ホワイトファントムは、高次の領域と地球との間を駆け巡る光と情報の伝達スピードを上げ、時空を超えて患者を癒します。エーテル体の手術を行い、カルマの影響を受けている層を切除します。その結果、多次元的に細胞記憶*が癒され、カルマから解脱*する道が開かれます。案内役の精霊との交信や、透聴力*の活性化に役立つこの石は、深い瞑想へいざない、身体に染み込んだ思考パターンやこだわりを解消します。また、難聴を癒す効果もあります。

アメジストファントムは誕生前の状態*と今世の魂の計画にアクセスすることを促し、今世でどのくらい学びを得たか、その進捗度を評価するのを手伝います。多次元的に細胞を癒し、精神医学的な疾患の背後にある不調*について理解するのに役立ちます。

グリーンファントムは、大地、基底、太陽神経叢、心臓、第三の目の各チャクラに働きかけてあなたをグラウンディングさせ、心霊の侵入から守ります。クロライト入りのグリーンファントムは負のエネルギーや毒素を素早く吸収し、体内や環境に溜まった負のエネルギーを根絶します。エネルギーのインプラントの除去を助け、今世または過去世におけるインプラントの発信源にアクセスします。（経験豊かな施術者の指導を受けてください）。大きなクロライトファントムのポイントを下にして水洗トイレのタンクに入れると、家の中のエネルギーが浄化されます。パニック症候群を改善し、躁うつ病を緩和し、自己実現を支援します。他の鉱物から形成されたグリーンファントムの中には健康回復を加速

する大きな癒し効果を持つものもあります。また、天使とのコンタクトを促進し、透聴力によるコミュニケーションを促進するともいわれ、絶望感を癒し、誰かが見守ってくれているという安心感を与えてくれます。

イエローファントムは、知性に同調する石で、知性が記憶と思考パターンを回想して再構成するのを助ける働きがあり、高次の知性へのリンクとしての役割を果たします。インクルージョンはリモナイトで、あらゆる知的活動を刺激します。今世または他生からの霊の付着や精神的な影響*を取り除きます。第三の目、宝冠、過去世、太陽神経叢の各チャクラを一体化して、過去世での経験があなたの情緒、心理にどのような影響を与えてきたか、またなぜ魂がそのような経験を選んだのかについて洞察を与えます。

イエロー
（天然の
ポイント）

カーネリアンを内包したオレンジファントムは、活力を与え、元気を回復させます。太陽神経叢、第三の目、心臓、仙骨のチャクラを活性化して調和をもたらし、創造性を刺激します。一つのことに夢中になりすぎる性格を改めさせ、常に何か新しいものを求めるのではなく、失ったものを回復することに意識を集中させます。淡い色のファントムは高次の自己*とコンタクトを取り、真我に到達するためのジャーニー*を可能にします。いったん真我とのつながりを取り戻せば、そこから得た洞察を日常生活に生かすことができます。

オレンジ
（天然の
ポイント）

リバースド・オレンジファントムは、カーネリアンがクォーツのまわりに融解したときにできたものです。心の仕組みや人生の本当の意味について洞察を与えます。この石を持ち歩くと、長期にわたって生命と活力を維持するのに役立ちます。不調をきたしている部位とその精妙体レベルの原因を的確に指摘し、自分の思い通りに人生を歩んでいくことを可能にします。

リバースド・オレンジ
（天然のポイント）

クリスタル図鑑

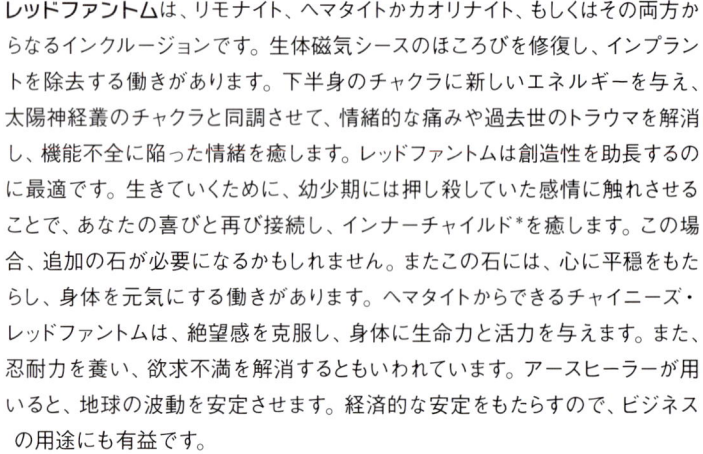

レッドファントムは、リモナイト、ヘマタイトかカオリナイト、もしくはその両方からなるインクルージョンです。生体磁気シースのほころびを修復し、インプラントを除去する働きがあります。下半身のチャクラに新しいエネルギーを与え、太陽神経叢のチャクラと同調させて、情緒的な痛みや過去世のトラウマを解消し、機能不全に陥った情緒を癒します。レッドファントムは創造性を助長するのに最適です。生きていくために、幼少期には押し殺していた感情に触れさせることで、あなたの喜びと再び接続し、インナーチャイルド*を癒します。この場合、追加の石が必要になるかもしれません。またこの石には、心に平穏をもたらし、身体を元気にする働きがあります。ヘマタイトからできるチャイニーズ・レッドファントムは、絶望感を克服し、身体に生命力と活力を与えます。また、忍耐力を養い、欲求不満を解消するともいわれています。アースヒーラーが用いると、地球の波動を安定させます。経済的な安定をもたらすので、ビジネスの用途にも有益です。

ブルーファントムは、人と霊界、地球と霊界とのテレパシーによるコミュニケーションを促進します。多次元への旅、知識の回復、神聖化を助長するこの石は、自分は完全なるものの一部であるという自覚を促し、慈愛と寛容の精神を持って困っている人々に救いの手をさしのべるよう促します。怒りや不安を静めるのに役立ち、喉、内分泌、代謝機能、脾臓、血管の働きを支えます。

スモーキーファントムは、過去世のチャクラを活性化し、トラウマの記憶を回復してリフレーム*するのに役立ちます。エンティティ*を除去する作用があるこの石は、あなたを本来のソウルグループ*に連れ戻し、グループの転生の目的に結びつけます。今世のソウルグループのメンバーを確認して、あなたのもとに引き寄せ、霊的なミッションを完遂するのを助けます。また、経験の持つ意味を世俗的な視点から判断することはできないことを教えます。グループの転生の目的に負のエネルギーが干渉してきた場合は、除去してグループを本来の目的に立ち帰らせます。何かの問題や負のパターンが最初に発生した時点よりも以前にさかのぼり、調和がとれた完璧な状態に再接続します。

ピンクファントムは、平和と自己愛を助長します。友人や恋人同士、あなたと案内役の精霊もしくは高次の自己との間で、共感に満ちたコミュニケーションが交わされるよう支援します。この石は人生をあるがままに受け入れるよう促しますが、必要な場合は、達成感を味わうことができるような変化を自分で起こすようすすめます。2人のヒーラーがお互いに遠く離れた場所で一緒にワークする場合、彼らのテレパシーを刺激し、霊的に保護することで両者を強く結びつけます。拘束、遺棄、裏切り、疎外による心の傷を乗り越えるのに有効です。心臓の働きを支え、皮膚結核、自己免疫疾患からの回復に効果的です。

ピンク
（天然のポイント）

デジライトは、オレンジ、ブラウン、ホワイト、ブルーファントムを伴う白い石で、マスター・ナンバー44と共鳴し、あらゆるレベルでの変容と変質へ導き、万物には神と霊的なものが織り交ざっていることに気づかせます。様々な色を持つファントムはアセンション*するためのはしごの役割を果たします。物質世界と霊的世界の両方を反映していることから、"as above so below"「上かくあらば、下もかくあるべし」を象徴する石と呼ばれ、親指でこすると、深い瞑想状態に入ることができます。グラウンディング*作用が強いこの石は高次の波動*へと徐々に移動していきます。各次元に連続的にアクセスし、最初はアメリカ先住民とレムリア、次に古代エジプトとつながります。天使やアセンディドマスター*のワークに最適で、地球の太古の歴史にさかのぼって過去世にアクセスします。この石と同調する人にとっては大きな癒し効果を持ちますが、ヒーリングのレイアウトに用いてもあまり効果はありません。それよりも単独で使用するかヒーリングセッションの後の波動調整やバランス回復に使用するのに適しています。肉体を超えたレベルで作用し、難聴の大きな原因である古くからの魂のパターンを解消して、細胞を多次元的に癒します。デジライトは様々な色の石がもつエネルギーを組み合わせることで相乗効果を生み出すので、異なる色のファントムクォーツの項もあわせて参照してください。

デジライト
（天然のポイント）

クォーツ:ピンククラックル・クォーツ (QUARTZ: Pink Crackle quartz)

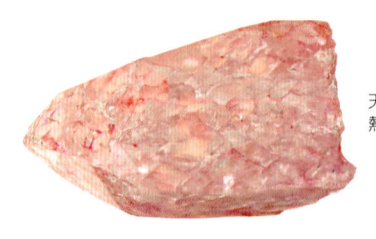

天然のポイントに熱加工したもの

色	ピンク色に染色（次のページも参照）
外観	透明感のあるクォーツの結晶、内部に傷やひびがある
希少性	簡単に入手可能
産地	人工的に加工したクォーツ

特性

　クラックル・クォーツは天然のクォーツを超高温で加熱し、染色したもので、人生を豊かにし、エネルギーを強化する特質があります。人生を謳歌することを促し、特に子どもや、誰の中にもあるインナーチャイルド*にとっては非常に魅力的な石で、様々な色のバリエーションが子どもにとって有益なチャクラを生み出します。

　心理面で、この石が強く主張するのは、あなたは自分自身の感情に責任を持つべきだという考え方です。感情というのは自身の内面から生じるものであり、喜びや幸せは他人が与えくくれるものではなく、自分が選び取るものだということに気づかせてくれるのです。情緒面では、虐待を受けたり、情緒に大きなダメージを負った子どもを癒すのにすぐれた効果を発揮するこの石は、痛みを優しく取り除き、それを愛に置き換えてくれます。太陽神経叢のチャクラを心臓のチャクラと結びつけ、情緒の中心である心臓に無条件の愛を注ぎ込みます。失恋や傷心を癒すこの石は、他人がどう思うかとか、他人の言うことをいちいち気にせず、自分の気持と素直に向き合うようになったと

きにはじめて、情緒面で自立できることを教えます。

肉体面では、身体にエネルギーを再充電する働きがあります。レイキ*治療に用いると有益で、高次の自己*とのコンタクトを促進します。

ヒーリング効果

細胞記憶*、もろくなった骨を支えます。骨折の痛みや不安感をやわらげ、飛行機での移動中に感じる痛みにも効果があります。

ライラック(タンブル)

使い方

必要に応じて、手に持つか、グリッディングしてください(p.28-31を参照)。もしくは適切な場所に置いてください。

特殊な色

ライラッククラックル・クォーツは霊的な成長を支えます。凝り固まった信念を優しく解きほぐし、これまでの態度を改め、霊的な道筋を新たな視点から見つめなおすよう促します。

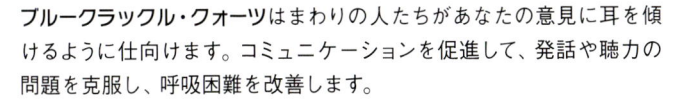

ブルー(タンブル)

ブルークラックル・クォーツはまわりの人たちがあなたの意見に耳を傾けるように仕向けます。コミュニケーションを促進して、発話や聴力の問題を克服し、呼吸困難を改善します。

グリーン(タンブル)

グリーンクラックル・クォーツは、地球にグラウンディングしていない人や、過去世で受けた肉体的な虐待もしくは人間の肉体を持って転生したことに対する嫌悪感が原因で、自分の身体に違和感を持っている人を大地にしっかり根づかせ、気持を落ち着かせる働きがあります。

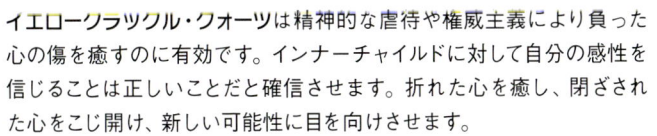

イエロークラックル・クォーツは精神的な虐待や権威主義により負った心の傷を癒すのに有効です。インナーチャイルドに対して自分の感性を信じることは正しいことだと確信させます。折れた心を癒し、閉ざされた心をこじ開け、新しい可能性に目を向けさせます。

イエロー(タンブル)

オレンジまたはレッドクラックル・クォーツは創造性を刺激する作用があり、インナーチャイルドに有益です。

オレンジ(タンブル)

クリスタル図鑑

クォーツ:プラシオライト・クォーツ(QUARTZ: Prasiolite Quartz)

天然

タンブル

色	穏やかな黄緑
外観	半透明から透明感のあるクォーツ
希少性	天然石は希少。ほとんどはアメジストに熱処理をして作ったもの
産地	ブラジル、アメリカ合衆国、スリランカ、マダガスカル、フィンランド、ロシア、ナミビア

特性

　変性の石であるプラシオライトは、地球の波動と高次の領域の波動との架け橋となり、この石を身につけている人の全身全霊にエネルギーをいき渡らせる作用があります。大地のチャクラに置くと、養育と創造のエネルギーを地球から心臓に取り込み、魂に栄養を与えます。宝冠のチャクラに置くと、精霊の最高次の波動を高次の心臓のチャクラに引き寄せます。

　霊性面では、高次の自己*とコンタクトを取るのに役立ちます。瞑想に用いると、高次の自己のエネルギーを具現化して日常生活に投影させ、あなたの魂の目的をグラウンディング*させて、明確にすることができます。自身や他者の内面にある聖なる存在に気づくことができないときは、この石を心臓の上あたりに身につけると効果的です。シャーマンによる上位世界*へのジャーニー*にも役立ちます。存在の総体*と深くつながり、メディスンホイール(p.368-375を参照)の南東に置くと、アンセストラルパターン*を解消し、あ

クリスタル図鑑

なたを先祖の霊や地球の霊と引き合わせてくれます。アンセストラルライン*や過去世のヒーリングに用いると、今世のエーテル体の青写真*を書き直します。意味のあるカルマ*とのかかわりやトラウマに隠れた貴重な学びや恵みについて教えてくれます。

情緒面では、脾臓のエネルギーが枯渇しないよう保護します。自己犠牲や人のために自分をなげうつ行為はエネルギーを大きく消耗させますが、プラシオライトはこうした姿勢を180度転換させます。窮迫している人が無尽蔵のエネルギー源を発見し、母なる大地と父なる宇宙を通して自信を取り戻すことができるよう支えます。また、宇宙のアンカー*を活性化するこの石は、何も言い残すことがなく、地球を去る準備が整った人々に対し、彼らが尊厳と完全なる気づきを得て地球を旅立てるよう助けます。

ヒーリング効果

心を癒すのに有効です。脾臓の働きを助け、血球と消化器系、免疫系に効果があります。

使い方

適切な場所に置くか、所定の位置に並べてください。消耗したエネルギーを補うには脾臓のチャクラ、左のわきの下、もしくは胸骨の下部に置いてください。

追加の石

マリポサイトは緻密な大理石を思わせる明るい緑と白のクォーツで、新しい環境に適応できるよう支援し、より融通性のある人格形成に寄与します。ストレスを軽減してエネルギーを安定させるこの石は疲労回復と不安軽減に役立ちます。職人や自己表現を支援します。（p.286のセリフォスクォーツの項も参照）

マリポサイト（タンブル）

283

クリスタル図鑑

クォーツ:サチャロカ・クォーツ (QUARTZ: Satyaloka quartz)

イエロー・ホワイト
(研磨したもの)

グレー
(研磨したもの)

イエロー
(研磨したもの)

色	透明感のある白または黄色がかった白
外観	半透明または不透明の結晶でインクルージョンがある
希少性	簡単に入手できるが、だんだん高価になっている
産地	インド南部

特性

　サチャロカ・クォーツは純粋な意識のエネルギー場であるホワイトフレイム*と同調しています。極めて高次の波動*を持ち、インドのサチャロカのヒンドゥー教の僧侶により霊性を高められた石です。彼らは神聖な山のエネルギーをすでに含んだこの石に霊的な光を注入してから、地上に送り込んだといわれています。そうすることによって、この真に神聖な石が地球意識に変化をもたらし、地球上に高次の意識を顕現させることで、すべての生命が悟りを開くことを願ったのです。啓発された知性を開花させるこの石は、個人、地球いずれのレベルにおいても波動の変化をもたらして魂全体を深く癒すのに最適です。地球の宝冠のチャクラと共鳴するこの石は、肉体と精妙体*双方の宝冠と高次の宝冠のチャクラを開き、調整します。

　霊的進化を続けるために必要な洞察を瞬時に得ることができますが、最初はこの石を使いこなすのに時間がかかるかもしれません。宝冠のチャクラに置くと地球上での霊的覚醒を促進します。ソーマチャクラに置くとライトボディ*

が活性化され、第三の目のチャクラに置くと霊的ビジョンが授かり、極めて高次の波動へ導かれます。あなたの内的自己と強力な共鳴を起こし、これが魂と肉体をとりもつ境界面を活性化します。この境界面は知性を有し、あなたが進むべき方向性を示してくれます。どの石も持ち主にふさわしい方法で助けてくれます。エネルギーの調節や増幅を行い、異なる魂、多次元、異次元の間をエネルギーが行き交う道筋を作り、持ち主の態度を大きく変化させる作用があります。この石によって森羅万象に宿る神、とりわけ自身に内在する神と再びつながることができるので、魂の旅の途中で孤独感を味わっている人にとってはよき伴侶となり、心の支えとなるでしょう。

ヒーリング効果

他のクリスタルのエネルギーを増幅します。肉体に直接働きかけるのではなく、肉体と精妙体に変性エネルギーを注入し、多次元的に波動調整を行います。

使い方

宝冠のチャクラに当てて瞑想するか、適切な場所に置いてください。

姉妹石

サチャマニ・クォーツはサチャロカ・クォーツの働きを補完します。男性神と女性神のエネルギーを一体化し、悟りを開くのに効果的なこの石は、啓発された知性のエネルギー場であるゴールデンフレイムと同調しています。サチャマニ・クォーツとサチャロカ・クォーツは、ニルヴァーナクォーツとの相性が抜群です。高次の宝冠のチャクラ(特にソウルスターチャクラ)にニルヴァーナクォーツを置き、三角形を作って精妙体のまわりに配置するとすぐれた効果を発揮します。

サチャマニ・クォーツ
(研磨したもの)

クォーツ:**セリフォスクォーツ**
(QUARTZ: Seriphos quartz)

[別名:ヘデンバーガイト(Hedenbergite)]

天然の形態

色	アップルグリーンからオリーブグリーンまで
外観	ブレード状で、葉の模様が表面を覆っている
希少性	希少(ヘデンバーガイトの産出地は一箇所のみ)
産地	ギリシャのセリフォス島

特性　セリフォスクォーツはエーテル体の手術を行います。エーテル体の青写真*の傷口を焼灼して、嚢胞とかさぶたを切除します。大自然とつながるこの石は、繁栄を祈る儀式に最適で、地球での暮らしと自分の肉体に心地よさを感じさせてくれます。あらゆる変遷を促し、対極にあるものを調和させます。愛に満ちた直感力を刺激し、創造性を発揮させるこの石は、精神的な明晰さを刺激し、新たな人生の道筋を示してくれます。癒し効果にすぐれ、心臓とハートシードチャクラを開いて安定させる働きがあります。負のエネルギーの解消とアースヒーリング*にも有効です。

ヒーリング効果　免疫系と内分泌系を支えます。

使い方　必要に応じて、手に持つか、グリッディングしてください(p.28-31を参照)。もしくは適切な場所に置いてください。

クォーツ：シャーマンクォーツ
(QUARTZ: Shaman quartz)

天然の形態

色	白。緑とオレンジがかった茶色の両方またはどちらかの色のインクルージョンを伴う
外観	透明感のある結晶で、内部に層、ファントム、深い割れ目がある
希少性	非常に簡単に入手可能
産地	ブラジル

特性

　シャーマンクォーツはジャーニー*に用いると非常に有効で、トランス状態や幻想世界を体験させ、魂に癒しをもたらします。心象風景を自由に往きかえりすることで、あなたは様々な次元の架け橋となり、時間の概念を超越して多次元を旅することができるようになります。この石には霊的世界とのコミュニケーションを支援する色んな鉱物が含まれています。クロライトシャーマンクォーツは母なる大地と強い関係を持ち、大自然を巡る癒しの旅を促進します。クロライトは自己実現を応援し、過去を浄化します。預言の石であるフルオライトは保護作用が強く、物事の本質を見抜く力を与えます。保護作用のあるルチルは幽体離脱の旅を助長し、カルマ*による身体の不調*の原因を突き止めます。ヘマタイトは負のエネルギーを封じ込め、心と体、精神をしっかり調和させます。

マイカは霊的自己とのつながりを強め、直観力を磨き、物事の本質に迫るのに役立ちます。

　クロライトを豊富に含むシャーマンクォーツはメディスンホイール（p.368-375）の北西に置くと効果的です。北西は習慣、パターン、いつもしている仕事を象徴する場所です。細胞記憶*を消去し、今世のアンセストラルライン*を癒し、あなたと家族の人生が良い方向に変わるきっかけを与えてくれます。生来の行動・思考パターンがいかにして形成され、家系に伝わってきたか、またこれまでの人生を通じてあなたがいかにそのパターンを継承してきたかを目の当たりに見せ、自分自身と家族に慈愛をほどこす方法を授けます。さらに、そのパターンの中に学びや恵みを発見する方法や、子孫がそのパターンから解放されるように今のうちにあなた自身が呪縛から逃れる方法を教えてくれるのです。

　精神面では、ルチルを含むシャーマンクォーツは問題解決に役立ちます。まず、今抱えている問題を頭の中で整理してください。それから、この石をじっと見つめて、解決策を見つけるために霊的世界の旅に連れて行ってくれるよう心の中で念じてください。このとき、クリスタルの反応を確かめるのは目ではなく耳だという点に注意してください。また、反応は少し時間が経ってから、体の外側からシグナルとしてやってくる場合もあるので覚えておいてください。

　環境面では、負のエネルギーと環境汚染物質を吸収することによって、精妙体*や環境に溜まったエネルギーを消去する働きがあります。また、エネルギーのインプラント*を除去し、いずれの世であろうと、その発信源にアクセスします。

ヒーリング効果
　肉体よりも精妙体に働きかけて最良の効果をもたらします。風邪やインフルエンザの初期症状が現れたときに胸腺に当てると抗ウイルス作用を発揮します。

使い方
　必要に応じて、手に持つか、適切な場所に置いてください。

（p.276-277のグリーンファントム（クロライト）クォーツの項、p.318-319のルチルの項、p.266のレピドライトマイカを伴うクォーツの項も参照）

クォーツ:**シフトクリスタル**
(QUARTZ: Shift Crystal)

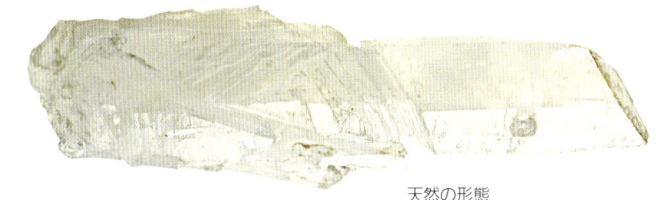

天然の形態

色	白または無色
外観	多面体、ブレード状でくぼみがあり、内部に空間がある
希少性	希少。ニルヴァーナクォーツと混同する可能性あり
産地	ロシア、パキスタン、ブラジル

特性

シフトクリスタルはその名のとおり、あなたを新しい次元へシフト(移行)させ、霊的な成熟を加速させます。ただし、この石がもたらす変化を吸収して自分のものにするには別の石の助けが必要になる場合もあります。霊性面では、これまであなたを束縛してきたものをすべて解き放ち、自由奔放な世界へ連れて行きます。瞑想、自己実現、夢を描くのに最適ですが、シフトクリスタルを用いるからにはこの石がもたらすものは何でも受け入れる準備ができていなくてはなりません。というのは、一度この石に何かを願うと、それを取り戻すことができないからです。しかもその劇的な効果に圧倒される可能性があります。文字どおり瞬間的にあなたを魂の歩むべき道*に移行させ、潜在的な癒しの能力を開花させ、魂の進化のための道を切り開いてくれます。人生にとってもはや不要なものは、触媒作用をもつこの石の影響を受けて徐々に消えてなくなります。

このような非常に大きな変化を受け入れる準備ができたら、この石を持って20分間瞑想し、進むべき道を教えてくれるよう心の中で念じてください。就寝時は枕の下に、日中は椅子の下に置くか、身につけておくといいでしょう。宇宙からのシグナルを受信する態勢を整えておいてください。そしてそのときが来たら適切に反応できるよう準備をしておいてください。

　心理面では、シフトクリスタルが私たちに教えてくれる最も深い教訓の一つが情緒面での自立と個人としての自立です。すなわち、幸せを築くことができるかどうかはすべて私たち自身の手にかかっていることに気づかせてくれるのです。配偶者や恋人を含め、外的な要因に依存すべきではなく、幸せを維持できるかどうかは自分次第だという教訓です。

　肉体面では、レイキ*の癒し効果を増幅する働きがあります。施術者と患者の双方のエネルギーを強化し、セッションで描いた4つのシンボルは、セッションが終わってからも石の中に残ります。また、細胞記憶*のプログラムを書き換えます。

ヒーリング効果

　肉体レベルを超えて作用し、魂を進化させ、多次元的に細胞を癒します。

使い方

　心臓、高次の心臓、第三の目、宝冠、高次の宝冠の各チャクラの上あたりにかざしてください。

注：ブラジル産の「シフトクリスタル」はニルヴァーナクォーツに似たエネルギーを有しています。

クォーツ：シベリアンクォーツ
（QUARTZ: Siberian quartz）

パープル（人工）

色	青、緑、紫、金
外観	明るく、透明感のあるクォーツ
希少性	簡単に入手可能
産地	人工的に作ったクォーツ

特性
ロシアで再生したシベリアンクォーツは天然のクォーツに化学物質を混ぜて鮮明な色を発色させたものです。強力な波動を持ちますが、色の種類や共鳴するチャクラによって効果は異なります。

ヒーリング効果
下記のクォーツ各種を参照してください。

使い方
必要に応じて、身につけるか、手に持つか、グリッディング（p.28-31を参照）するか、適切な場所に置いてください。

特殊な色

パープルシベリアンクォーツは宝冠と高次の宝冠のチャクラに共鳴しています。第三の目と高次の宝冠のチャクラを強烈に刺激し、神秘的な意識状態を喚起します。肉体レベルを超えて作用し、魔術師が用いるこの石は、あなたが望む現実を共に作り上げるのに効果があります。また、儀式的、霊的なワークの間、中庸を得て魂と肉体が大地としっかりつながっている状態を維持します。

ブルー（人工）

ブルーシベリアンクォーツは神秘的な石で、喉、第三の目、宝冠のチャクラをつないで霊的なビジョンを体験させます。また、気分を高揚させ、心に深い安らぎを与えます。精妙体と肉体に宇宙意識*を受け入れる態勢を整えさせます。第三の目に置くと、霊視力とテレパシーを刺激してコミュニケーションを促進します。真実を語りやすくし、まわりの人があなたの意見に耳を傾けるように仕向けます。心理面では、躍動感のある色がストレスと憂鬱を緩和します。肉体面では、喉の感染症、胃潰瘍、炎症、日焼け、肩こりに有効です。

グリーン（人工）

グリーンシベリアンクォーツは心臓のチャクラと高次の心臓のチャクラに共鳴します。強い愛の波動を持ち、心と情緒を癒します。繁栄と豊饒をもたらすこの石は健康、恋愛、金銭に関係することに用いると効果的です。心理面では紛争を調停し、意見が対立している人々の仲をとりもちます。肉体面では、心臓、肺を正常に保つ作用があり、高山病に効きます。

ゴールド（人工）

ゴールドシベリアンクォーツは太陽神経叢に刺激を与え、情緒的な閉塞感を解消し、意志力と創造性溢れる未来像を有益な形で現実化する能力を高めます。知性と情緒を結びつけ、心身症に光を当て、癒しの可能性をもたらします。

クォーツ：**シチュアンクォーツ**
(QUARTZ: Sichuan quartz)

ダブルターミネーションを持つ天然のポイント

色	透明感がある
外観	透明感のあるクォーツで、黒点のインクルージョンが見られることもある。ダブルターミネーションが多い
希少性	簡単に入手可能
産地	中国、ヒマラヤ山脈

特性

シチュアンクォーツはエネルギー的にはハーキマークォーツとチベットクォーツが組み合わさったもので、極めて高次の波動*を持ち、霊と物質を統合します。第三の目と宝冠のチャクラをつないで霊的ビジョンと内なるビジョンを急速に開花させ、知性を啓発します。

霊性面では、純粋意識のエネルギー場であるホワイトフレイム*と同調し、テレパシーと魂同士のコミュニケーションを促進し、チャクラの閉塞を取り除きます。ヒーラーや過去世療法のセラピストがワークに用いると、カルマ*の解消や洞察を得るのに役立ちます。アカシックレコード*にアクセスし、古代中国あるいは仏教の英知に触れる機会を与えます。カルマの癒しの面では、過去世に由来する不調*の原因に光を当て、不調を通じての学びや恵みを浮き彫りにし、不要になった過去世とのつながりを断ち切ります。

情緒面では、依存や共依存関係の背後にあるパターンを解消するのに役立ちます。また、心身症の原因を明らかにします。摂食障害の根底にある心理的なパターンを特定するのに有効で、肉体の元になっている生体磁気シース*やエーテル体の青写真*に深い癒しをもたらします。肉体を深いレベルで癒しますが、場合によっては追加の石の助けが必要になることがあります。

　通常はダブルターミネーションのポイントを持ち、両端からエネルギーの放射と吸収を同時に行います。ダブルターミネーションのクリスタルはすぐれた癒し効果を持つといわれますが、これは、負のエネルギーを吸い取り、悪習を断ち切ることで、中毒を克服する作用があるからです。これまでエネルギーの流れが遮断されていた部分にエネルギーを通して身体全体の働きを調整します。癒しの間、精妙体*を肉体と調和させ、チャクラのラインに沿ってエネルギーのギャップを埋めることで、自己を中庸に保ちます。地球にグラウンディング*したこの深遠な石は、肉体と魂と地球をしっかりつなぐ強力なエネルギーを有し、細胞と境界線を再構築します。

ヒーリング効果

　経絡*を整え、細胞記憶*を刺激します。多次元的な癒しをもたらします。

使い方

　特にチャクラのラインに沿って配置するか、手に持ってください。

注：バージニア州とアーカンソー州で産出されるブラックファントムやスポットクォーツもシチュアンクォーツと似たエネルギーを有しています。(p.224-226のハーキマーの項も参照)

クォーツ：**スモーキーアメジストクォーツ**
(QUARTZ: Smoky Amethyst quartz)

天然の形態

色	紫とくすんだ茶色
外観	ファントムもしくは明瞭な斑点がポイントに内包されていることが多い
希少性	入手困難なときもある
産地	世界各地

特性

　スモーキーアメジストクォーツは魂の癒しと保護に極めて有効な混合石です。最高次の霊的エネルギーとコンタクトを取り、身体に取り込んでグラウンディングさせます。特に第三の目に当てると、エンティティ*、望ましくない影響、付着霊*の除去に効果的です。というのは、アメジストによって魂がいったん霊的な光のもとに送られると、スモーキークォーツが生体磁気シース*を癒してふさぎ、有益な影響力を呼び寄せて魂を守るからです。サイキックアタック*、不適切な祈祷、想念形態*から身を守り、宇宙人の侵略を防ぎます。また、負のエネルギーを退け、肯定的な波動を引き寄せます。

情緒面では、過去世で神秘的儀式により結婚した者同士がいまだに高次の霊的チャクラを通してつながっている場合、案内役の精霊や天使のヘルパーとコンタクトを取ることによって、そのつながりを断ち切るのに役立ちます。

　肉体面では、スモーキーアメジストは深い癒しへと導いて、癒し効果を増幅し、さらにエネルギーの双方向の流れを作り出します。この混合石は様々な症状に効き目があります。

ヒーリング効果

　スモーキークォーツとアメジストクォーツの癒し効果が相乗効果をもたらし、魂や精妙体のレベルに効果的に作用します。内分泌系ホルモンの分泌を支え、代謝、浄化器官や排泄器官、ミネラルの吸収、水分の再吸収と体液の調節、消化管、細菌叢の調整や寄生虫の除去に有効です。免疫系と生殖器の働きを助け、心臓、肺、呼吸器官、胃腸、背中、腰、脚、皮膚、筋肉、神経、神経細胞、細胞障害、聴覚障害に効果があります。性的衝動と集中力を高め、鎮痛作用があり、痙攣、頭痛、打撲、腫れ、火傷、その他のけが、不眠症、悪夢、恐れ、憂鬱、ストレス、ジオパシックストレス*に有効で、レントゲン撮影時の放射線から保護します。

ヒーリング効果

　必要に応じて、グリッディング（p.28-31を参照）するか、手に持つか、適切な場所に置いてください。

注：もし混合石が手に入らない場合は、スモーキークォーツとアメジストクォーツを1個ずつ用いてください。

クォーツ: **スモーキーシトリンクォーツ**
(QUARTZ: Smoky Citrine quartz)

天然のポイント

色	黄と茶色
外観	透明感のある結晶の中に濃い茶色がかった黄色の斑点がある
希少性	希少
産地	世界各地

特性

　形而上学的能力*を高め、それを日常生活にグラウンディング*させるスモーキーシトリン*は、あなたの霊的成長を阻む障害を取り除きます。この石は負のエネルギーを寄せ付けないので、洗浄する必要がありません。禁欲の誓いをリフレーム*し、過去世からの因縁による有害な態度を改めさせます。貧困のぬかるみから脱出できない原因となる信念や想念形態*を消去し、豊かさへの道を開きます。エーテル体の青写真*を清め、大地のチャクラを太陽神経叢のチャクラに同調させ、成長、拡大を阻む状況から抜け出せるよう支援します。

ヒーリング効果

　肉体のレベルを超えて作用し、精妙体*を浄化します。

使い方

　必要に応じて、グリッディング(p.28-31を参照)するか、適切な場所に配置してください。

クォーツ：**スモーキーローズクォーツ**
(QUARTZ: Smoky Rose quartz)

ローズクォーツの
母岩上のスモーキークリスタル

色	ピンクと灰褐色
外観	不透明または透明感のあるピンクのクォーツで、スモーキーのポイントまたはインクルージョンを伴う
希少性	希少
産地	南アフリカ、南米

特性

　心臓と高次の心臓のチャクラを清め、母なる大地と同調するこの穏やかな石は、身のまわりの環境を清潔に保ちます。スモーキーのポイントが周囲の環境や身体から負のエネルギーを吸い取って変質させます。負のエネルギーを跳ね返す盾の役割をするローズクォーツは、身体の内側を純粋な無条件の愛で満たします。祭壇やメディスンホイール（p.368-375を参照）の中心に置くには最適の石です。宇宙のアンカー*を活性化するスモーキーポイントは、あなたのエネルギーを地球の核にしっかり固定します。そしてローズクォーツ

があなたのエネルギーを銀河の中心*と同調させることで、あなたの内核のエネルギーを強固にします。その結果、あなたは地球エネルギーの変動と摂動を無事乗り切ることができるのです。

　神の愛のただ中へジャーニー*するのに役立つスモーキーローズクォーツは、死の恐怖におびえる人のそばに置いておくと恐れを取り除いてくれます。ベッドの横か枕の下に置いておくと効果的です。

　心理面では、恨みを解消することで、虐待で傷ついた心を無条件の愛で癒します。また、完全な癒しが妨げられないよう、盾となってあなたを守ります。

　情緒面では、否定的な感情を溶かし、今世、他生を問わず、傷心を癒してあなたと他者のために無条件の愛を注ぎます。親密な関係を築くことにあなたの目を向けさせ、ソウルメイト*やツインフレイム*と出会える場を提供します。

　肉体面では、心臓の浄化と癒しに最適で、閉塞物を取り除き、血圧を安定させ、血流と臓器へのリンパの流れを改善します。また、すべての臓器を浄化し、エネルギーを補充します。

ヒーリング効果
　心臓と排泄器官の働きを支えます。

使い方
　必要に応じて、手に持つか、グリッディング（p.28-31を参照）するか、適切な場所に置いてください。

注：もし混合石が手に入らない場合は、ローズクォーツとスモーキークォーツを1個ずつ用いてください。

クリスタル図鑑

クォーツ:**スピリットクォーツ**
(QUARTZ: Spirit quartz)

ホワイト
(天然のポイント)

フレイムオーラ
(錬金術をほどこしたポイント)

色	白、黄色がかった茶色、紫、薄紫色または灰褐色。人工的に着色したものもある
外観	ロングポイントの表面を微細な結晶が覆っている
希少性	簡単に入手可能
産地	南アフリカ

特 性

　スピリットクォーツは極めて霊性の高い石で、ベースとなるクォーツのエネルギー特性を高い次元に高めます。まわりの人に元気を与えるこの石は、高次の波動*のエネルギーを放射する一方で、ベース部分は癒しのエネルギーを集中的に発散し、それが多次元へ到達して細胞記憶のプログラムを書き換えます。霊的能力を宿し、形而上学的能力*を高めるこの石は、宝冠と高次の宝冠のチャクラを開き、チャクラ全体を調節して浄化します。

　霊性面では、幽体離脱の旅の促進、アセンションプロセス*の支援、ライトボディ*の活性化、そして霊と細胞の多次元的な癒しに効果を発揮します。また、夢の中で洞察を得ることができるようにし、すべての形而上学的なワー

ク、とりわけ過去をリフレーム*するワークに役立ちます。普遍の愛の波動を持ち、今世のエーテル体の青写真*を手直しします。重要な意味を持つカルマ*の因縁や心的外傷を負うような経験の中にも恵みやカルマの正義があることを指摘し、自分を許すことを促します。二元性を否定するこの石は男性と女性、陰と陽のバランスを完璧に保ち、両者をうまく融合します。異なる脳波の状態間の移行と連携を促し、意識と霊感を高めます。再生を支援し、精妙体を浄化し、刺激する作用があります。

　スピリットクォーツは、人が死ぬと、共に死後の世界を渡り歩いて、その魂を最高の波動状態に導き、魂の里帰りを待つ人たちのもとへ送り届けます。遺族に安心感を与え、魂がどのような状況にあるのかの概略を知るのに役立ちます。メディスンホイール（p.368-375を参照）の南東に置くか、瞑想や退行に用いると、あなたを先祖の霊や地球の霊のもとに案内します。アンセストラルヒーリングを行う際、特に過去をリフレームする場合は、プログラミング（p.358を参照）してください。

　集団志向の強いこの石は、組織の一員となって働いている人が用いると非常に有効です。集団の努力を結集して、生産的な調和をもたらす働きがあるからです。霊的あるいは癒しの集団活動を促すこの石は、地域や家族が抱える問題に洞察を与えてくれるので、この石をプログラミングすれば問題を軽減することができます。スピリットクォーツは他の石を浄化し、ヒーリングレイアウトでそれらの石のエネルギーを強化する作用があります。また、地球のエネルギーを安定させます。

　心理面では、内輪もめを収め、忍耐を養い、強迫行動を抑えるとともにその原因について洞察を与えます。心理面、精神面、情緒面で効果的かつ穏やかに解毒を行います。

ヒーリング効果

　多次元的に癒し、細胞記憶を手直しします。解毒、生殖能力、肌の発疹に有効です。

使い方

必要に応じて、手に持つか適切な場所に置いてください。死の床にある人のベッドのまわりにグリッディング（p.28-31を参照）すれば、死後の世界へスムーズに移行することができます。

特殊な色

アメジスト・スピリットクォーツ（ライラック） は高次の宝冠のチャクラを開いて無限の存在と同調し、過去世での霊的なパワーの乱用を帳消しにします。この慈愛に満ちた石は、現在は地球に転生していない魂への癒しも含めた多次元的な癒しをもたらし、魂に転生を促します。死に直面している魂を支え、末期症状の間も力強く励まし続けることで安らぎを与えます。フラワーエッセンスやジェムエッセンスに最適で、来世に持ち越すと有害なカルマ、態度、感情を穏やかに解消します。魂を呪縛から解放するのに有効な道具で、とらわれの身となった魂が光の方向に向って旅立つように促すと同時に、その旅のガイドを引き寄せます。この石を手に持つと魂を解放するために行かなければならない場所に安全に旅立つことができ、さらに、魂が進化する前にやり残したことがないかどうかも確かめることができます。

アメジスト
（天然のポイント）

アクアオーラ・スピリットクォーツ はクォーツに金を蒸着させて作った石で、魂を深く癒して再統合します。幾多の過去世から魂の断片*を集め、もとのあるべき状態に戻します。一切の束縛を解き、霊的潜在能力が最高の状態で発揮されるよう促します。

シトリンスピリットクォーツ（イエロー） は大地のチャクラから太陽神経叢のチャクラにかけて作用し、あなたがバランスのとれたパワーを維持しながら、人生を歩んでいけるよう支援します。この石を身近に置いておくと、やましい意図を一切無くし、モノへの依存や執着を断ち、真の豊かさを実感することができます。自意識を高め、生体磁気シース*を浄化、

アクアオーラ
（天然のポイント）

洗浄します。ビジネスの面では、目標と計画達成にエネルギーを集中させます。グリッディング*すると、電磁スモッグ*やジオパシックストレスから家を守り、乱れた地球のエネルギーを癒します。紛争解決に役立つほか、あなたに悪事を働いた人に許しを与えるのにも役立ちます。さらに、自分自身や世界の状況に許しが与えられるように願う際にも効果があります。

フレイムオーラ・スピリットクォーツはチタンとニオブをクォーツに被覆加工して作ったもので、イニシエーションにすぐれた効果を発揮します。多次元で大きくエネルギーを変化させ、クンダリーニ*のエネルギーを背骨を伝って精妙体*全体に行渡らせます。石の効果を調節して個々の魂にとって進化に必要なものを提供し、占星術のチャートに描かれているすべての光線と星を調和させる働きがあります。肉体のエネルギーや精妙体レベルから、その人の体調や健康状態を判断するのにも有効です。
　（p.318-319のルチルの項も参照）

シトリン
（天然の
ポイント）

スモーキースピリットクォーツ（グレー）は基底のチャクラを活性化して第三の目のチャクラと同調させ、霊的な洞察を日常生活にグラウンディングさせます。強力な浄化作用と保護作用を持ち、霊的世界と物質世界の統合を支援します。魂を冥界に無事導くサイコポンプ*の役割をするこの石は、精妙体を浄化し、カルマや情緒の残骸を取り除き、細胞記憶のプログラムを書き換えて、確実に恵まれた環境に生まれ変われるようにします。潜在意識を探訪するワークに用いると効果的で、凝り固まった感情や不調*、アンセストラルライン*を通じて伝わってきたものも含め、トラウマの記憶をすべて解消します。ただし、そのようなワークは、カタルシスを引き起こす場合があるので、専門家の指導のもとに行うことをおすすめします。また、原因が何であれ、環境のバランスの崩れを修正したり、環境汚染の原因を浄化する作用があります。

スモーキー
（天然のポイント）

クリスタル図鑑

クォーツ：スター・ホーランダイト・クォーツ
(QUARTZ: Star Hollandite quartz)

天然のポイント

色	白
外観	クォーツのポイントの中に六方向に広がって見える微細なインクルージョンがある
希少性	希少
産地	南アフリカ、世界各地

特性

霊性面では、この石を持つと万物との一体感と究極の静寂を味わうことができます。星の生命体、星座伝説あるいは宇宙の英知とコンタクトを取るスター・ホーランダイトは、古代エジプト文明の起源とその発展に異星人がどのようにかかわったかをその時代にさかのぼって見せてくれます。さらに、古代エジプト文明の頃あなたはどんな立場にいたのかも教え、今世まで残っているカルマ*をすべて解消してくれます。

心理面では、緊張と不安を解きほぐし、合理的な思考をサポートします。肉体や精神に溜まった負のエネルギーを取り除き、穏やかな受容性と内面的

な慎重さを生み出します。この石はあなたの存在の大きさに気づかせ、この宇宙であなたは決して独りぼっちではないことを伝えて安心させます。この石を手に持つと、案内役や補助者としての精霊を招き寄せたり、安寧と助言を求めて色んな星を訪れることができるようになります。

結晶中に星のように見えるのはゲーサイトと呼ばれる鉱物で、地球と星が奏でるメロディーに同調し、地球のエネルギーとのつながりをいっそう深めます。変容の数字である44と共鳴し、透聴力*や形而上学的能力*を高めます。大自然の癒しの力と深く同調し、ダウジング能力を磨きます。デーヴァの王国*や地球の魂とコンタクトを取るこの石を身近に置いておくと、精妙なエネルギーや、地球内部や体内を流れるエネルギーを敏感に感じ取れるようになります。

環境面では、地球の経絡*を微調整し、古代人が感じていたパワースポットを再び活性化します。

ヒーリング効果

肉体を超えた次元で作用する場合がほとんどです。ゲーサイトの項を参照してください。

使い方

手に持つか、グリッディング（p.28-31を参照）するか、適切な場所に置いてください。

（p.142-143のゲーサイトの項も参照）

クォーツ:スターシード・クォーツ
(QUARTZ: Starseed quartz)

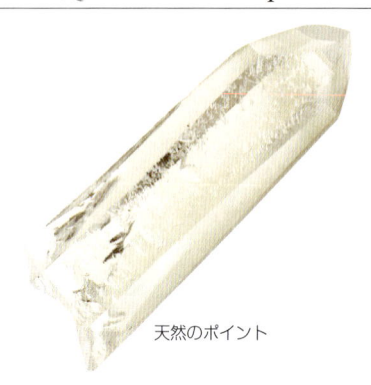

天然のポイント

色	白
外観	1面おきに深い蝕像がある。またはドルージークォーツが1面おきに付着していることもある。
希少性	希少
産地	世界各地

特性

　レムリア、アトランティス、エジプトなどの古代文明の英知や、古代人と異星人とのつながりにアクセスするスターシード・クォーツは、星や異次元とのコミュニケーションに最適です。表面にあるキザキザは星座地図を連想させ、瞑想すると自分の魂がどの星と関係があるのか、地球でのミッションは何なのかを知ることができます。この石はあなたの星のグループとグループ全体の目的に再度同調することで、ホームシックをやわらげます。あなたを隷属状態にとどめているアンセストラルラインのパターン*を解消し、あるがままの自分を貫くことができるようにしてくれます。

霊性面では、慈愛の女神である緑多羅菩薩のエネルギーを持ち、あなたを理想郷シャンバラのような極めて透明度の高い、純粋な状態に導きます。そこに広がっているのはただ「在る」だけの世界です。

　心理面では、人生の岐路にさしかかったときにそのことを知らせ、明らかな間違いにも実は魂の成長の糧が含まれていることに気づかせ、一人の人間としての視点から一個の魂としての視点へ移行させます。蝕像のあるクリスタルすべてに共通することですが、蝕像を解読すると、古代の英知や、魂が今世に生まれてきた目的を再発見することができます。

　カルマ*や肉体の癒しの面では、エーテル体の青写真を支配する青写真*とつながり、それをあなたにとって最適なパターンに再調整します。

　シュガーブレード・クォーツと一緒に用いると、第三の目、ソーマ、ソウルスター、ステラゲートウェイの各チャクラの覚醒と、深層心理の顕在化をもたらし、心と魂を一体化します。また、過去世で封印されていた形而上学的能力*を回復させる働きがあります。

ヒーリング効果

　肉体を超えた次元で作用します。エーテルの青写真を汚れのない本来の青写真に再び同調させることで、健全な肉体を養います。

使い方

　必要に応じて、手に持つか、グリッディング（p.28-31を参照）するか、適切な場所に置いてください。

注：スターシード・クォーツをシュガーブレード・クォーツと組み合わせて用いると最大の効果が得られます。

クォーツ:**ストロベリークォーツ**
(QUARTZ: Strawberry Quartz)

原 石

タンブル

色	ピンク
外観	透明感のあるものから不透明なものまで。内部にインクルージョンが見られるものもある
希少性	希少（人工的に作られるものもある）
産地	ロシア

特 性

　この瞬間を味わい、人生を謳歌することを促すストロベリークォーツは、どのような状況でもユーモアを絶やさずに生きて行く方法を授け、あなたのすべての行いに神の愛を注いでくれます。天然のストロベリークォーツのジェムエッセンスには愛情をはぐくむ強力な作用があります。エッセンスをスプレーしたり、室内にグリッディング*すると、調和のとれた、愛に満たされた空間が生まれ、どこにいてもあなたは愛で包まれます。

　霊性面では、洞察に富むこの石と瞑想すると、あなたが現在の境遇を選んで生まれてきた理由と、それに付随するカルマ*の学びを選んだ理由を知ることができます。心理面では、自らに課した制約を緩め、間違った信念のプ

ログラムを書き換えるのに有効で、前向きな考えを呼び込むのに効果があります。この石の非常に強いエネルギーは夢の回想と夢が伝えるメッセージを理解するのに役立ちます。肉体と精妙体*の結びつきを安定させ、現在の境遇に至った原因、とりわけ自分で作り出した原因に光を当てます。自尊心を高め、不安をやわらげ、平静さを取り戻すのに有効です。

精神面では、明晰な思考を促進することで、心の動揺を抑え、物事を客観的に見ることができるようにします。

情緒面では、人生に喜びと幸せをもたらし、他者に頼らずとも前向きに生きていく方法を教えてくれます。異性との交友関係の中で生じた緊張を緩和し、恋愛関係への発展を助長します。

肉体面では、神の愛を細胞の隅々まで行渡らせることで細胞のバランスを保ち、幸福感を与えてくれます。

使い方

必要に応じて、手に持つか、グリッディング（p.28-31を参照）するか、適切な場所に置いてください。

注： ストロベリークォーツは人工的に作られる場合もあります。その場合、天然のものに比べ、多少作用は弱くなりますが、このクリスタル本来の効果が完全に失われるわけではありません。

クォーツ:シュガーブレード・クォーツ
(QUARTZ: Sugar Blade quartz)

原石

色	白
外観	ドルージークォーツの側面にできたロングブレード
希少性	希少
産地	南アフリカ

特性

　ソーマチャクラ、ソウルスターチャクラ、そして高次の自己*と特に強く共鳴するシュガーブレード・クォーツは、あなたの霊的独自性が持つ並はずれた寛容さと同調し、それを物理的な世界に反映させます。

　霊性面では、このロングブレードには存在の総体*の生命力が宿り、自己を多次元的に映し出すホログラムが内蔵されています。高次の自己と無限の存在につながるこの石は、人生で進むべき道を選択する際に助けとなり、未来へ向かうにはどの扉を開けばいいのか、過去と決別するにはどの扉を閉じればいいのかを教えてくれます。

　地球外生命体とのコンタクトに用いると、彼らと心の中でコミュニケーションをとることで、宇宙の隣人である彼らの教えに触れることができます。自分がどの星の出身かを知るには、ソーマチャクラかステラゲートウェイチャクラ

の上に置いてください。故郷の星へのジャーニー*を助け、そこで発見したものをしっかり顕在意識にインプットして戻ってくることができます。

スターシード・クォーツと用いると、第三の目とソーマチャクラを開き、深層心理を顕在化させ、心と魂を一体化させることができます。過去世で封印されていた形而上学的能力*を完全に回復し、透聴力*と霊視力を開花させます。

心理面では、地球が自分の故郷の星には思えない人や境界線があいまいな人に有効です。この石はライトボディ*を肉体にグラウンディング*させることで、肉体を持った転生に心地よさをもたらし、守られているという安心感を与えてくれるからです。

ヒーリング効果

肉体レベルを超えて、ライトボディを癒します。

使い方

適切な場所に置くか、手で持ってください。適切な場所にグリッディングすると、宇宙船の着陸を促すといわれています。

追加の石
メキシコ産のフェアリーワンド・クォーツはスピリットクォーツに似て、妖精の住む世界と強いつながりを持ち、次元*内の移動を容易にします。ここで紹介するクォーツの逆セプターは癒しのエネルギーを伝達し、そのエネルギーを洗浄してからヒーラーに返します。セプター・フェアリーワンド・クォーツは幻想にとらわれた心を解放し、平穏をもたらします。レベルの高いイニシエーションに到達した人が注意して用いれば、不完全なもしくは一度失敗したイニシエーションを癒すことができます。個々の経験の中にある学びを感じ取るのを助け、ソウルグループ*を呼び寄せてその任務を遂行させます。(p.257のフェアリークォーツの項も参照)

フェアリーワンド・
クォーツ
(逆セプター)

クリスタル図鑑

クォーツ：**タンジンオーラ・クォーツ**
(QUARTZ:Tanzine Aura quartz)

天然のポイント

色	青みのある薄紫色（下記も参照）
外観	光沢のある被膜に覆われたクォーツのポイント
希少性	だんだん入手しやすくなっている
産地	クォーツに人為的加工を施したもの

特性

　錬金術により純金とインジウムをクリスタルに融合させて作ったタンジンオーラ・クォーツは多次元的にエネルギーのバランスを整え、霊的世界とのつながりを深めます。変性のエネルギー場であるバイオレットフレイムと同調し、ソウルスターチャクラと最高次の宝冠のチャクラを開いて調整し、宇宙のエネルギーを身体と地球に取り込みます。あなたを「無心」の状態へいざない、官能的な喜びに目覚めさせます。

　情緒面では、魂に深い安らぎをもたらします。感情的な閉塞感を取り去った後は、無条件の愛を注ぎ、大きなソウルグループ*への帰属意識を高めます。同じソウルグループ*の仲間は、人生の試練を通して学びが得られるようお互い助け合います。魂は学びや教訓の種類によって、転生する前にグループ分けされているのです。また、この石は下垂体、視床下部、松果体の働きを制御し、身体機能のバランスを整えます。インジウムはミネラル分の吸収を助け、代謝

クリスタル図鑑

とホルモンバランスを最適に保つので、心身共に健康を維持するのに役立ちます。抗発ガン作用があるともいわれ、甲状腺の働きを再び活発にします。

ヒーリング効果

　代謝、片頭痛、ミネラル分の吸収、不眠症、注意欠陥多動性障害（ADHD）、免疫系、肺炎、病後の回復、憂鬱、炎症、甲状腺線維筋痛、皮膚結核、糖尿病、視力、緑内障、尿路、血圧、循環、膵臓、脾臓、肝臓に有効です。

アップルオーラ・クォーツ（天然のポイント）

使い方

　常に喉のあたりに身につけておいてください。また、手に持つか、グリッディング（p.28-31を参照）するか、適切な場所に置いてください。

特殊なオーラ・クォーツ

アップルオーラ・クォーツはクォーツにニッケルを蒸着させたもので、胸骨下部にあたるように身につけるか、脾臓のチャクラの上にテープで貼りつけておくと脾臓を保護します。多次元的エネルギーの漏れを止め、サイキックバンパイアリズム*を跳ね返します。肉体的には離れているにもかかわらず、精神的、情緒的に強い影響力を保持している過去世の配偶者やメンターとのきずなを断ち切ることができます。

フレイムオーラ・クォーツ（天然のポイント）

フレイムオーラ・クォーツはクォーツにチタニウム（ルチル）とニオブを蒸着させたもので、イニシエーションに強力な作用を発揮します。多次元的エネルギーの変動をもたらし、クンダリーニ*のエネルギーを背骨から精妙体*全体に引き上げ、クンダリーニの効果を調整して個々の魂が進化するために必要なものを提供します。占星術のチャート上の惑星を調和させるこの石は、エネルギーや精妙体のレベルで人の心を読み取るのに有効です。

クォーツにプラチナを蒸着させた**オパールオーラ・クォーツ**は、神と宇宙意識*との一体化を促進します。希望と楽観主義の象徴であるオパール

オパールオーラ・クォーツ（天然のポイント）

313

オーラ・クォーツは喜びのクリスタルです。すべてのチャクラの浄化とバランス調整を行い、深い瞑想意識を目覚めさせます。ライトボディ*を物理的な世界に統合することで、新しい波動をグラウンディング*させます。

ローズオーラ・クォーツは、クォーツにプラチナを蒸着させて作ったものです。普遍の愛と強力に結びつき、松果体と心臓のチャクラに作用するダイナミックなエネルギーを生み出します。自分には存在価値がないという思い込みを払拭し、無条件の愛を与えます。全身に愛を染み込ませ、細胞のバランスを完全に回復し、基底、仙骨、心臓、第三の目の各チャクラをつないで心に情熱の炎をともします。

ローズオーラ・クォーツ（天然のポイント）

タンジェリン・サンオーラ・クォーツは、クォーツに鉄と純金を蒸着させたもので、これまで閉じていた第三の目を、正六面体で開きます。心霊的なトラウマを経験した後に第三の目とソーマチャクラを癒します。霊的世界の探求を精一杯支援し、高次の霊的エネルギーと結びつくことによって、視覚化と深い理解を促進します。また、霊的ビジョンをグラウンディングさせ、日常生活に顕在化させる作用もあります。

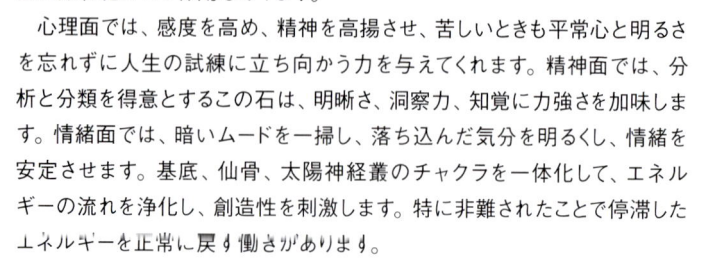

　心理面では、感度を高め、精神を高揚させ、苦しいときも平常心と明るさを忘れずに人生の試練に立ち向かう力を与えてくれます。精神面では、分析と分類を得意とするこの石は、明晰さ、洞察力、知覚に力強さを加味します。情緒面では、暗いムードを一掃し、落ち込んだ気分を明るくし、情緒を安定させます。基底、仙骨、太陽神経叢のチャクラを一体化して、エネルギーの流れを浄化し、創造性を刺激します。特に非難されたことで停滞したエネルギーを正常に戻す働きがあります。

　肉体面では、肉体と精妙体に豊かなエネルギーをもたらし、両者のつながりに安定感を与えます。浸透力が極めて強いこの石は、細胞の隅々にまで働きかけ、細胞機能に活力を取り戻し、心身を鍛え、性的能力を高めます。血液、肝臓、脾臓に酸素を供給して働きを支え、貧血を癒します。

タンジェリン・サンオーラ・クォーツ（タンブル）

クォーツ:ベラクルスアメジスト
(QUARTZ:Vera Cruz Amethyst)

コンパニオンの
天然のポイント

色	非常に明るいラベンダー色
外観	明るくて透明感があり、ファントムを内包することもある
希少性	希少
産地	メキシコ

特性

　エーテルを含んだベラクルスアメジストは極めて高次の波動*を持ち、変性のエネルギー場であるバイオレットフレイムと同調しています。エーテル体の青写真*と精妙なDNA*に働きかけ、各次元で細胞を深く癒します。霊的次元での浄化に効果を発揮し、あらゆる心の傷や付着霊を取り除きます。保護作用が強く、安全な幽体離脱や霊界へのジャーニー*を促進します。

　霊性面では、このタイプのアメジストは瞬時に脳をα波とθ波優位の状態にもっていき、瞑想、トランス状態、予言・予知能力の習得を促します。ソーマチャクラもしくは第三の目のチャクラに当てると、夢の中に新しい世界が広がります。シャーマンが高度なレベルのワークを行うときに力を発揮するこの石

をソウルスターチャクラに置くと、いろんな魂が出会って融合する波動領域にアクセスすることができます。すべてのチャクラを活性化し、浄化する作用がありますが、特に第三の目と宝冠、高次の宝冠のチャクラに強く働きかけます。さらに、ソウルスターチャクラを通じてすべてのチャクラをライトボディ*に同調させます。

　心理面では、中毒の原因を解明し、リフレーム*するのに役立ちます。特に精妙体*内部にある、もしくは過去世に起因する霊的な強迫観念に効果的に対処します。中毒症状にみられる共依存のサイクルを断ち切るのにも有効です。中毒患者の世話をする人に、患者に代わって何かをしたり、患者の行動をコントロールすることはできないことに気づかせます。世話をする人が、患者の魂が正しい道を歩んでいくよう遠くからそっと見守りながら、無条件の愛を注ぐことができるよう支援します。常に自分が誰かに必要とされていたいとか、逆にいつも誰かに世話をしてもらいたいと思う気持は、共依存を生み出す原動力で、カルマ*に起因しています。ベラクルスアメジストはこうした共依存を断ち切るのに役立ちます。中毒あるいは何かに熱中するということは、神とのコミュニケーションがもたらす霊的な一体感と融合を探し求めることであると教えます。飲酒、麻薬などに依存するのではなく、もっと建設的な方法で自己の成長をはかるよう中毒患者に促し、魂が神から授かった能力をフルに発揮できるよう助けます。

ヒーリング効果

　肉体のレベルを超えて作用し、ライトボディを癒します。細胞を深く癒し、中毒症状の克服に有効です。

使い方

　必要に応じて、手に持つか、グリッディング（p.28-31を参照）するか、適切な場所に置いてください。

フェナサイトを伴うレッドフェルドスパー
(Red Feldspar with Phenacite)

原 石

色	赤と白
外観	不透明で、透明感のあるインクルージョンと結晶を伴う
希少性	珍しい混合石
産地	マダガスカル、ロシア、ジンバブエ、アメリカ合衆国、ブラジル

特 性　フェナサイトを伴うレッドフェルドスパーは「気合を入れる」のに適した石で物事を順調に運びます。また、霊的進化をあまり深刻にとらえすぎないように伝えます。自意識を高め、無条件の愛を注ぐ力を強めるこの石は、あなたにとっての現実を変え、霊的洞察を日常生活にしっかり根づかせ、肉体を通じて表現できるよう支援します。アセンディドマスター*とアカシックレコード*にアクセスし、夢の仕事──潜在内容を顕在内容に変える過程──では、夢が暗示する深い意味を追究して、あなたにとって実りある結果をもたらします。心理面では、過去との決別と、身体に染み付いたパターンの解消を促すことで、細胞記憶*のプログラムを書き換えて、よりダイナミックな人生への道を切り開きます。

ヒーリング効果　エーテルの青写真*と細胞記憶のパターンを書き換えるのに役立ちます。皮膚や筋肉のトラブル解消に効果があります。

使い方　第三の目に当てるか、グリッディング（p.28-31を参照）するか、置いてください。

ルチル (Rutile)

[別名:チタニウム (Titanium)]

クォーツに内包されたルチル。中央にルチルの結晶を伴う

色	赤みがかった橙褐色
外観	金属質の結晶体で、細長い針状結晶が内包されていることが多い
希少性	簡単に入手可能
産地	アフリカ、オーストラリア

特性

ルチルはそれ自体が内包されているクリスタルにエーテルの波動を与えます。神と同調することで、幽体離脱のジャーニー*と天使とのコンタクトの機会を増やします。しかし、魂の成長を加速するときは天使のような軽やかさは感じられません。何か問題が起きたときはすぐに核心に切り込んであなたに善処を求めます。

霊性面では、直感を微調整して霊的成長の途上にある落とし穴に気づかせ、最も生産的な選択に光を当てます。クォーツに内包されたルチル(天使の髪)は、高次の波動*をライトボディ*に統合します。

心理面では、心身の不調*を癒し、問題の根本原因を突き止めます。慢性疾患の原因をカルマ*の視点から指摘し、細胞記憶*のプログラムを書き換えます。仙骨のチャクラか臍下丹田*に当てると過去世に起因する性的な問題を防止することができます。さらに、そのような問題が起きた理由を自覚させ、リフレーム*して、解消させます（資格を持ったセラピストの指導を受ければスムーズにいきます）。

情緒面では、貞節を尽くすよう促し、高次のチャクラのつながりをグラウンディング*させることによって、あらゆる人間関係に安定感をもたらします。

環境面では、地球のグリッドを安定させ、細胞記憶*を修復するこの石は、地球のソングライン（アボリジニ文化に伝わる地球を縦横に走る磁力エネルギーの座標軸）に沿ってエネルギーを放射するので、グリッディング*すれば地球を癒すのに効果的です。宇宙のアンカー*の地球につながる部分を強力に活性化し、あなたを地球の核と銀河の中心*を結ぶ線上に配置して、あなたが高波動のエネルギーを体内に取り込んでそれを地球に伝えることを可能にします。クォーツに内包されている場合は宇宙のアンカーの銀河につながる部分も開きます。

浄化作用の強いルチルには生体磁気シース*を保護して、浄化し、肉体とのバランスを保つ働きがあります。

ヒーリング効果

乳汁分泌、細胞記憶、血管の弾力性、細胞の再生、気管支炎、早漏、インポテンツ、不感症、無オルガズム症に効果があります。

使い方

必要に応じて、手に持つか、グリッディング（p.28-31を参照）するか、適切な場所に置いてください。性的な癒しに用いるときは、へその下に手の大きさぐらいの範囲でこの石を当ててください。大地のチャクラに置くと、宇宙のアンカーを活性化します。

スキャポライト (Scapolite)

ブルー(成形されたもの)

色	青、灰色、黄、紫、すみれ色
外観	つやがあり、縞のある不透明または半透明の結晶
希少性	色によっては希少なものもある
産地	マダガスカル、アメリカ合衆国、ノルウェー、イタリア、メキシコ

特性

スキャポライトは自制の石で、独立心を養い、願望的思考ではなく、客観的に見て達成可能な目標設定を促します。惰性や自虐的行為を克服するこの石は、自己変革を促し、今何が必要とされているのかを理解する明晰さを与えます。

心理面では、人の身代わりになる行為を一切排除し、人生を台無しにするような外部からの影響をすべてブロックします。この石を通して、自身の内面に存在する人生の妨害者や身代わりに語りかけ、それがあなたの人生でどんな役割を演じているのかを確認することができます。妨害者や身代わりは、大抵はもう不要になったものですが、今世の寿命が尽きるまでの間、あなたを支援するようこの石が調整をはかってくれます。スキャポライトはこのようにしてあなたを霊的な惰性から抜け出させ、ダイナミックな行動に駆り立てます。

精神面では、意識の変化をもたらすのに有効です。左脳を有効に使えるよ

クリスタル図鑑

うにし、分析力を高めます。失読症の人が携帯すると非常に効果的です。情緒面では、自分を責める気持をなくさせます。情緒的青写真*を書き換え、過去の情緒的トラウマの影響を解消します。

肉体面では、閉塞を除去する作用があるこの石は、脚や血管に停滞したエネルギーの流れを正常に戻します。

ヒーリング効果

手術後の回復を支え、細胞記憶*を刺激し、カルシウムの吸収を促します。静脈瘤を緩和し、白内障、緑内障にも効果があるといわれています。骨の異常、肩、落ち着きのない眼、失禁にも有効です。

使い方

必要に応じて、手に持つか、適切な場所に置いてください。

特殊な色

ブルースキャポライトは極めて鎮静作用の強い石で、混乱を押しのけて自己の内面深くに到達し、今世もしくは他生で起きた問題の発生源を見つけ出すのに役立ちます。

パープルスキャポライトは極めて高次の波動*を持ち、魂が一体化した状態へあなたを連れ戻します。その状態に至ると疎外、身代わり、妨害といった魂の記憶が完全に消去されます。そして、今のあなたの人生を妨害しているかもしれない過去世のパターンや内なる声を消去します。この力強い石はぬかるみからあなたの意識を救い出し、進化を助けます。

パープル
(原石)

イエロースキャポライトは精神的な妨害物や対人操作、および潜在能力の発揮を阻む「いくらがんばっても私には無理だ」というマイナス思考を排除し、客観的な視点からの意思決定を可能にします。肉体面では、活動過多を静めます。

イエロー
(原石)

クリスタル図鑑

セプタリアン（Septarian）

成形された卵形

色	黄と灰色
外観	ひび割れや、「泥灰」が詰まった亀裂。砂粒状の石が並んだノジュール
希少性	簡単に入手可能
産地	オーストラリア、アメリカ合衆国、カナダ、スペイン、イングランド、ニュージーランド、マダガスカル

特性

　カルサイト、アラゴナイト、カルセドニーの特性を併せ持ったセプタリアンは地球環境の保護を推進します。表面の灰色の凝固物はデーヴァ*のエネルギーに接続しています。太鼓隊や聖歌隊の癒しの波動を集中させ、霊的グループの結束を強めます。神経言語プログラミング（NLP）に用いると有効で、

クライアントの反応や行動の再パターン化と再プログラミングを助長し、NLPの実践者に最適な手段を提供します。

霊性面では、魂を啓発するために情緒と知性を高次の意識と調和させます。

精神面では、喜びを象徴するこの石は、ずっとあたためてきたアイデアを実現させるのに役立ち、辛抱、寛容、忍耐の重要性を繰り返し説きます。反対に、アイデアはあるけれど、なかなか実行に移せないという人の場合には創造性を養います。また、この石を身近に置いておくと人前で話をするのが楽になります。聴衆はまるで自分が直接話しかけられているような気持になるからです。さらにグループ内でのコミュニケーション能力を高める働きもあります。

情緒をはぐくみ、平穏をもたらすこの石は、自分自身を育て、他者の世話をする際に役立つ道具です。ヒーラーがこの石と瞑想すると、患者の不調*の原因を見抜くことができるといわれています。自然治癒力を集中させ、身体の動きに柔軟性をもたせるのにすぐれた効果を発揮します。

肉体面では、体内のエネルギーの流れを封鎖するものを感知して、身体のバランスを調整します――卵形のノジュールの中に多くみかけるセプタリアンには、体内にエネルギーを閉じ込め、形成する作用があります。尖った先端があればリフレクソロジーや指圧に用いると有効です。卵形のセプタリアンはストレスが溜まったときに手を温めて保護するのに最適です。

ヒーリング効果

季節性情動障害（SAD）、自然治癒力、皮膚疾患、細胞記憶*、代謝に有益です。腫れ、腫瘍を小さくします。腸、腎臓、血液、心臓の働きを支えます。

使い方

必要に応じて、手に持つか、グリッディング（p.28-31を参照）するか、適切な場所に置いてください。

シバリンガム (Shiva Lingam)

成形したもの

色	赤とベージュまたは灰色
外観	滑らかで不透明。男根を象徴する形
希少性	天然産は希少
産地	インド。人工的に成形、研磨している場合もある

特性

ヒンズー教のシバ神(Shiva)およびその配偶者カリ(Kali)との結びつきを象徴し、基底と仙骨のチャクラを活性化するシバリンガムは、クンダリーニ*のエネルギーを上昇させ、調節する働きがあります。タントラセックスや性的な儀式を通じて霊的進化を促進するには最適の石です。性的能力と力強い男性エネルギーを象徴するこの石は、何千年もの昔から神聖視されてきました。男性性と女性性、肉体と魂など対極にあるものを一体化させ、性的な癒しにもすぐれた効果を発揮します。

心理的な洞察を与えるこの石は、自身の内面に目を向け、不要になったものを手放すように促します。幼少期から続く心の痛み、特に性的虐待による心の傷をやわらげるのに極めて有効です。この石を身近に置いておくと、男性エネルギーと自身に内在する男性的な面への信頼が回復し、性的な面で癒しを与えてくれるパートナーを引き寄せるからです。

適切にプログラミング（p.358を参照）すれば、男女の関係が終わったあとでエーテル体同士の性的なつながりを解消し、ヴァギナや子宮に残る「未練」を断ち切ります。基底のチャクラに新しいエネルギーを満たし、新たな出会いへの道を開きます。女性らしさと女性エネルギーを取り戻すための自分を愛する儀式を考案するのに最適です。

ヒーリング効果

性的な辱めや虐待による心の傷、不妊、インポテンツ、無オルガズム症、生理痛を克服する作用があります。肉体と精妙体の経絡を整え、気の流れをよくします。

使い方

必要に応じて、手に持つか、グリッディング（p.28-31を参照）するか、適切な場所に置いてください。

クリスタル図鑑

スペクトロライト (Spectrolite)

研磨したもの

研磨したもの
(赤い閃光)

色	全体に緑がかった色で、アクアブルー、オレンジ、黄、緑、赤の鮮やかな閃光を放つ	
外観	くすんだ感じだが、光を当てると玉虫色に輝く	
希少性	簡単に入手可能だが高価	
産地	フィンランド、カナダ、ロシア、メキシコ、ポルトガル、ニュージーランド	

特性

ラブラドライトが高次のエネルギーと共鳴して*できたスペクトロライトは、いかなる次元にある魂もマントに包み込んで保護します。

霊性面では、この極めて神秘的な石は意識を高め、多次元、異次元間のジャーニー*を促します。深い英知を湛えるこの石は、あなたを他生へいざない、過去世での失望感や悪意*から生まれた心霊の残骸を取り除き、宇宙への信頼を高めます。変性の石であるスペクトロライトは、肉体と魂のアセンション*の準備を整えます。身につけているとエネルギーの漏れを防ぎ、浮遊霊が生体磁気シース*や脾臓のチャクラからエネルギーを吸い取るのを防ぐことができます。透視能力を高め、第三の目をフィルターにかけて、望ましくないエネルギーや情報が侵入するのを防ぎます。生態磁気シース*、ソーマチャクラ、第三の目にからみついた想念形態*や、他者からの投影*を排除する働きがあります。

クリスタル図鑑

　心理面では、不安感や恐れを解消し、精神的な強さを引き出します。精神面では、分析力、合理性を心の眼と上手く調和させ、情緒面では、個性に対する共感と受容性を高め、人はなぜ試練に満ちた人生のシナリオに沿って進化する道を選ぶのかを教えてくれます。

ヒーリング効果
　心霊的あるいは精神的な負担が大きいために起こる不眠症の改善に有効です。

バイトウナイト（タンブル）

使い方
　必要に応じて、手に持つか、グリッディング（p.28-31を参照）するか、適切な場所に置いてください（グリッディング用としてはラブラドライトの原石のほうが適しています）。

追加の形
バイトウナイト（ゴールデンイエロー・ラブラドライト） は最高次の意識にアクセスし、形而上学的能力*と視覚化を促進し、第三の目を開きます。精神体を拡張させ、高次の英知と波長を合わせることで、他者からの不適切な影響が及ばないようにし、共依存の治療にあたります。具体的には、自分では人助けのつもりでも、人生の教訓を学ぼうとしている人の邪魔をしている場合や、共依存関係を続けることを無意識のうちに望んでいる場合に効果があります。優柔不断さを克服するのに役立つこの石は、エーテル体の青写真*に働きかけて、胃、脾臓、肝臓、胆嚢、副腎の働きを助けます。

バイトウナイト（原石）

バイオレットハイパーシーン（ベルベット・ラブラドライト） は穏やかなエネルギーを有し、エネルギーをグラウンディングさせ*、保護し、強化します。霊的なパワーを引き寄せ、あなたを霊的な光で包み込みます。クリスタルメディスンホイール（p.368-375を参照）で、シャーマンが下位世界*を旅するときに携帯するのに最適の石です。負のエネルギーを体外に排泄する際、強烈なカタルシスを引き起こしたり、あなたが一番恐れていることに直面させる場合がありますので注意してください。

バイオレットハイパーシーン（研磨したもの）

クリスタル図鑑

スペキュラライト (Specularite)

[別名：スペキュラーヘマタイト (Specular Hematite)]

成形して研磨したもの

色	銀色がかった青
外観	星が輝く夜空のような暗さと輝きを持つ
希少性	簡単に入手可能
産地	アメリカ合衆国、カナダ、イタリア、ブラジル、スイス、スウェーデン、ベネズエラ、アフリカ

特 性　ヘマタイトが高次のエネルギーと共鳴*してできたスペキュラライトはあなたの魂の才能をこの地球上で発揮させる効果があり、才能を発揮するにはどの分野が一番適しているかを教えてくれます。保護作用とグラウンディング*にすぐれた石で、宇宙のアンカー*を活性化し、高波動の霊的エネルギーを日常生活に取り込み、精妙体*と肉体の波動を引き上げて、エネルギーを効率的に吸収することができるようにします。アースヒーリング*に役立つこの石は電磁エネルギーを中和する働きがあります。

ヒーリング効果　ヘモグロビン、貧血、血液に効果的に作用します。

使い方　必要に応じて、手に持つか、グリッディング（p.28-31を参照）するか、コンピューターの近くに置くと電磁波の影響を受けずにすみます。

スティブナイト (Stibnite) [和名：輝鉱石]

天然のワンド

色	銀色
外観	金属質で、針状の扇や刃のような形。酸化により変色しやすく、ワンドが多い
希少性	簡単に入手可能
産地	日本、ルーマニア、アメリカ合衆国、中国

特性

基底、仙骨、ソーマ、太陽神経叢のチャクラを一体化し、幽体離脱の間、エネルギーの盾となって肉体を邪気から守ります。ジャーニー*の際に魂が無事肉体に戻ってくることができるようにします。

霊性面では、ワンドを明確な意図を持って用いると、純粋なものから不純物を取り除き、エンティティ*の支配から逃れ、負のエネルギーを解消するのに効果があります。賢く用いれば、あなたが望むものをすべて引き寄せてくれますが、あくまでも至高善のために必要なものに限るべきです。

心理面では、心の中にある貴重なものを見せてくれます。あなたの才能を認め、困難きわまる状況の中にも何らかの価値を見いだすことができるよう応援します。

シャーマンの世界では、この石は狼のエネルギーを持ち、メディスンホイール(p.368-375を参照)の北の方角を探求するために、守護動物とジャーニー

を共にすることを促します。

　情緒面では、別れた後も精妙体*や肉体に浸透する依存関係を断ち切るのに有効で、関係を断ち切るための儀式や、過去世からの解放のワークに役立ちます。特に、かつてのパートナーに「ノー」と言えないような状況で効果を発揮します。ただし、関係を断ち切った後で、完全に断ち切れたのか、これで自分の立場を貫くことができるのかどうかが試される状況に遭遇することがあります。そのような場合は、スティブナイトを手に持って、すべてがうまくいくように心の中で念じれば大丈夫です。

ヒーリング効果

　細胞記憶*、食道、胃に有効で、硬直、ヘルペス、感染症を癒します。

使い方

　必要に応じて、手に持つか、グリッディング（p.28-31を参照）するか、適切な場所に置いてください。

注：p.208のワンウェイポータルの項も参照してください。スティブナイトには毒性があるので、使用後は手洗いを十分に行ってください。ジェムエッセンスを作る際は間接的調合法（p.361を参照）を用いてください。

スティッヒタイト (Stichtite)

原石

色	薄紫色、紫
外観	ロウのような不透明な層
希少性	簡単に入手可能
産地	アメリカ合衆国、タスマニア、カナダ、南アフリカ

特性

　自分らしさを発揮し、今世の魂の契約に沿って生きることを促すスティッヒタイトは、クンダリーニ*のエネルギーを背骨を伝って心臓に伝え、極めて強い保護作用を発揮します。

　心理面では、理性、意見、情緒面での気づきを完璧に調和させることで、身体に染み付いた否定的な感情や態度がいかに幸せを遠ざけているかを教え、そのような感情や態度を手放すまであなたを支え続けます。摂食障害や過食症、アレルギーの背後にある情緒的な問題に光を当て改善する働きがあります。

　肉体面では、復元力と回復力に富むスティッヒタイトは病後の回復を支え、脳内の神経経路のプログラムを書き換えることで変性疾患を癒します。

　子どもやあなたがこれまでとは異なる道を歩む必要がでてきたときに最適で、注意欠陥多動性障害（ADHD）やそれに類する不調に苦しむインディゴチ

ルドレン*にも有効に作用します。一人暮らしの人がポケットに忍び込ませておくと交際相手が見つかります。また、生活環境に平穏をもたらす効果があります。

ヒーリング効果
　注意欠陥多動性障害、肌の弾力の保持、伸展線、頭痛、ヘルニア、歯、歯茎、パーキンソン氏病、痴呆に有効です。消化器や神経系統を落ち着かせ、血圧と脳の化学的性質を安定させます。

使い方
　必要に応じて、手に持つか、グリッディング(p.28-31を参照)するか、適切な場所に置いてください。ポケットに入れておくと注意欠陥多動性障害(ADHD)に効きます。

(p.59-60のアトランタサイトの項も参照)

クリスタル図鑑

スーパーセブン (Super Seven)

[別名：メロディストーン（MELODY STONE）、セイクリッドセブン（Sacred Seven）]

原 石

色	深紫、オレンジ、赤、茶色
外観	透明感のあるものから不透明まである渦巻き状の結晶で、数色見える
希少性	希少。採掘し尽くされたが、新しい産地ができている（スーパーファイブもしくはスーパーシックスの可能性あり）
産地	ブラジル、アメリカ合衆国

特 性

　スーパーセブンはアメジストの霊的特性と保護作用、スモーキークォーツの浄化力とグラウンディング作用、ルチルを伴うクォーツ、ゲーサイト、レピドクロサイト、カコクセナイトのエネルギーを増幅させる作用を併せ持つクリスタルです。7種類すべての鉱物を含有しているかどうかにかかわらず、どんなに小さな断片でもスーパーセブンの波動を有しています。このことから、私たちは地球や惑星から生まれた子どものような存在であることにあらためて気づかされます。

クリスタル図鑑

霊性面では、高次の波動*を持つこの石は、類まれな明晰さを持った霊的なパワーの発電所といえます。地球と地球上に存在するすべての生命の波動を上げるといわれ、みずがめ座の時代を迎え入れます。スーパーセブンの多くは霊的な存在を内包し、精霊の導きや霊感の最高次の源とつながっているため、この石を身近に置いておけば、導きを得るためにわざわざどこかへ行く必要はありません。この石と瞑想すると至福を経験することができ、遠隔ヒーリング用にフラワーエッセンスやジェムエッセンスを運ぶようプログラミングすることもできます。

この石は周囲にある他のクリスタルの波動を支えて強化します。チャクラ全体と精妙体*を活性化して、最高次の霊的波動*に同調させます。霊的能力を活性化し、あらゆる種類の形而上学的ワークの質を高めます。肉体、知性、霊性面での不調*を癒し、魂を再び神とのコミュニケーションの場に連れ戻すこの石は、私たちもまた人類の兄弟愛を超越した大いなる存在の一部であることに気づかせてくれるのです。情緒面では、心を落ち着かせ、情緒をはぐくみます。

環境面では、スーパーセブンの複数の小さなポイントは、地球のグリッド*を癒し、自己治癒を促進し、新しい霊的現実に目を向けさせるという点で極めて大きな効果があります。グリッディング*すると、淀んだエネルギーを体外に排出し、地球や地域のエネルギーの乱れを解消するのに効果的です。異なる人種が住む共同社会に、平和、安心感、連帯感をもたらすので、テロ行為や人種紛争の恐れがある地域では特に力を発揮します。

天然のスライス

ヒーリング効果

身体のバランスを保ち、自然治癒力を刺激し、細胞記憶*を癒すのに効果的です。免疫系、皮膚、骨を支えます。

使い方

必要に応じて、手に持つか、グリッディング(p.28-31を参照)するか、適切な場所に置いてください。アースヒーリング*が目的の場合は、地面の中にグリッディングしてください。

スモールポイント

クリスタル図鑑

タンザナイト (Tanzanite)

天然

研磨したもの

成形したもの

色	薄紫色
外観	輝くファセット(小面)のある宝石。またはやや不透明なクリスタル
希少性	簡単に入手可能だが高価
産地	タンザニア(人工的に作られたものもある)

特性

　バイオレットフレイム*と同調する変性の石であるタンザナイトは天使の領域、案内役の精霊、アセンディドマスター*、キリスト意識*につながる極めて高次の波動*を有しています。変性意識状態に入りやすくなり、意識して永遠の今を生きるのに役立つ石です。

　霊性面では、自身の内側と外側へのジャーニー*、形而上学的能力*の開花、深い瞑想を促します。生体磁気シース*上の精妙なチャクラを開いてソウルスターチャクラとつながり、霊的進化の次の段階にアクセスしてその進化のレベルを肉体に反映させます。アカシックレコード*とつながるこの石は、多次元的に細胞やカルマ*を癒すことで魂にアセンション*の準備をさせる働き

もあります。

　心理面では、自分の天職を確かめるのに役立ちます。働きすぎの人には有益で、エネルギーの上下動を抑え、自分の時間を作るのに役立ちます。

　情緒面では、憂鬱や不安を克服して信頼と平常心に置き換えます。感情と理性のジレンマを解消し、慈愛に満ちた心と啓発された知性を備えて生きていく方法を教えます。

　感受性が強い人には刺激が強すぎる場合があるので、アクセサリーとして身につける場合は注意してください。もし、心霊現象や好ましくないテレパシーによる精神的な負担に悩まされるようでしたら使用を中止し、ヘマタイト、バンディドアゲート、もしくはスモーキークォーツのような保護作用のあるクリスタルに替えてください。

成形したもの

ヒーリング効果

　細胞記憶*のプログラムを書き換え、過去世ヒーリング、聴力、心を落ち着かせるのに有効です。髪の毛、皮膚、頭、喉、胸、腎臓、神経系を支えます。

使い方

　必要に応じて、身につけるか、手に持つか、グリッディング（p.28-31を参照）するか、適切な場所に置いてください。

ティファニーストーン(Tiffany Stone)

[別名：バートランダイト(Bertrandite)、パープルパッション(Purple Passion)、フローライトオパール(Opalized Fluorite)、パープルオパール(Purple Opal)]

スライス

色	濃い紫、青、ピンク、緑、オレンジ、黄色
外観	渦巻き状で、細かいひびがあり、色の濃淡が美しい
希少性	極めて希少
産地	ユタ州（アメリカ合衆国）の1箇所のみ

特性

ティファニーストーンは極めて希少な、複雑な組成の貴石で、極めて軽量で高い強度を持つベリリウムをはじめ、20億年以上加圧された火山灰からできた鉱物からなります。アイスクリームオパライトをはじめ、さまざまな別名をもつクリスタルです。採掘は法律で禁じられているので、在庫が減るにつれて値段も高くなってきていますが、ティファニーストーンをあしらった美しいアクセサリーの中には手に入りやすいものもあります。霊性面では、高次の波

動*とエネルギーを持つこの石は、直感を鍛え、形而上学的能力*を高めます。高次の宝冠のチャクラを開いてあなたを多次元や最高次の導きに接続します。チャネリング*により得た情報の意味を解釈するのに有効なこの石は、ライトボディ*を肉体に統合させ、魂が肉体と統合するのを助けます。

　心理面では、粘り強さを養い、魂が正しい道を歩んでいくことができるよう励まします。情緒面では、心を開いて受容性を高めるよう促します。心を閉ざす原因を取り除き、精神的な強さを引き出すことで、あらゆる変化に適応できるようにします。心臓のチャクラと高次の心臓のチャクラを無条件の愛で満たし、進化の段階に応じて不要なものは手放すよう促します。

　精神面では、明晰な思考と知覚力を高め、学業を支援します。この石の助けを借りれば、これまでひたかくしにしてきた感情や思い出すのも恥ずかしい感情と向き合い、すべてを洗い流すことができます。

　肉体面では、電気や熱の伝導効率が非常に高いことから、エネルギーの流れをスムーズにする作用があります。経絡*の「気」の流れをよくし、閉塞の原因を解消してチャクラ全体にエネルギーを与えて浄化します。性的衝動を刺激して性的なエネルギーの流れを活発にすることから「パープルパッション」とも呼ばれ、タントラセックスに用いると効果的です。

ヒーリング効果

　フローライトの含有率が高いことから、骨やじん帯を強くするといわれています。腱炎、関節炎、骨関節症に有効です。

使い方

　必要に応じて、クリッディンク（p.28-31を参照）するか、適切な場所に置いてください。身につける場合は研磨したものを使用してください。

注：ベリリウムには毒性があるので、この石を用いるときは研磨したものを使用してください。ジェムエッセンスを作るときは間接的調合法を用いてください（p.361を参照）。

タグチュパイト(Tugtupite)

[別名：レインディアブラッド（Reindeer Blood）]

研磨したもの　　　　　　　　　原石

色	ピンク、白、 （熱や紫外線にさらされた場合は）黒っぽい深紅
外観	半透明または不透明で、まだらで縞模様がある
希少性	希少だが、アクセサリーとして入手可能
産地	グリーンランド、カナダ、ロシア

特性

　タグチュパイトは統合の石で、慈愛に満ちた心と啓発された知性を結びつけ、無条件の愛を世の中にしっかりと根づかせます。この石は自己受容に関する大切な教えを説きます。すなわち、自分を愛することができなければ、自分やまわりの人たちを大切にすることはできないし、誰かを愛したり、愛されたりすることもできないことを教えるのです。さらに、自分を愛することができなければ、親密な関係がどんなものであるかを知ることもできないことに気づかせてくれます。この石は極めて平和志向が強く、純粋な愛のエネルギー場であるピンクフレイムと同調しています。太陽や紫外線に当てたり、身につけたり、手に持つと、白や淡いピンク色が深紅に変色するという珍しい特性があり、紫外線の下では鮮やかな赤色を発します。

　イヌイット族の神話では、ある日少女の姿をしたトナカイが出産のために森

の中へ入り、そこで流した貴重な、生命力に満ちた血からタグチュパイトができたと言い伝えられています。忘れていた愛に目覚めさせ、性的衝動を高め、恋人同士の熱愛をさらに刺激する作用があり、この石が真っ赤に輝くのはそのエネルギーのせいだといわれています。心臓のチャクラ、特にハートシードチャクラを開いて浄化するには最適の石の一つに数えられるタグチュパイトは、ロマンス、情熱、豊饒を象徴しています。愛の深さと奥行きを広げ、すべての関係に無条件の愛をもたらします。チャクラ全体を心臓と高次の心臓のチャクラに同調させて統合することで、すべての考え方や行動を通して愛が表現されるようになります。

霊性面では、かなり波動の高い人の高次の心臓のチャクラの上に置くと、チャクラに勢いよく息を吹き込んで、慈愛に満ちた心を高次の意識へつなげる道を開くシャーマンのようにふるまいます。文字どおり新しい次元の愛にアクセスし、日常世界での波動の上昇とライトボディ*の誕生を促します。

保護作用にすぐれたこの石は、困難な状況にも恐れることなく冷静に対処できる力を与えてくれます。(右のわきの下に当てると)他者の怒りや憤りを遮断して肝臓を守り、(心臓の上あたりに身につけておくと)怒りを静め、突然感情が高ぶるのを防ぎます。あなたが怒りを感じたときはそれを肯定的なエネルギーに転換し、「心霊の強盗」から立ち直るのを助けます。また、この石は内臓、特に膵臓と胃に付着した外部からの霊的な力を取り除きます。ヌーマイトと用いると、過去世との結びつきを断ち切るのに効果があります。古くからの関係が及ぼす悪影響を取り除いて、生体磁気シース*に残る心理的、肉体的虐待の後遺症を癒します。あなたに心情的に傾倒した霊を払うために用いると、あなた自身と関係者を許すよう促します。

心理面では、特に自分自身に対する許し、慈愛、無条件の愛を助長し、自分を犠牲にすることなく人のために精一杯尽くす力を育てます。また、意識を高め、倫理的なジレンマを解消する手助けをします。タグチュパイトの穏やかなエネルギーは不安とストレスをやわらげ、貧困意識*を解消し、すべてのレベルで豊かさをもたらします。

成形したもの

精神面では、宇宙意識への同調を促し、啓発された知性によりいっそうの明晰さと幅広い視野を与えます。情緒面での自立を説くこの石は、幸せをつかんでそれを維持していけるかどうかは自分次第であり、配偶者や恋人を含め、他者に依存すべきではないことに気づかせてくれます。この石は情緒に対する脅迫からあなたを守り、外部からの干渉を退けるだけの強さを与えてくれます。心臓の近くに身につけておくと、素直さと親しみやすさが自然に身につくのでおすすめです。深い情緒的なカタルシスを経験させ、地球と自身に対して長年抱いてきた深い悲しみを解消してくれます。愛する方法を思い出させ、心を閉ざす原因を徐々に取り除いて心を開かせ、普遍的な無条件の愛で包み込みます。そうなればあなたの人生に愛の花が咲きほこるでしょう。
　環境面では、世界に無条件の愛を送り、戦争や人種間の争いが勃発している地域を癒します。

ヒーリング効果
　血液を浄化し、血圧を安定させ、心臓を癒します。代謝とホルモンの分泌を制御します。生殖機能を高め、憂鬱や季節性情動障害（SAD）を緩和します。

使い方
　心臓もしくは右のわきの下に置くとお守りになります。あるいは適切な場所に置いてください。高次の心臓のチャクラに常に置いておくと特に有効です。

注：強い研磨剤や塩は避けてください。最近では人工的なタグチュパイトが流通していますが、癒し効果はほとんど期待できません。

研磨したもの

ヌーマイトを伴うタグチュパイト (Tugtupite with Nuummite)

混合石(原石)

色	淡い黄色がかった母岩にピンク、赤、黒の閃光
外観	まだらで、斑点がある
希少性	希少
産地	グリーンランド

特 性

　タグチュパイトの深い愛とヌーマイトの極めて強力な保護作用が組み合わさったパワフルな混合石です。この石が作る突き通せないほど頑丈な盾は、波動の変化を促進すると同時に吸収する働きもあります。「どんなことがあってもあなたの味方でいる」ことを約束するこの石は、精神的な強さを与え、外部の悪影響からあなたを守り、深い悲しみや遺棄による心の傷を癒します。

　心理面では、恵まれなかった幼少期に経験した肉体的、情緒的、精神的虐待あるいは軽度の放置が、今の人生に与えている影響を排除するのに有効です。父親に守られているような安心感を与えるこの石は、自分を大切にしようという気を起こさせ、その気持を心の奥深くにしっかりつなぎとめます。

慈愛の心を持ち続け、自分にかかわりのあるすべての人に無条件の愛と許しを与えるよう支援してくれます。

　肉体を持たない魂、またはあなたの両親として転生した魂が「あなたのため」と称して、深い愛情や同情を感じさせることであなたを支配しようとする場合があります。そのような場合に、魂と縁を切るにはこの石は極めて効果的です。また、あなたの自立を邪魔する祈祷の威力を封じ込めるにも有効です。タグチュパイトは許しと洞察に富んだコミュニケーションを助長し、ヌーマイトは古くからの関係を断ち切ります。その結果、無条件の愛が心の中に注がれ、それが盾となってあなたを守ります。被害者意識に陥っているときに特に有効で、困難を乗り切る方法を教えてくれるでしょう。なぜ過去世の縁や対人操作がもはやあなたの人生に何の関係もないのかを理解させ、あなたを支配しようとする者に対して、あなたがすでに自立する力を備えていることを知らしめます。この石は宇宙の中心に存在する愛とコンタクトをとり、宇宙に存在するすべてのものに愛を伝えます。今世もしくは他生での魔術の効果を解消し、心臓の周囲に盾を作って防御します。

ヒーリング効果

　精妙なレベルで最大の効果を発揮します。情緒的な傷を癒し、過去を断ち切ります。手に持つと、深い安心感に包まれ、問題に対処する能力が身につきます。

使い方

　必要に応じて、手に持つか、適切な場所に配置してください。心臓の周辺にできるだけ長期間身につけてください。ダビデの星の形にグリッディング（p.31を参照）すると、地球の波動の変動を促進します。

注：混合石が入手不可能であれば、タグチュパイト（p.339-341を参照）とヌーマイト（p.198-200を参照）を1個ずつ用意し、2つを合わせて配置してください。

ウラノフェン (Uranophane)

原石

色	オレンジがかった黄色
外観	母岩上に付着した髪の毛のような結晶
希少性	希少
産地	ザイール、ドイツ、アメリカ合衆国、チェコ共和国、ドイツ、オーストラリア、フランス、イタリア

特 性　放射性クリスタルであるウラノフェンは長期間の使用や一般的な癒しには不向きです。しかし、適切な資格を持った専門家の指導の下であれば、核医学や放射線療法をサポートし、ホメオパシーの触媒として機能させることもできます。また、放射線がカルマ*、環境、魂に与えたダメージを解消します。ウラノフェンには生体磁気シース*の波動を微調整する働きがあるので、エネルギーの変動が肉体とエーテル体*に吸収されます。

ヒーリング効果　腫瘍や放射線によるダメージ修復に効果があるといわれています。

使い方　精妙体*の周囲に注意深くグリッディング（p.28-31を参照）するか配置してください。マラカイトと一緒にホイルに包んで保管してください。

ウシンガイト (Ussingite)

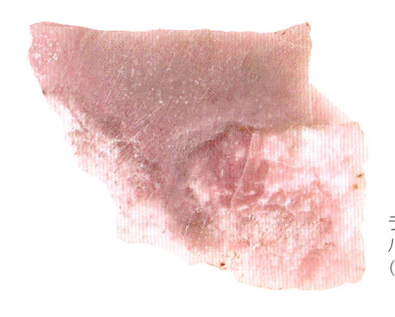

ラベンダー・
バイオレット
(原石)

色	ラベンダー色したすみれ色、紫、ピンクがかったベージュ、濃い赤
外観	まだらで不透明
希少性	希少
産地	グリーンランド、ロシア、カナダ

特性

　ウシンガイトは色に特徴があります。淡い、明るいすみれ色と紫色は高次の波動*を生み、少しくすんだピンクがかったベージュ色は緻密な波動を有して全く異なった作用を持ちます。

　霊性面では、エーテルを含んだすみれ色のウシンガイトは静寂を醸し出し、霊を浄化する波動を有します。気づきをさらに拡張させ、他の次元に存在する神々しいクリスタルとのアクセスポイントを築きます。それにより精妙体*の波動に変化をもたらし、ライトボディ*を覚醒して高次の自己*と同調させます。すみれ色は高次の宝冠のチャクラを開いて霊的ビジョンを開花させ、天使の住む領域や案内役の精霊との連絡係りの役目をします。この石を持つと、あなたは霊的英知に導かれて行動するようになるので、まわりの人たちはあなたの魅力に引き込まれるでしょう。

クリスタル図鑑

パープル
（ロシア産の原石）

ピンクベージュ
（成形したもの）

ディープレッド
（ロシア産のタンブル）

　すみれ色よりも色が濃くて緻密なロシアンパープルウシンガイトは、あなたを多次元の旅へいざないます。エーテルを含むバイオレットウシンガイトのような最高次の波動を有しているわけではありませんが、それでもかなり高い波動を引き寄せます。
　ピンクベージュウシンガイトは魂を覚醒させますが、波動の変化を経験して覚醒した魂に用いると、より緻密な波動へ引き戻して高い振動数とのつながりを閉ざしてしまいます。一方、まだ覚醒していない魂に用いると、波動の変化を引き起こし、カルマ*による欠陥、魂に刻まれた間違った信念、それに霊的成長を妨げている行為を修正するためにはワークが必要であることに気づかせます。しかし、その魂をすぐに最高次の波動に引き上げるのに力を貸すことはできません。
　ピンクベージュウシンガイトは情緒面での自立を促し、幸せをつかんで維持していけるかどうかは自分次第であることを思い出させます。どの色のウシンガイトも過剰に依存してくる相手や共依存している相手との関係を断ち切るのに役立ちます。
　ディープレッドウシンガイトは基底と仙骨のチャクラの閉塞を取り除きます。積年の怒りを解消し、チャクラを開いてクンダリーニ*のエネルギーを呼び込みます。その結果、過去世では味わうことのできなかった性的な関心や個性あふれる創造性がかきたてられます。すみれ色と赤が組み合わさった石を臍下丹田に置くと、普遍的なクンダリーニのエネルギーを浄化して、再活性化し、そのエネルギーと同調します。

ヒーリング効果
　肉体の波動レベルを超えた次元で最も効果を発揮します。魂とライトボディを癒し、肝臓、血液の浄化、血圧の安定に有効です。

使い方
適切な箇所に、身につけるか置いてください。

クリスタル図鑑

混合石

タグチュパイトを伴うウシンガイトは胸骨の下部にあるハートシードチャクラを開いて保護する働きがあります。過去世からの関係を清算し、不要になった魂の契約を破棄します。高次の自己のエネルギーを心臓の内部に留め、普遍的な優しさを象徴するピンクフレイムと結びつけます。転生した肉体に魂をしっかり定着させるために用いることもできます。

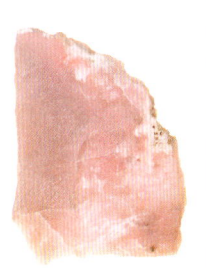

タグチュパイトを
伴うウシンガイト
（原石）

ソーダライトを伴うウシンガイトは、論理と直感を結びつけて高次の知性を肉体に固定させるソーダライトの効能をアップさせます。それにより、啓発された知性の観点で物事を見ることができるようになります。もはや役に立たなくなった霊的信念を取り除きます。

ソーダライトに内包された
ウシンガイト（原石）

ビビアナイト(Vivianite) [和名：藍鉄鉱]

原石

色	深緑または青（空気に触れると変色する）
外観	母岩中にできた小さな、透明または金属質のクラスター、もしくはブレード。結晶は曲がっていることもある
希少性	高価
産地	ドイツ、アメリカ合衆国、ブラジル

特性

　ビビアナイトは第三の目に働きかけて直感を磨き、異なる次元を旅する際にガイドの役目を果たしてくれます。霊性面では、魂の目的の核心にアクセスし、これまであいまいにされてきた部分を明確にするのに役立ちます。層状を持つこの石はエネルギーを波状に拡散させるので、複数の次元に同時に働きかけることができます。もし何者かがずっとあなたの視界を遮っていたとしたら、この石は視界を遮るヴェールを剥ぎ取り、物事の真実を見抜く力を取り戻してくれます。自分自身や他者に関して目を背けてきた部分に意識を向けさせることで心の眼を癒します。また、これまで自分自身や他者の見えなかった部分や認めたくなかった部分に目を向けさせてくれます。

生気にあふれるビビアナイトはオーラを浄化する作用があります。過剰な刺激と負のエネルギーを退け、平和と安寧をもたらします。宝冠のチャクラが本来望ましい方向とは逆に回転している場合にはこれを是正し、基底に向うエネルギーの流れを作って地球の精妙体とつながり、あなたの魂が転生した肉体の中で穏やかに過ごせるよう支えます。遠隔で行うヒーリングの視覚化や儀式的ワークの補助として用いるのに最適で、魂同士を結びつけてヒーリングやワークの効果を高めます。

心理面では、夢に関するワークに有効です。創造的に夢のワークをやり直すことで、洞察と癒しを与えます。現実的な目標の設定と達成を支援し、逆境を乗り切るだけの強さを与えることで、退屈とは無縁の刺激と充実感に満ちた人生を送ることができるよう支援します。絶えず心理的な投影*にふけったり、未来に幻想を抱き続けている人に、今この瞬間を大切に生きるよう促します。

情緒面では、心の奥底にしまいこんだ感情や、存在自体を否定してきた感情を明らかにするのに有効で、それをあなたの影*の性質と統合します。まったく新しい人間関係を築きたいときには新たな活力を与えてくれます。

肉体面では、慢性的な眼精疲労の回復にすぐれた効果を発揮します。

環境面では、クロップサークル（突然畑の穀物をなぎ倒して現れる様々な模様）に関係するビビアナイトは、地球のエネルギーとつながり、あなたがその模様を解読して背後に存在するエネルギーに接続するのを助けます。ビビアナイトを持ってサークルの中央で瞑想するか、サークルの写真をじっと見つめれば、そのエネルギーをあなたの生命に統合することができます。

ヒーリング効果

虹彩、結膜炎、白内障に有効です。背骨の矯正、心臓、肝臓、記憶、バイタリティ、細胞記憶*を助けます。遊離基を取り除き、鉄分の吸収を助けます。

使い方

必要に応じて、手に持つか、グリッディング（p.28-31を参照）するか、適切な場所に置いてください。眼の癒しに用いる際は、必ず眼を閉じて、石は殺菌したティッシュの上に置いてください。

ワーベライト (Wavellite) [和名：銀星石]

母岩上の原石

色	緑
外観	真珠光沢、ガラス質、ロゼット状、または放射状の針状結晶
希少性	入手は困難
産地	アメリカ合衆国、ボリビア、イギリス

特 性 ワーベライトは問題の核心または異なる視点にアクセスした後で、その問題の答えを穏やかに意識に上らせます。容易に試練を乗り越えさせ、今世または過去世で経験したトラウマや虐待の傷を情緒体から取り除き、魂を深いレベルで癒します。現在の不調*の原因となっている態度の概観を示し、細胞記憶*をリフレーム*します。肉体面では、健康を維持するのに役立ちます。

ヒーリング効果 生体磁気シース*から肉体へのエネルギーの流れを整え、細胞記憶に有効に働きかけます。血流を改善し、白血球の数を増やし、皮膚炎の治療に効きます。

使い方 必要に応じて、手に持つか、グリッディング（p.28-31を参照）するか、適切な場所に置いてください。

ヤンガイト (Youngite)

原 石

色	オレンジがかった茶色と白
外観	ジャスパーの母岩を微細なドルージーの結晶が覆っている
希少性	ほぼ採掘し尽されている
産地	アメリカ合衆国

特 性

　角礫化したジャスパーとドルージークォーツの混合石であるヤンガイトは、シャーマンが用いる石で、様々な意識の次元にアクセスし、思考が存在しない魂の融合空間へとあなたを導きます。

　霊性面では、多次元、超意識、存在の総体*にアクセスします。自らの意志を貫く勇気を与え、周囲の期待に応えられるよう行く手を照らすことから、古来、霊界の戦士や指導者にとって最適の石といわれてきました。

　精神的なストレスを緩和し、心を中庸に保ち、機敏さと合理的な思考力を鍛え、苦境を乗り切れるだけの知的能力を強化します。一方、ドルージークォーツは悲惨な目にあってもそれを笑い飛ばせるだけの力を与えてくれます。

　心理面では、あらゆるインナーチャイルド*のワークに効果があります。誰の中にも存在する、楽しくて純粋無垢な子どもの部分と再びつながり、子ど

も特有の創造性をいかんなく発揮させます。基底と仙骨のチャクラに溜まっている幼少期からの傷を癒すこの石は、トラウマ、喜び、希望的観測などが原因でばらばらになった魂の断片を魂の回復*へと穏やかに導きます。

ヒーリング効果

　肉体の存在レベルを超えたところで最も効果を発揮します。インナーチャイルドの癒し、精神的ストレスの緩和に最適です。

使い方

　必要に応じて、手に持つか、グリッディング（p.28-31を参照）するか、適切な場所に置いてください。

ゼブラストーン (Zebra Stone)

研磨したスライス　　　　　　　　原 石

色	黒、白、茶、ピンク、緑
外観	不透明で、渦巻、等高線、帯の模様がある
希少性	かなり希少
産地	マダガスカル、南アフリカ、インド、ブラジル

特 性　グラウンディング*に効果的なゼブラストーンは、霊的ワークの間あなたと地球とのつながりを維持します。魂が肉体と一体感を得て、しっかり地に足をつけて生きる方法を教えます。無感動、無関心を払拭するこの石は、人生を謳歌し目標に向って歩み続けることができるよう新たな動機付けを与えてくれます。

　情緒面では、憂鬱や不安を克服し、芸術的な面での創造性をいかんなく発揮させます。

ヒーリング効果　身体に活力を与え、血液の働きを支えます。骨を強化し、リンパの流れを整えます。

使い方　必要に応じて、手に持つか、グリッディング(p.28-31を参照)するか、適切な場所に置いてください。

ジルコン (Zircon) [和名：風信子鉱]

オレンジ(原石)

色	黄、緑、茶、赤、オレンジ
外観	ファセット加工した宝石または半透明で、ダブルピラミッド状が多い
希少性	色によっては入手困難なものもある
産地	オーストラリア、アメリカ合衆国、スリランカ、ウクライナ、カナダ(色を引き立たせるために熱処理したものや、人工的に作ったものもある)

特 性

　古来、強盗、落雷、攻撃、病気などから身を守るために用いられてきたジルコンは、それぞれの色が異なるチャクラと共鳴しています。自身と他者への無条件の愛を助長するこの石は、あなたの霊性を地球の霊性と調和させ、肉体と精妙体*のバランスを整えます。あなたの本質は地球を旅する霊的存在であり、あらゆる魂の起源は一つであることを思い出させます。心理的洞察力にすぐれたジルコンは、対極にあるものを調和させ、目的達成に必要なスタミナと粘り強さを与えくくれます。

　精神面では、明晰な思考力を鍛え、重要なものとそうでないものを区別する力を与えます。人種差別や偏見をなくすこの石は、人類の兄弟愛の大切さを説き、今世や他生で情緒体に刻印された差別意識、迫害の傷痕、同性愛嫌悪、強度女性嫌悪などを払拭します。

　情緒面では、節操を守ることの大切さを説きます。美徳の石として知られ、

昔から禁欲生活を試すために用いられてきました。嫉妬や独占欲を取り除くのに有効で、過去の恋は忘れて新しい恋に目を向けさせます。

ヒーリング効果

相乗効果があり、坐骨神経痛、痙攣、不眠症、憂鬱、骨、筋肉、めまい、肝臓病、生理不順に有効です。

使い方

必要に応じて、手に持つか、グリッディング（p.28-31を参照）するか、適切な場所に置いてください。

注：心臓のペースメーカーを入れている方やてんかんの持病がある方が身につけると、めまいを起こす場合があるので注意してください。キュービックジルコン（人造ジルコン）の効能は天然のジルコンに比べるとかなり弱くなっています。

ブラウン
（原石）

特殊な色

ブラウンジルコンは大地のチャクラを開き、身体のエネルギーを中庸に保ち、グラウンディング*に有効です。

レッドジルコンは特にストレスを感じている身体に活力を与えます。富をもたらす儀式にパワーを与え、基底のチャクラと性的衝動を活性化します。

オレンジジルコンはけがから身を守ってくれるので、旅に出るときはお守りとして持っていくことをおすすめします。美しさを引き立たせる作用があり、あなたに向けられた嫉妬心から身を守ります。仙骨のチャクラと創造性を刺激します。

レッド
（原石）

イエロージルコンはビジネスでの成功と愛を引き寄せ、精力を与えます。憂鬱な気分を解消して活発な精神状態へ導きます。ジルコンの中でも、この色は特に太陽神経叢を活性化し、浄化する作用があります。

グリーンジルコンは豊かさを引き寄せ、心臓のチャクラを刺激します。

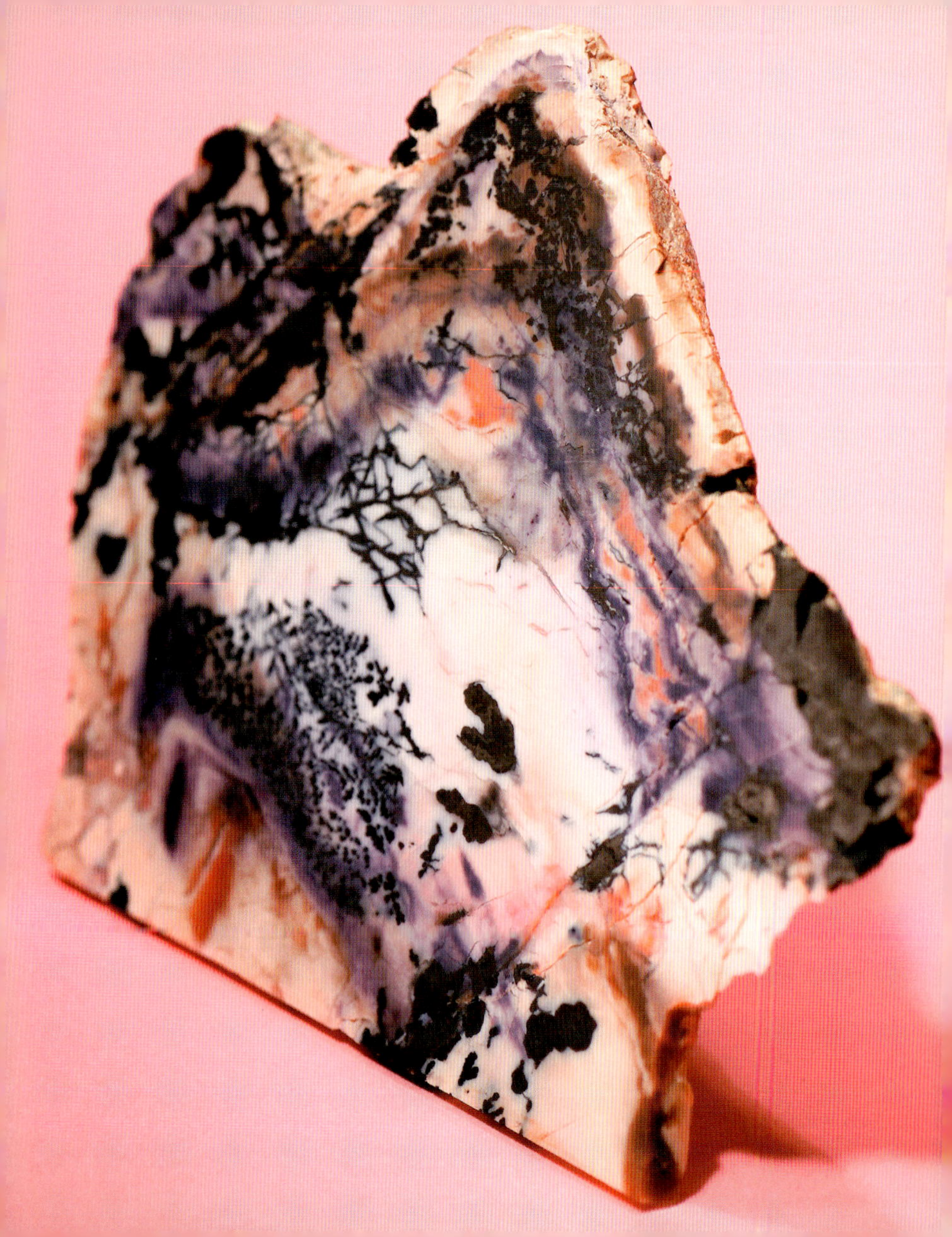

クリスタル活用の手引き

　このセクションではクリスタルを用いたワークに関する情報を提供しています。クリスタルの活性化や洗浄の仕方、チャクラとクリスタルの関係、クリスタルを効果的に配置する際に役立つ肉体と精妙体の解剖図、それに加えて、クリスタルメディスンホイールについても詳しく触れています。用語集は、クリスタル形状に関連する用語をはじめ、普段聞きなれない用語の理解に役立ちます。包括的な索引は自分に合ったクリスタルを見つけるのにきっと役立つはずです。また、Oリングテストのやりかたも説明していますので、自分に合った石を見つけるのにお役立てください。

　本セクションではジェムエッセンスの作り方も紹介しています。ジェムエッセンスを用いるとクリスタルのエネルギーを有効に活用することができます。室内でスプレーしたり、自分で手首や臓器がある箇所に少し塗ったりするのもいいですし、資格を持ったクリスタルヒーラーやジェムエッセンスのセラピストの指導を受けながら用いても結構です。優しいエネルギーに満ちたエッセンスは情緒や精神に微妙に作用して、心身に良好な変化をもたらします。また、空間を浄化し、エネルギーを強化する働きもあります。

クリスタルの活性化

クリスタルは活性化してはじめて本来の作用を発揮しますが、まず浄化することが必要です。その後は、常に最大の効果を発揮させるために定期的に洗浄するようにしてください。

クリスタルの浄化

お持ちのクリスタルが、水溶性でなく、砕けにくく、層状をなしていなければ、数分間、水道水で洗った後、数時間太陽か月光にかざしてクリスタルに新しいエネルギーを補給してください。砕けやすいクリスタルは玄米、音、光あるいは燻煙によって浄化することができます。層状をなしていない、砕けにくいクリスタルであれば塩で浄化することも可能です。カーネリアンは他のクリスタルと一緒に保管しておくと、周囲のクリスタルを浄化し、エネルギーを再充電してくれます。クリスタル専用の洗浄剤を買って使用してもいいでしょう。

クリスタルの活性化

クリスタルを両手で持ち、意識を集中させ、声に出して次のように言ってください。「私はこのクリスタルを、このクリスタルとかかわりを持つすべての人々の至高善の実現のために捧げます」。もし何か特定の目的のためにクリスタルを「プログラム」する場合は、その目的を具体的に声に出して言うようにしてください。

クリスタルの保管方法

もろいクリスタルは使用しないときや展示しないときはカバンの中にしまっておくのが安全です。展示するときは、強い太陽光にさらすとすぐに色あせるので注意しましょう。

自分に合ったクリスタルの選び方

見た瞬間に気に入ったものを選ぶのもいいですし、クリスタルの特性を調べて、自分が期待している効果が得られるかどうかを確認した上で選ぶのもいいでしょう。もしくは振り子を用いたダウジングや指を使ったOリングテストをしてから決める方法もあります（p.360を参照）。

クリスタル活用の手引き

水道水で2、3分洗うと最も簡単に洗浄することができます。

Oリングテストのやりかた

　生来の直感を利用して自分の目的にあったクリスタルや知りたいことに答えてくれるクリスタルを選ぶことができます。

1 親指と人差し指で図のように輪を作ります。

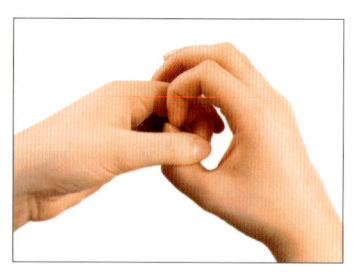

2 その輪にもう一方の手の親指と人差し指を通し、同じように輪を作ります。クリスタルもしくはその写真の上に輪をもっていきます。知りたいことを問いかけてみてください。

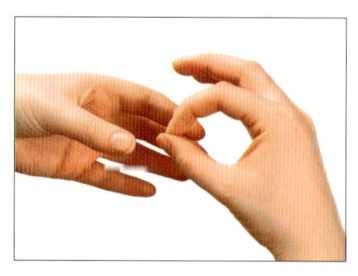

3 輪をしっかり引っ張ります。輪が開けば、問いかけに対する答えは「いいえ」です。輪が開かなければ答えは「はい」です。

ジェムエッセンスの作り方

　クリスタルは共鳴しあって作用するので、その波動を湧き水に転写すれば手軽にジェムエッセンスを作ることができます。まず、クリスタルを洗浄（p.358）してから清潔なガラスのボウルに入れます。次にボウルに湧き水を満たします（毒性のある石、層状の石、水に溶けやすい石、砕けやすい石の場合は間接的調合法を用います。清潔なガラスのボウルに石を入れ、今度はそのボウルを、水が入った別のボウルに入れます）。ボウルを6時間から12時間太陽の光か月の光に当てた後、クリスタルを水から取り出します。保存料としてブランデーかリンゴ酢を3分の2加え、清潔なガラス瓶に詰め替えます。これが母液で、薄めて使います。

ジェムエッセンスの使い方

　使用前に母液を希釈するには、まず母液7滴をドロッパー付きのガラスの小瓶に入れます。口に入れる場合や皮膚に塗布する場合は、そこにブランデー3分の1に対し、水3分の2を加えます。目薬として使う場合は、アルコールを加えてはいけません。一定の間隔を置いて少しずつ口に含みます。皮膚に塗布したり、不調をきたしている箇所につけて使います。また、水の入ったスプレーの瓶に数滴加えて室内や職場でスプレーしたり、湯船に数滴落として使ってもいいでしょう。

クリスタルを湧き水が入った清潔なガラスのボウルの中に入れます。

ブランデーかリンゴ酢を3分の2加えた母液を清潔なガラス瓶に移します。

クリスタル活用の手引き

人体と精妙体の解剖図

　内臓、精妙なチャクラ、青写真*、経絡の正確な位置を把握すれば、クリスタルが最大の効果を発揮するにはどこに置けばいいのかが簡単にわかります。

人体解剖図

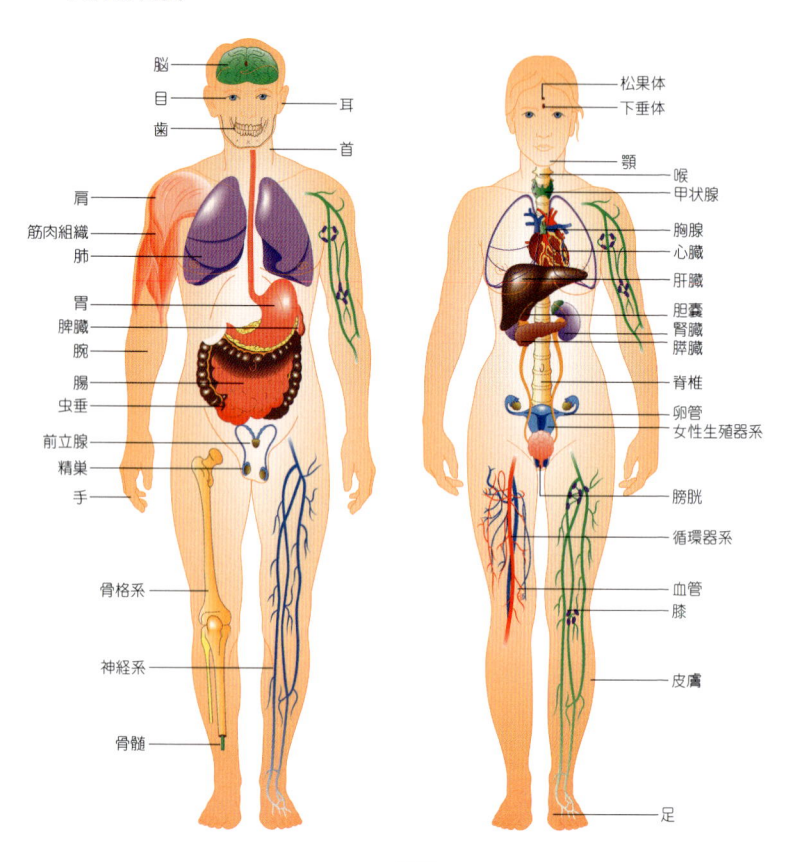

左図ラベル（上から）:
- 脳
- 目
- 歯
- 耳
- 首
- 肩
- 筋肉組織
- 肺
- 胃
- 脾臓
- 腕
- 腸
- 虫垂
- 前立腺
- 精巣
- 手
- 骨格系
- 神経系
- 骨髄

右図ラベル（上から）:
- 松果体
- 下垂体
- 顎
- 喉
- 甲状腺
- 胸腺
- 心臓
- 肝臓
- 胆嚢
- 腎臓
- 膵臓
- 脊椎
- 卵管
- 女性生殖器系
- 膀胱
- 循環器系
- 血管
- 膝
- 皮膚
- 足

362

クリスタル活用の手引き

精妙体の解剖図：チャクラと青写真

1. 高次の大地のチャクラ　両足の下。地球のエーテル場との接続ポイント
2. 大地のチャクラ　両足の間。地球との接続ポイント
3. 基底のチャクラ　会陰部。性的衝動と創造性の中心
4. 仙骨のチャクラ　ちょうどへその下。もうひとつの性的衝動と創造性の中心
5. 太陽神経叢のチャクラ　太陽神経叢にあり、情緒の中心
6. ハートシードチャクラ　胸骨下部。魂の記憶が宿る場所
7. 脾臓のチャクラ　左のわきの下。エネルギーが漏れる可能性のある場所
8. 心臓のチャクラ　心臓の上。愛の中心
9. 高次の心臓のチャクラ　胸腺の上。免疫の中心
10. 喉のチャクラ　喉の上。真理の中心
11. 過去世／アルタメジャーチャクラ　ちょうど耳のうしろ側。過去世の情報の保存先
12. 第三の目のチャクラ　眉毛と頭髪の生え際の中間あたり。洞察の中心
13. ソーマチャクラ　第三の目の上の、頭髪の生え際のあたり。霊的独自性と意識の覚醒の中心
14. 宝冠のチャクラ　頭頂部。霊性との接続ポイント
15. 高次の宝冠のチャクラ　宝冠のチャクラの上。霊性との接続ポイント
16. ソウルスターチャクラ　宝冠のチャクラの30cm（1フィート）上。霊体と精妙体*の接続ポイントで、ここを通して高次のエネルギーをグラウンディングさせたり、肉体の波動を上げることができる
17. ステラゲートウェイチャクラ　ソウルスターチャクラの上。宇宙に存在する異次元への入口

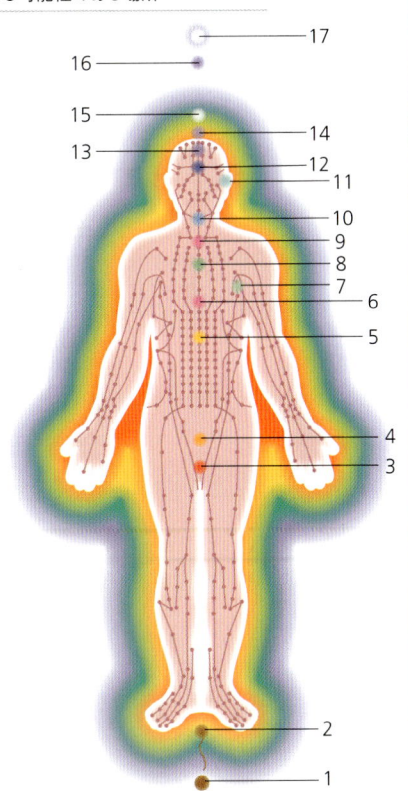

363

チャクラの性質

チャクラ	色	場所	関係するもの
高次の大地と大地	茶色	両足の下	物質とのつながり
基底	赤	脊椎下部	生存本能
仙骨	オレンジ	へその下	創造性と出産
太陽神経叢	黄	へその上	情緒的なむすびつきと同化
ハートシード	ピンク	胸骨下部	魂の記憶
脾臓	淡い緑	左のわきの下	エネルギーの搾取
心臓	緑	心臓の上	愛
高次の心臓	ピンク	胸腺の上	無条件の愛

肯定的な特性	否定的な特性
大地にしっかり根をおろしている。現実的で、普通に日常生活を送ることができる。	大地にしっかり根をおろしていない。生命力に乏しく、日常生活を営めない。マイナスのエネルギーを引き寄せる。
安定感があり、力感にあふれ、リーダーシップがある。行動的で、自立心がある。	短気、死の恐怖、死の願望、暴力、怒り。過剰なセックスかインポテンツ、復讐心のかたまり、活動過多、衝動的、対人操作。
自己主張が強く、自信がある。多産、勇気、歓喜、性的衝動、快楽、性的自己同一性の受容。	自尊心の欠如、不妊、残虐性、劣等感、不調、心のしこり、想念形態。尊大。
感情移入。エネルギーの有効活用、組織、論理、活発な知能。	エネルギーの使い方が下手。情緒的な重荷、エネルギーの搾取。怠惰で、感情的。冷淡な面があり、冷笑的で、他者のことで悩む。
転生の理由の記憶、神の計画とのつながり、潜在能力を開花させるための道具。	不安定で、目標がなく、自分を見失っている。
自己抑制がきいて、力強い。	疲労困憊、人に操られる。
愛情豊か、寛大で、慈愛に満ち、養育心、柔軟性があり、自信に満ちあふれ、受容性がある。	無感情、愛情表現ができない。嫉妬深く、独占欲が旺盛。安心感が欠如し、欲深く、変化を嫌う。
慈愛、共感、養育心に満ち、寛大。霊界とのつながりがある。	霊的なつながりがなく、悲嘆にくれ、貧乏。感情表現ができない。

チャクラの性質

チャクラ	色	場所	関係するもの
喉	青	喉	コミュニケーション
過去世	淡いターコイズグリーン	耳のうしろ	過去世から持ち越したもの
第三の目	濃い青	額	直感と精神的なつながり
ソーマ	ラベンダー	頭髪の生え際の真ん中	霊的なつながり
宝冠	バイオレット	頭頂部	霊的なつながり
高次の宝冠	白	頭頂部の上	霊的な悟り
ソウルスター	ラベンダー／白	頭上30センチメートル	魂とのつながりと最高次の自己啓発
ステラゲートウェイ	白	ソウルスターチャクラの上	宇宙に存在する異次元への入口

肯定的な特性	否定的な特性
真理を語ることができ、受容性があり、理想主義的で、忠実。	考えや感情を言葉でうまく表現できない。行き詰まりを感じ、教条主義的で、不忠。
英知、処世術、直感による気づき。	心の重荷、安心感の欠如、やり残した仕事。
直感的、知覚的、先見の明があり、今この瞬間を大切に生きている。	ぽーっとして、怖がり屋。過去に執着し、迷信を信じ、他者の思考に影響されやすい。
霊的な気づきと完全な意識。	霊的な栄養不足。霊性とのつながりを実感できない。
神秘的、創造的、人道主義的、奉仕の精神を持つ。	過剰な想像癖、幻想を抱きやすく、傲慢。権力をかさに着て他者を支配しようとする。
霊性が高く、高次の存在に同調する啓発された存在。真に謙虚。	ぽーっとして、侵入されやすく、幻想、錯覚に陥りやすい。
魂の究極のつながり。魂、肉体、高波動の光が織り成す関係、魂の意志とのコミュニケーション、過去世に対する客観的な視点。	魂の断片化。異星人の侵入を受けやすい。自分を救世主だと思い込み、人を助けずにはいられない状態、俗に言うメサイアコンプレックスに陥りやすく、人を助けても、自立する力を与えることはできない。
宇宙の最高次のエネルギーとのつながり。悟りの境地に達した存在とのコミュニケーション。	分裂。宇宙からの偽情報に騙されやすい。人間として機能することができない。

クリスタルメディスンホイール

メディスンホイールはバランスのとれた人生を送る方法を教えてくれます。ワークの際は転生の方角である南から始めて時計回りに進みます。経験豊かな専門家と一緒に行うのがベストですが、個人的な癒しに用いることもできます。一人で行う場合は、順番に各方角に向いて座り、その方角に合ったクリスタルを持って瞑想するのが最も効果的です。その際、それぞれの方角のエネルギーに関連する問いかけを思い浮かべながら、そのエネルギーがあなたの人生に与えてきた影響について考えてみてください。

あるいは、正反対の方角を行き来して、それぞれの方角の特性を統合することもできます。たとえば、南西（夢と現実）と北東（どんな選択をどうすれば行えるようになるのかを理解するのに有効）といった具合です。クリスタルは情報の倉庫の役割を果たし、基本的な方角とそれ以外の方角へのジャーニーを促進します。

クリスタルを適切な色の上に置くことで、クリスタル・色・方角の相関関係が覚えやすくなります。

クリスタル活用の手引き

基本的な方角とそれ以外の方角

基本的な方角は東西南北で、この他に南西、北西、北東、南東があります。それぞれの方角には特有のエネルギーとそこから連想されるものがあります。

スモーキー・キャンドルクォーツ

南
転生の場所

性別	女性的な面が強い
季節	夏
元素	水——雨、川、海、湖、血液
世界	植物、樹木
時間	過去
色	赤(血の色)
人間との関係	情緒、心、感情
人間を守る盾	インナーチャイルド——傷ついた子ども、子どもの視点
味方	信頼と潔白
敵	恐れ
関係する惑星	月
トーテム	ネズミ、コヨーテ、蛇
クリスタル	スモーキー・キャンドルクォーツ

南は転生の方角です。ここにキャンドルクォーツを置くと、自分自身と肉体に心地よさを感じるので、肉体を持った転生に馴染めず苦労している人に効果があります。キャンドルクォーツは信頼と潔白を取り戻し、インナーチャイルドを癒して、無条件の愛で包まれた完全な形での転生を支援します。アン

セストラルライン*とカルマ*の遺産を癒します。魂の目的に光を当て、歩むべき人生に意識を集中させるキャンドルクォーツは、古代の英知を実践するよう働きかけ、トーテムをより身近に感じさせます。また、肉体がいかに情緒的、精神的なストレスによりダメージを受けやすいかを理解させます。

南西
夢の場所

クリスタル	セレナイト

　南西に置いたセレナイトはあなたを夢と夢見の場所へ運んでいきます。過去世を訪れ、自分がどれだけ進化したかをチェックするのに役立ち、転生の間の状態*から今世の人生の計画*にアクセスするのにも役立ちます。セレナイトは学びやこれから取り組むべき課題を的確に指摘し、最良の解決方法を提示してくれます。

セレナイト
ファントム

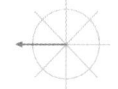

西
内省の場所

性別	女性的
季節	秋
元素	地——クリスタル、石など
世界	鉱物
時間	現在
色	黒

人間との関係	身体
人間を守る盾	大人の霊（顕現）
味方	直感、変化、死と再生
敵	惰性、死、老化
関係する惑星	地球
トーテム	ヒョウ／ジャガー、フクロウ、カラス
クリスタル	スモーキークォーツ

　西は死と内省の場所です。スモーキークォーツは不要になったものを捨てる方法を教え、死の扉を通り抜け、冥界と再生へあなたを導きます。グラウンディング*と洗浄を行う際にすぐれた効果を発揮し、強力な保護力を持つこの石は、地球と強くつながって環境への配慮を促し、生態系を保護するための策を提案します。今世に転生したことに対する相反する感情を抑え、苦しいときも平常心で乗り切れるよう支援し、困難に立ち向かう決意を新たにさせます。自分の肉体と性的本能に対する受容性を高めるこの石は、精力を強め、情熱が自然と沸いてくるように基底のチャクラを浄化します。

スモーキー
クォーツ

北 西
習慣、パターン、日課の場所

クリスタル	クロライトファントムクォーツ（シャーマンクォーツ）

　ここは過去の習慣に疑問を投げかける場所です。シャーマンクォーツは細胞記憶*を消去し、今世のアンセストラルラインを癒して、変化の扉を開きます。否定的な態度や環境汚染物質を吸い取るこの石は、停滞したエネルギーを体内や環境から取り除きます。エネルギーのインプラント*

シャーマン
クォーツ

クリスタル活用の手引き

の除去を助け、いかなる世であろうともその発信源にアクセスします。クロライトは自然や母なる大地と強くつながっています。

北
英知の場所

性別	男性的な面が強い
季節	冬
元素	風——4つの風
世界	動物
時間	未来
色	白
人間との関係	知:感情、思考力、理性、狭量
人間を守る盾	大人——世界観
味方	バランス感覚、知識、英知
敵	英知なき知識
関係する惑星	恒星
トーテム	狼、馬、水牛
クリスタル	クォーツ

　北に置かれたクォーツには、色んなレベルの知性の働きを集中させて統合する働きがあります。英知をはぐくみ、幅広い人生観を身につけるよう促します。形而上学的能力*を高め、魂の目的に同調し、感情、理性、肉体、魂の間のバランスをとります。どんな症状にも癒し効果を発揮し、多次元的に細胞記憶を修復し、プログラミング（p.358を参照）の受容体としても有効です。クリアークォーツはあらゆるレベルの存在に働きかけ、カルマの種（過去世の行動や思考パターンおよび記憶に

バーナクルと
ブリッジを伴う
クリアークォーツの
ポイント

クリスタル活用の手引き

深く刻まれた出来事で、活性化すると今世での不調*や人間関係、出来事につながる)を解消する力があります。

北東
選択の場所

クリスタル	アメジスト

　北東のアメジストは意思決定のスピードを上げ、常識と霊的洞察をもたらします。モチベーションを高め、現実的な目標設定を可能にし、自分が決めたことやアイデアを実行に移すよう促します。また、新しい考えを吸収するのに役立ち、原因と結果を結びつけます。好・不調の波があまり激しくならないようにバランスをとり、情緒面、霊性面で中庸を得ることができるよう支援します。

アメジスト

東
先見の明の場所

性別	男性的
季節	春
元素	火
世界	人間
時間	時間の概念を超越
色	黄色／金色——明けの明星

人間との関係	霊性
人間を守る盾	神秘的な子ども――インスピレーション
味方	啓発、悟り、美、純粋な喜び
敵	権力の乱用
関係する惑星	太陽
トーテム	鷲、鷹、コンドル
クリスタル	シトリン

　東は着想を得る場所です。シトリンは東から昇る太陽のエネルギーを有し、あなたの人生を照らして内面にある純粋な霊性を呼び起こします。シトリンの薄い影の部分は身体機能をつかさどり、濃い部分は霊性面をつかさどります。様々な感情を抱くことはあっても、常に情緒面でのバランスを保つのに効果があります。負のエネルギーを吸い取って変質させ、拡散を防ぐことで環境を保護します。メディスンホイールの東に置くと、豊かさを引き寄せ創造性を高めるのにすぐれた効果を発揮します。

天然のシトリン

南 東
先祖の場所

クリスタル	スピリットクォーツ

　南東に置いたスピリットクォーツは家族の問題について洞察を得るのに特に有効です。複数の次元に到達して細胞記憶のプログラムを書き換える癒しにエネルギーを集中させ、自分を許すよう促します。あなたを先祖の生まれ故郷の星に連れて行き、先祖の霊と対面させます。プログラミング(p.358を参照)すればアンセストラルヒーリングに用いることができ、特に過去をリフレーム*

するのに役立ちます。過去世の癒しでは、今世のエーテル体の青写真*を手直しし、重要な意味を持つカルマとのかかわりとトラウマに隠された学びや恵み、カルマの正義を的確に指摘します。

ホワイト
スピリット
クォーツ

中心
母なる大地と父なる空、存在の総体の場所

クリスタル　　　　　　スモーキークォーツ・エレスチャル

メディスンホイールの中心は母なる大地と父なる空、そして存在の総体*を象徴します。円形の中心に置いたスモーキークォーツ・エレスチャルは、母なる大地と父なる空のあいだをとりもち、存在の総体の光と英知を円の中心へ運びます。次の瞬間、円の中心には父なる空の万物を創造する力と母なる大地の養育の力が注ぎ込まれ、無限の可能性と深遠な癒しのパワーを備えた神聖な空間ができあがります。

スモーキークォーツ・
エレスチャル

用 語 集

DNAヒーリング(DNA Healing)
人間のDNAはもともと12本の鎖がラセン状に絡まった構造をもっていたと考えられており、人類の進化に伴い現在も再活性化されている。

アースヒーリング(Earth Healing)
汚染や資源の破壊によって生じた地球のエネルギー場の歪みを是正すること。

青写真(Blueprint)
精妙なエネルギーのプログラムで、これをもとに肉体が作られる。過去世の不調(Dis-Ease)やけが、情緒的トラウマ、精神的構成概念が刻印されており、今世での病気や障害のもとになる。

アカシックレコード(Akashic Record)
時空を超えて存在する情報の記録で、宇宙においてこれまでに起こったこと、これから起こることの情報が保存されている。

悪意(Ill-Wishing)
サイキックアタック(Psychic Attack)の項を参照。

アストラルトラベル(Astral Travel)
ジャーニー(Journeying)の項を参照。

アセンションプロセス
(Ascension Process)
人間が霊的または肉体の波動を上げようとするための手段。

アセンディドマスター
(Ascended Masters)
高度に進化した霊的存在。地球の霊的進化を導き、アセンションのプロセスを容易にする。

アンセストラルラインパターン
(Ancestral-Line Patterns)
家族のパターンや信念が前の世代から受け継がれていく道筋。

イシスの顔(Isis Face)
イシスの顔は自身に内在する女神との接触を可能にする。壊れたもの——肉体、理性、情緒、精神——はどんなものでも癒す霊的なエネルギーを情緒体に統合し、他人の苦しみに共感しすぎる傾向を改善する。自分の感性を大事にしたいと思う男性には有効。感受性の強い子どもたちの精神を安定させる作用があり、人生の転換期を迎えた人にも有益。アンフィボールクォーツの項(p.227)を参照。

インクルージョン/インクルーディド
(Inclusion / Included)
内包(Occlusion)の項を参照。

インディゴチルドレン
(Indigo Children)
すでに地球上に暮らす子どもたちよりも高い波動を持って生まれてきた子どもたち。彼らは現在の地球の波動に適応するのに苦労することが多い。

インナーレベル
(Inner Levels/Dimensions)
直感や心霊的な気づき、感情、感覚、潜在意識、精妙エネルギーを含んだ存在のレベル。

インプラント(Implant)
エネルギーインプラント(Energy Implant)の項を参照。

宇宙意識(Cosmic Consciousness)
極めて高次の意識状態で、そこに至ると宇宙のエネルギーの一部となる。

宇宙のアンカー(Cosmic Anchor)
身体の中心軸を縦に走る精妙なエネルギーの導管。大地のチャクラを通って地球の核と結合し、頭上のソウルスターチャクラを経由して、銀河の中心(Galactic Centre)まで伸びる。身体の核のエネルギーを安定させ、ライトボディ(Light Body)が地球にグラウンディングするために必要なケーブルを提供する。地球のエネルギーの変動を乗り切ることを可能にし、高い波動のエネルギーを体内に取り込んで吸収し、必要に応じて、そのエネルギーを地球にグラウンディングさせることができる。

エーテル体(Etheric Body)
肉体を取り巻く精妙なエネルギー体、生体磁気シース(Biomagnetic Sheath)。

エネルギーインプラント
(Energy Implant)
外部から精妙体に植えつけられた波動、思考、あるいは否定的な感情。

エンティティ(Entity)
地球に近い世界で浮遊する肉体のない魂で、人間に付着することがある。

オーラを守る盾(Auric Shield)
生体磁気シースの端を強化し、防御する盾。

下位世界(Lower World)
シャーマンが旅する下位世界とは地球と潜在意識の世界をいう。上位世界(Upper World)の項も参照。

影の性質／エネルギー
(Shadow Qualities/Energies)
抑圧されたり、否定された性質で、潜在意識にはあるが顕在意識には上ってこないもの。

カルマ(Karma)
前世の功罪と今まさに起こっていることに向き合う、動的、継続的プロセス。

カルマの(Karmic)
過去世で得た、あるいは過去世に関連する経験や教訓。恩義、信念、罪悪感は今世に持ち越されて不調(Dis-Ease)の原因となることが多い。しかし、過去世での功績や英知を利用して不調を癒すこともできる。カルマの種は過去世のパターンや魂に刻まれた記憶で、活性化されると今世で不調、人間関係、出来事としてあらわれることがある。

カルマの解脱(Karma of Grace)
十分な霊的成長と悟りが得られれば、カルマを解消することができる。

カルマのもつれ
(Karmic Enmeshment)
過去世に端を発する自分以外の魂とのかかわり。このかかわりが続く限りカルマが際限なく繰り返される。

気(Qi)
肉体と精妙体(Subtle Bodies)を活性化する生命力。

球状(Ball Formation)
球状のクリスタルは全方向に均等にエネルギーを放射する。過去や未来を見通す窓の役割を果たし、時間を越えてエネルギーを動かし、過去の出来事や未来に起こることをかいま見させてくれる。ガスペイトの項(p.140)を参照。

共感の欠け(Empathy Nicks)
クリスタルの表面についた小さな欠け。癒しのパワーを損なうものではなく、クリスタルが持ち主の痛みに共感していることを意味する場合がある。

キリスト意識（Christ Consciousness）
宇宙のすべての生命体が普遍の愛と意識に結びつき、神のエネルギーが最高レベルで顕現した状態。

銀河の中心（Galactic Center）
西洋占星術のホロスコープの中心で、その周囲を銀河が回っている。現在は、いて座の果てにある。

クンダリーニ（Kundalini）
背骨の基底部に存在する微妙な霊的、性的エネルギー。刺激されると宝冠のチャクラまで上昇する。

グラウンディング（Grounding）
（1）自己の魂、肉体、大地を強力に結びつけること。（2）エネルギーを大地にしっかり固定すること。

グリッド／グリッディング
（Grids/Gridding）
建物や人、場所のまわりに複数のクリスタルを配置してエネルギーの強化や保護を図ること。どこに配置するかはダウジングで決めるのが最適。

形而上学的能力
（Metaphysical Abilities/Gifts）
透視（Clairvoyance）、テレパシー、ヒーリングといった能力。

経絡（Meridian）
皮膚あるいは地球の表面近くを流れる精妙なエネルギーの通り道で、経絡上に経穴がある。

高次共鳴（Higher Resonance）
高次の自己のような役割をして、ベースとなるクリスタルの波動を次の段階に引き上げる。

高次元／高次の波動
（Higher Dimensions/Vibrations）
高速で、精妙な振動数を持つ波動領域または状態のこと。必ずしもどこか別の次元に存在するわけではなく、高次の波動は地球やクリスタルの中にもみられる。

高次の自己（Higher Self）
肉体を持って転生していない魂の一部で、今世から転生の終焉までの魂の計画を知っている。過去世で得た学びや英知を保有する。

コンパニオン
（Companion Formation）
2つのクリスタルがからまり、一部が互いに入り込むように成長しているものや、メインのクリスタルから小さなクリスタルが一つ外側に向って成長しているもの。一つのクリスタルが完全にもう一つのクリスタルを取り囲んでいることもある。養育的な特性を持ち、人間関係の理解を深めるのに有効で、自分のパートナーを支える最善の方法を理解するのに役立つ。

サイキックアタック（Psychic Attack）
誰かに対して悪意に満ちた思考や感情を向けること。意識的な場合と、無意識の場合がある。この攻撃を受けると、人生に不調（Dis-Ease）と混乱をきたす。

サイキックバンパイアリズム
（Psychic Vampirism）
他者のエネルギーを吸い取ったり、そこに寄生すること。

サイコポンプ（Psychopomp）
魂を来世へ運ぶもの。

細胞記憶（Cellular Memory）
過去世の記憶あるいは先祖の態度、トラウマ、パターンに関する記憶で、深層意識に刻み込まれたもの。貧困意識のような現在進行中の否定的なプログラムとして現われる。そのプログラムは不調（Dis-Ease）を引き起こし、今世においてはやや異なった形で再現されることがある。

催眠術による命令
（Hypnotic Command）
外部のソースにより組み込まれた無意識のプログラムで、人を意のままに操る。

三焦経（Triple-Burner Meridian）
体温調節に関係する経絡の1つ。

シャーマンのアンカー
（Shamanic Anchor）
シャーマンが上位世界や下位世界を旅する間、地球や銀河のエネルギーをシャーマンの肉体に取り込むための導管。旅からの生還を導くコード。

シルバーコード（Silver Cord）
肉体とエーテル体（Etheric Body）を結ぶもので、ソーマチャクラ（Chakra）からエーテル体に伸びている。

ジェネレーター（Generator）
複数のポイントまたは6つのファセットを持つクラスター。集団を一つにまとめ、平和と調和をもたらす作用がある。非常に強力な癒しのエネルギーを生み出す。6つのファセットが尖ったポイント部分に集まった形状はエネルギーを生み出すのに最適で、癒しのエネルギーを集束したり、クリスタルを用いる意図を明確にする働きがある。

ジオード（Geode）
洞窟のように内部が中空になったクリスタルでエネルギーを増幅して、保存し、徐々に放射する。依存傾向や耽溺傾向が強い人に有益。アバロナイトの項（p.61）を参照。

ジオパシックストレス
（Geopathic Stress）
地球にかかるストレスで、地下水、電線、レイライン（先史時代の遺跡などをつなぐ想像上の直線）に原因があるエネルギーの乱れから生じる。

ジャーニー（Journeying）
魂が肉体を抜け出して他の世界へ旅すること。幽体離脱またはアストラルトラベルともいわれる。

上位世界（Upper World）
シャーマンが訪れる上位世界とは数々の星や、意識を持った高次の知性の世界をいう。下位世界（Lower World）も参照。

除霊（Entity Removal）
付着した浮遊する魂を身体から引き離し、その魂にふさわしい死後の世界へ送り出すこと。

水晶占い（Scrying）
クリスタルを用いて未来や過去を調べること。

スターチルドレン（Star Children）
地球の霊的進化を支援するために他の惑星からやってきた人間の姿を借りた生命体。

臍下丹田（Dantien）
仙骨のチャクラの上にあり、ラセン状に旋回してエネルギーを生み出す小さな領域。この部分のエネルギーが枯渇すると、創造的なエネルギーが十分機能せず、身体のバランスを崩すもとになる。愛情を伴わないセックスや働きすぎ、あるいは誰かにエネルギーを吸い取られたことが原因で丹田のエネルギーが消耗する。

精神的影響（Mental Influences）
他者の思考や強い意見があなたの心に与える影響。

生体磁気シース（Biomagnetic Sheath）
肉体を取り囲む精妙なエネルギー体で、肉体、情緒、精神、カルマ、霊性に関する情報を含む各層からなる。

精妙体（Subtle Bodies）
生体磁気シース（Biomagnetic Sheath）の層。

精妙なエネルギー場
（Subtle Energy Field）
すべての生物のまわりに存在する目に見えないが、検出可能なエネルギーの場。

セプター (Septre)
中心のロッドのまわりに別の結晶が成長してできたもの。大きなベース部分の石に小さな結晶ポイントが現れたものを逆セプターという。問題の核心または精妙体へ癒しのパワーを導く。不調(Dis-Ease)が解消され、必要に応じて、エネルギーがすべての存在レベルで再構築される。パワーを取り戻すのにすぐれた効果を発揮する。オレンジ・リバー・クォーツの項(p.272)、スモーキーアメジストブランドバーグの項(p.234)を参照。

セルフヒールド (Self-Healed)
セルフヒールド・クリスタルは、成長過程で折れてしまった部分を再結晶化により自己修復したクリスタルで、小さなターミネーションをたくさん持つ。自己治癒に関して豊富な知識を有し、傷の程度にかかわらず、健全な状態に回復する方法を教えてくれる。レムリアンシードの項(p.263)を参照。

想念形態 (Thought Forms)
強力なプラス思考またはマイナス思考によって形成され、エーテル体や霊性レベルで存在する形態で、人間の精神機能に影響を及ぼす。

ソウルグループ (Soul Group)
共に旅をしてきた魂の集団で、すべての魂が肉体化している場合と、一部のみが肉体化している場合がある。

ソウルメイト
(Soulmate Configuration)
ツインフレイム(Twinflame Configuration)を参照。

ソウルリンク (Soul Link)
ソウルグループ(Soul Group)構成員間のつながり。

存在の総体 (All That Is)
霊、魂、神。存在するものすべての総体。

タビュラー (Tabular Formation)
2つの幅広い面を持つ平らなクリスタル。抵抗が少ないためエネルギーの流れが速い。混乱、誤解、誤認を解消し、すべてのレベルでコミュニケーションを促進する。2つのポイントを結びつけ、完璧なバランスを保つ。シトリンレムリアンの項(p.264)を参照。

魂の一部 (Soul Parts)
魂は永遠の霊を運ぶ乗り物である。魂の一部とは、現在肉体化していない魂で、魂の断片を含む場合もある。

魂の解消 (Spirit Release)
除霊(Entity Removal)を参照。

魂の回復 (Soul Retrieval)
トラウマ、ショック、虐待、場合によっては極度の喜びが原因で、魂のエネルギーの一部が肉体から切り離され、人生の一時期もしくは過去世の死の時点で身動きできなくなってしまうことがある。魂の回復の施術者やシャーマンは、魂の一部がどこにあろうと取り返して今世の肉体に戻す。

魂の課題 (Soul Imperative)
過去世からの重要課題ややり残したこと。無意識に現在の人生に動機付けをしている。その中には過去世の約束や目的などが含まれる。魂に転生を重ねさせ、恋人もしくは敵の姿を装って過去世のパートナーを再び自分の人生に引き寄せる。

魂の計画 (Soul Plan)
魂の今世の目的と学びの計画。転生の間の状態で慎重に検討した場合と、カルマの因縁により反射的に立案した場合とがある。

魂の断片 (Soul Fragments)
魂の一部(Soul Parts)を参照。

誕生前の状態 (Pre-Birth State)
魂が転生する前に住む次元。

タントリックツイン (Tantric Twin)
ベースとなる石を共有せずに、2つのうり二つのクリスタルが横に並んでいる形。霊性面でも物質面でも対等な2人が同じ職場で働いているようなケースに用いると理想的。レベルの異なる2つの存在の調和と統合を図る。ダブルターミネーションのタントリックツインはアセンションプロセス (Ascension Process) に最適。

ダブルターミネーション
(Double Terminations)
両端にポイントを持つ形状で、過去のパターンを断ち切る。シチュアンクォーツの項 (p.293) を参照。

地球のグリッド (Planetary Grid)
クモの巣のように地球全体を覆うエネルギーライン。このラインは精妙で不可視である。

地電流 (Telluric Currents)
地球のマントルの周囲や内部を駆け巡る強力な地球のエネルギーの流れ。

チャクラ (Chakra)
肉体と精妙体の間のエネルギーの接続ポイントで、チャクラが機能不全に陥ると、肉体や情緒、精神、霊性の面で不調 (Dis-Ease) や障害をきたす。p.363-367を参照。

チャネリング (Channelling)
人間の肉体を持たない魂から肉体を持つ魂へ情報が伝えられるプロセス。もしくは肉体を持つ魂を通して第三者へ情報が伝えられるプロセス。

ツインフレイム／ソウルメイト
(Twinflame/Soulmate Configuration)
同じベースの石の上に並んだ、同じ大きさの2つのクリスタル (プログラミングが異なる)。2人の人間が緊密な関係を築くのに役立つ。対等なパートナーシップで結ばれながらも、独自性と一定の距離を保ちながら良好な関係を維持する方法を教えてくれる。これにより両者の間に自立心と親密な関係が生まれる。ポイントの大きさが似ているほど、調和のとれたパートナーシップを保つことができるといわれる。ソウルメイトはカルマ (Karmic) の教訓を共有し、ツインフレイムは相互支援と無条件の愛を共有する。ベースとなる石を共有していない場合は、情緒面や肉体面よりも精神面や霊性面での結びつきのほうが強くなる。大きさが異なるツインフレイムは親子、労使などの関係に無条件の愛をもたらし、同調と完璧な調和を生み出す。ツインクリスタルはドアからできるだけ離れた場所に置くとよい。オレンジリバークォーツの項 (p.272) を参照。

転生の間の状態
(Between-Lives State)
転生と転生の間に魂が存在する波動状態。誕生前の状態 (Pre-Birth State) の項も参照。

デーヴァの王国
(Devas/Devic Kingdom)
山川草木などを支配すると考えられている自然霊。

電磁スモッグ
(Electromagnetic Smog)
電線や電気器具から発せされる微妙だが検知可能な電磁場で、敏感な人々に有害な影響を及ぼす。

デンドリティック (Dendritic)
結晶内部に見えるシダ状の模様。デンドリティックカルセドニーの項 (p.118) を参照。

投影（Projection）
他者の性格で嫌いな面、受容できない面は実際のところ自分自身にもある。

透視力（Clairvoyance）
霊を識別し、霊とコミュニケーションする能力。

透聴力（Clairaudience）
心霊能力を持った耳で、身体の器官としての耳では聞き取れないものを聞き取る能力。

内包（Occlusion）
クォーツ内部に別の鉱物が堆積してできたインクルージョン。表面に付着していることもあり、透けてみえることもある。集積した鉱物のエネルギーを放射し、クォーツがそのエネルギーを増幅させる。

ハウスクリアリング（House Clearing）
家に取り付いたエンティティ（付着霊）や負のエネルギーを取り除くこと。

波動エネルギーのダウンロード
（Vibrational Energy Downloads）
人類の意識を高めるエネルギーを肉体に取り込むこと。エネルギーを処理し、その存在に気づくまでは時間がかかる場合がある。

波動の上昇（Raising Vibration）
高次の自己（Higher Self）を魂の目的と調和させ、肉体とライトボディ（Light Body）を同調させること。

バーナクル（Barnacle Formation）
大きいクリスタルの表面の一部がたくさんの小さなクリスタルで覆われたもの。家族や地域住民の問題の解決に役立ち、集団のエネルギーを支え、愛する人を失った悲しみをやわらげる。スピリットクォーツの項（p.300-303）、モリオンクォーツの項（p.268）を参照。

ヒーリングクライシス（Healing Crisis）
症状がおさまりつつある明るい兆し。病状が好転する前に一時的に症状が悪化するのが特徴。

非結晶質（Amorphous Crystal）
非結晶質は内部に厳密な結晶構造を持たないためエネルギーの流れが速くなる。その作用は強力で即効性がある。ガイアストーンの項（p.138）を参照。

否定的な感情のプログラミング
（Negative Emotional Programming）
幼少期または他生で経験した「こうでなければならない」とか「こうあるべきだ」といった感情や罪悪感。潜在意識に刷り込まれているために、今世での行動に影響を与え、解消されるまでは進化を阻む要因となる。

貧困意識（Poverty Consciousness）
貧困や欠乏に苦しむことは正しく、価値あることであるという深層意識に刷り込まれた信念。

ピラミッド（Pyramid）
頂点を通してエネルギーを増幅し、高密度に集中させるピラミッド形状は、チャクラから負のエネルギーや閉塞を除去した後、躍動感に満ちたエネルギーを補充する。ヒューランダイトの項（p.158）を参照。

付着霊（Attached Entities）
生きている人間の生体磁気シースに付着した霊。

不調（Dis-Ease）
身体的なアンバランス、閉塞感、抑圧された感情、カルマ、マイナス思考などから生じた状態で、そのままにしておくと病気につながる。

フレイム（Flame）
あなたの大いなる存在の一部をなすエネルギー場。あなたの波動を変質させることができる。

ブドウの房のような外皮
（Botryoidal Crust）
水晶やその他の鉱物の表面を覆う微細なクリスタル。ヘミモルファイトの項（p.154）を参照。

ブリッジ（Bridge Formation）
2つのクリスタルとつながったり、またがって別のクリスタルとつながっている形状。2つの異なる見解を一つにまとめる働きがあるといわれている。クリアークォーツの項（p.372）を参照。

ブレード（Blade Formation）
平坦なクリスタルで、過去のパターンや霊障を解消するのに有効。ポイントが放つ光は傷口をふさいで癒す作用がある。スモーキーレムリアンの項（p.264）を参照。

母岩（Matrix）
クリスタルが生成する際の基盤となる石。

マカバ（Merkaba）
複雑な幾何学模様で、意識の進化とライトボディ（Lightbody）の活性化を促すといわれている。

ミアズマ（Miazm）
家族や場所を介して受け継がれてきた過去の感染症や外傷体験の微妙な痕跡。

メンター（Mentor Formation）
教師の石としての役割を果たす。アカシックレコード（Akashic Record）から情報を取り込んで古代の英知を伝え、共有することで、ワークを最高の次元に引き上げる。

幽体離脱体験
（Out-Of-Body Experience）
ジャーニー（Journeying）の項を参照。

ライトボディ（Light Body）
高い周波数で振動する精妙なエネルギー体。神霊の乗り物。

ライトワーカー（Lightworker）
自分に与えられた役目を果たすことで、地球の波動を上げる魂。自らの活動を通じて他の魂の進化を促す。

ライフプラン（Life Plan）
魂の計画（Soul Plan）を参照。

ラジオニクス（Radionic）
遠隔で行う診断と治療法の1つ。

リフレーム（Reframing）
過去の出来事を別の角度から肯定的に見直すことで、それにより過去の出来事に起因する不調（Dis-Ease）が癒される。

レイキ（Reiki）
手を用いて行う自然なヒーリング手法の1つ。癒し効果は施術者を通して患者に伝えられ、遠隔治療も行われる。

ロングポイントクリスタル
（Long-Point Crystal）
ロングポイントクリスタルは直線にエネルギーを集束させる。先端を身体に向けると、速やかにエネルギーを伝達し、身体から離すとエネルギーを抜き取る。レムリアンシードの項（p.263-265）を参照。

索　引

ADHD（注意欠陥多動障害）
　53，179，313，332
DNA
　強化　219
　精妙な　116
　ヒーリング　97，162，219，378
NLP（神経言語プログラミング）
　323
Oリングテスト　360
RSI（反復運動損傷）　135
SAD（季節性情動障害）39，170，323，341
T細胞　135，221

あ

アースヒーリング　55，60，70，79，82，120，132，145，172，175，233，234，243，247，253，278，328，334，376
愛
　愛情　66，85
　きずな　127
　厳しい　95
　支えあう　43
　自己愛　122，129，339
　相思相愛　92
　チャネルング　80
　できない　62
　引き寄せる　70
　普遍の　115，222
　プラトニックな　74
　無条件の　85，107，139，179，196，200，234-235，239，254，265，280-281，299，354
　恋愛　74
愛情　27，66，85
アイデンティティの確立　125
青写真　65，307，321，363，376
　情緒の　126，321
　（エーテル体の青写真も参照）
アカシックレコード　109，116，124，158，189，240，243，275，293，317，335-336，376
あがり症　122
悪意（サイキックアタック［悪意］を参照）
悪夢　113，132，210，254
顎　133，191，205
脚　80，269
足　80
アストラルトラベル
　（ジャーニーを参照）
アスベストが原因による腫瘍
　37
アセンションプロセス　81，81-82，279，300，376
アセンディドマスター　279，317，335，376
アトランティス　28，59，75，150，158，163，265，306
アトランティスの頃の過去世
　59
アナフィラキシーショック　274
争い　42
　過去世　217
　カルマに起因する　66
アルカリ性過多　49，78
アルタメジャーチャクラ　（過去世のチャクラを参照）
アルツハイマー病　129
アルフォンソスペイン国王　68
アレキサンドリアの書庫　50
アレルギー　105，115，145，147，166，274
アンカー　（宇宙のアンカー，シャーマンのアンカーを参照）
アンセストラルラインパターン　283，370，376
　DNAのアンバランス　89
アンセストラルラインヒーリング　90，116，239，253，283，288，374
安全な空間　27，79
案内役の精霊　121
胃　46，53，64，205
家
　室内のグリッディング　42，70
　ハウスクリアリング　184，382
　売却　217
怒り　68，129，141，145，148，151，170，195，210
遺棄　95，148，206
恐怖心　105
意識
　宇宙の　203，292，376
　拡張　150
　高次の　91，204
　進化　241
　自覚　232-233
　純粋な状態　114
　高める　71
　地球の　284
　ホワイトフレイム　232，254，270，284，293
意識のホワイトフレイム　232，254，270，284，293
イシスの顔　376
石のエネルギー　11，13
意志力　51，66，185，213
異次元間のコミュニケーション　306
異次元の旅　267
異次元の探求　54
痛み　124，133，269
　陣痛　55
　鎮痛　241
　人の苦しみを背負う　86
　腹痛　162
　古傷を癒す　79，84，214

卵巣 172
遺伝子疾患 53
イナンナ 14
イニシエーション 79, 104-105, 175
イヌイット族 339-340
イボ 133, 185, 197
インクルージョン 228, 277
インシュリンの制御 200, 239
インディゴチルドレン 332
インド 15
インナーチャイルド 70, 151, 183, 220, 257, 278, 280, 352
　癒し 183, 238-239
インナーレベル 204, 376
インフルエンザ 82, 288
インプラント 134, 234, 371, 376
陰陽のバランス 69, 113, 123, 165, 189, 268, 301
ウェートトレーニング 143
内気 64, 122
内なる賢女 62
内なる声 51
宇宙意識 203, 292, 376
宇宙人の侵略 233, 295
宇宙船 91
宇宙のアンカー 72, 84, 91, 99, 142, 146, 160, 169, 174, 187, 255, 264, 319, 377
　活性化 133, 169, 174, 298-299
　浄化と再接続 234-235
　上端 91-92
　地球につながる部分 84, 137, 139, 187
　つなぐ 232
宇宙の英知 109
宇宙の知性 114
宇宙の光 72
裏切り 105
恨み 76, 129, 141, 170, 195, 210, 299
運動機能 115
運動技能 266

運動神経 80
運動選手 113
運動療法 213
エーテル体 79, 89, 92, 197, 207, 377
　回復 92
　シルバーコード 255
　浄化 132, 148
エーテル体の青写真 103, 153, 157, 189, 223, 233-234, 253, 283, 315
　癒し 92, 171, 294
　描きなおす 253
　回復 233-234
　傷 286
　清め 297
　刻印された記憶の消去 203
　修正 275
　心霊的な手術を行う 199
　浄化 132
　パターンを書き換える 317
エーテル体の手術 132, 181, 197, 276, 286
エーテル体の浄化 235
永遠の自己の原型 121
英知 61, 62, 114, 150, 151
　宇宙の 109
　生来の 121, 162
　取り戻す 163
霊的なエネルギー 140, 212
霊的なビジョン 69
エジプト 13, 14, 14-15, 67, 68, 180-181, 212, 306
エゼキエル 16-17, 19
エデンの園 16, 17
エネルギー
　イシス 67
　エネルギーグリッド 139
　核 127
　吸収 87
　クロップサークル 349
　浄化 200
　情緒的な 80, 236-237
　増幅 89
　男性的 78
　詰まりを取り除く 101

電磁気 132, 197, 211, 328
伝達作用 100, 106
肉体 236-237
分散もしくは浪費 64
放射 110
女神 271
養育 86
淀んだエネルギーの解毒 108
（クンダリーニエネルギーも参照）
エネルギーが伝わる 243
エネルギー体 191
エネルギーの強化 25-26
エネルギーの枯渇 112, 129, 283
エネルギーのシールド 98-99
エネルギーの循環 226
エネルギーの流れ 76
エネルギーの漏れ 266
エネルギー療法 57
エネルギーを生み出す 40
エネルギーを守る 141
遠隔ヒーリング 73, 86
炎症 51, 101, 103, 120, 151
エンティティ 207, 219, 278, 295, 377
　除去 278-279, 295
　除霊 133, 254, 379
　取り除く 149, 271
　付着霊 148, 149, 382
　ワンウェイポータル 208
エンドルフィンの分泌 97
縁のある魂 129, 170
オーラ 312-314
　浄化 172
　盾 37, 198
　保護 27
黄疸 183
嘔吐 122
悪寒 197
押さえつけられていた感情 43
汚染
　環境 70, 139, 145, 166, 172, 204, 288
　重金属 76

索　引

電磁気　147，166，225
恐れ　117，122，205，229，252
　遺棄　105
　解消　124，147
　拒絶　148
　克服　81，90
おとぎ話　61-62
男らしさ
　グリーンマン伝説　133
　神聖な男性性　271
　男性のエネルギー　78，285
大人の女性たちが集う場　105
思いやり　53

か
下位世界　377
下位世界への旅　99，107，140-141，165，170，176，199，327
　シャーマンのアンカー　84，139，212
海賊　16
海馬　71
回復力　50
解剖図　362-363
化学療法　49
覚醒させるクリスタル　258-261
架け橋となる　282-283
影の性質／エネルギー　107，133，146-147，190-191，191，206，268-269，275，382
過去世とのつながり　199
過去世の癒し　283
過去世の課題　199
過去世の記憶　121
過去世の償　122
過去世の経験　109
過去世の魂の課題　55
過去世の探求　96，203
過去世のチャクラ　93，116，121，130，150，152，181，212，213，256，277，278，363，366-367
　活性化　199
　トラウマ　233

過去世のトラウマ　253
過去世の呪い　220
過去世のパートナー　42
過去世退行　81，255
過去世療法　96，135，264
下垂体　51，71，173
風邪　82，151，288
家族に伝わる神話　257
肩関節周囲炎　261
カタルシス　24，64，126，219，303，341，
　心理的　138
活動過多　131，321
渇望　44
活力　64
　刺激　44
悲しみ　41，85，117，120，126，203，220，230-231
カビ感染症　108
過敏症　122
過敏性腸症候群（IBS）　53，215
花粉症　205
髪の毛　80
　脱毛　203
　発毛　101
身体の経路　57，80
空の巣症候群　68
カリウムの吸収　74
カリスマ性　55
カルシウム不足　80，97
カルマ／カルマの　40，55，147，172，185，199，222，234，243，252，261，264，265，271，275，276，283，293，301，307，308，316，319，346，377，380
　争い　66
　遺産　370
　癒し　116，202，203，206-207，233，261，293，335
　生み出される　172
　解消　240
　かかわり　207
　過去世　199，203，205，214

身体の不調　108，287
共依存　221
共依存の循環　122
教訓　48
解脱　225，231，276
古代文明の知識との再接続　158-159
傷心　254
深遠な知識　50
浄化　55，206-207，246，253
情緒障害　226
情報　116
立ち向かう　107
魂の浄化　114
トラウマ　96
バランスの崩れ／悩み　22
パワーを取り戻す　177
学び　122
もつれ　144，253
約束　162
乱用　273
理解　252
霊的成長　128-129
カルマの解脱　225，231，276，377
考え方を変えるべき時期　56
環境汚染　70，139，145，165，172，204，288
環境のグリッディング　53
環境のバランスの崩れ／悩み　22，25-26，303
環境保護　62
環境を癒す　40，42，172，202，243，344
関係　64
　終わらせる　53，129
　サポート　60，220
　続く　171
かんにん袋　195
感情表現　70
環状列石　16
感情を解消する　114
感情を逆なでする人　215
感性　125
関節炎　84，101，205，221，247，261

索　引

関節の柔軟性　97，105，207
乾癬　46，106
感染　48，49，57，221
　心霊　134，135
感染症　101，131
肝臓　37，41，51，66，115，118，124，159，160，166，170，173，179，183，221，346
肝臓のチャクラ　141
干ばつ地帯　60
干ばつ地帯にグリッディングして雨を降らす　60
外国語学習　57
学業　120
学習能力　117
がんこさ　122
気圧の変化に敏感　62
記憶
　過去世の記憶　121
　過去の　117
　記憶処理　118
　（細胞記憶も参照）
　高める　64，88
　魂の記憶　124，228
　弱った記憶力　185
気温の変化に対する過敏症　64
機会均等　73
気管支炎　101
危機　122
危険
　遭遇　79，112
　守る　79，112，130
記号を読み解く　57，72
刻まれたマイナス思考　97
傷
　エーテル体の青写真　286
　過去世　132
　情緒　139，203
季節性情動障害（SAD）　39，170，323，341
北（メディスンホイール）　372-373
喫煙　118
基底のチャクラ　66，128，167，169，182，253，276，314，329，363，364-365，371

エネルギーの吸収　87
過剰な刺激　165
活性化　166，303，355
傷を癒す　352
強化　45
クンダリーニのエネルギー　262
再充電　247，273，325
刺激　66，237
浄化　251
調整／同調　128，225，251，303
開く　112，160
閉塞を取り除く　346
「気」の生命力　37，55，101，377
厳しい愛　95
気分の高揚　113
客観　185
球状　377
旧約聖書　17
共依存　122，221，259，294，316
境界線
　押し広げる　75-76
　強化する　203
　明確にする　64，75
共感　53，145
共感の欠け　377
胸腺　48，53，74，103，202，214
　浄化　124
　チャクラ　71，213
強度女性嫌悪　123，354
強迫行動　95
強迫障害／強迫観念　43，55，64，133，134-135，173，197，224-225，259，301
強迫神経症　259
恐怖症　122，147，203
虚栄心を捨てる　107
極度の神経症　145
虚弱体質　120
拒絶　95，105
　不安感　148，207
キリスト意識　335，378
近親相姦　123
筋痛性脳脊髄炎　247

筋肉　41，80，145，210
　強化　221
筋肉痛　41，120
筋肉の機能　115
首のこり　51，72
肉離れ　110
腫れ　202
筋肉や骨格　183
儀式的ワーク　63，79，198，200，292
犠牲　53，126
虐待　175
　アルコールの乱用　253，254
　癒し　88，299
　情緒的な　280，281，299
　精神的な　281
　性的な　325
　肉体的な　281
　パワーの乱用　151，199，273
　薬物の乱用　92，253，254
行儀が悪い子どもをしつける　59
銀河の中心　84，91，142，169-170，211-212，299，319，378
空間
　安全な　27，79
　神聖な　206，243，252，261
首のこり　51，72
クモを追い払う　43
クリスタルセラピスト　126
クリスタルに話しかける　22-23
クリスタルの選び方　358-360
クリスタルの活性化　358
クリスタルの構造　20-21
クリスタルの浄化　259，358
クリスタルの保管　358
クリスタルの歴史　14-19
車を守る　97，199
クロップサークルのエネルギー　349
クンダリーニ　46，128，313，324，331，346，378
　エネルギーを再注入　243

387

覚醒 55
流れをよくする 111
グラウンディング 27, 78, 87, 112, 133, 148, 165, 181, 182, 269, 279, 282, 294, 297, 328, 353, 371, 378
　エネルギー 176, 216
　霊性 209, 212
　霊的エネルギー 219
グリーンマン 133
グリーンランド 10, 32-33
グリッディング 13, 27, 28-31, 42, 48, 145, 151, 254, 256, 263, 308, 343, 378
　安全な場所 79
　家の中 42, 70
　エネルギーの吸収 101
　身体のまわり 137
　環境 53, 139
　干ばつ地帯 60
　車のお守り 97
　静かな空間の確保 203
　職場 88, 110
　植物が生育する周辺 47
　生殖機能 225
　ダビデの星 28, 31, 78, 151, 343
　波動を取り込む 133
　ワンド 264
グルとのつながり 43
敬意 199
　自尊心 49, 51
　他者への 66
蛍光性の石 33
形而上学的な気づき 96
形而上学的能力 38, 65, 75, 143, 149, 171, 202, 231, 252, 267, 297, 300, 372, 381
　開花 142
　活性化 54
　刺激 107, 184
経絡 11, 234, 243, 253, 305, 338, 379
　エーテル体 79

エネルギーの循環をよくする 57
身体 57, 80
三焦経 44, 200
　刺激 148
精妙体 80, 193
地球 197
中央経絡 103
調和 57
整える 273
微調整 143
痙攣 70, 74, 78, 120, 122, 355
結腸洗浄療法 215
血圧 120, 145, 341, 346
血液 97, 131, 159, 170, 217
　癒し 68
　血管 237
　細胞 66, 127
　疾患 60
　浄化 88, 346
結合組織 145, 208
決断力 145
結膜炎 349
煙 43
ケルト族とのつながり 212
謙虚さ 119
健康 55
賢明な女性 62, 68, 105
芸術面での表現活動 43
月経過多 143
月経前緊張症 58, 68
解毒 41, 64, 106, 108, 114, 124, 126, 131, 149, 151, 160, 164, 215, 221, 225, 229, 250, 253, 257, 269, 301, 302
　心霊の 134
　情緒の 115
下痢 122, 218
元気回復 216-217
原子力 269
現実面で導く 89
幻滅 62
減量 126, 159, 210
コードの切断 196

口腔カンジダ症 118
高山病 292
高次共鳴 378
高次／高次の波動 71, 378
高次の心臓のチャクラ 71, 123, 220, 225, 271, 282, 290, 292, 298-299, 338, 340, 341, 363, 364-365
　浄化 234
高次の自己 107, 148, 155, 190, 204, 237, 240, 255, 273, 277, 282, 310, 345, 378
　コンタクトを促進 281
　調和 56, 81-82
　つながる 228
高次の大地のチャクラ 363, 364-365
高次の宝冠のチャクラ 216, 226, 228, 252, 254, 267, 284, 290, 292, 300, 315, 337, 345, 363, 366
　活性化 52
　開く 91
　ワンウェイポータル 208
甲状腺 82, 103, 124, 149, 173, 205
酵素過程 66
行動についてよく考える 113
効能にあやかる 25
高波動のエネルギーを取り込む 160
幸福感 65, 69, 145
　情緒 148
呼吸器 189
呼吸器系疾患 82
呼吸困難 151
心地よさを感じさせる 97
心 39, 50-51, 60, 80, 82, 120, 127, 131, 141, 145, 202
　癒し 239, 254
　エネルギー 114-115, 204
　傷心 86
　心臓とのつながりを刺激する 66

心臓のエネルギーを吸い取る　130
知性の調和　85
心に引っかかっているものを取り除く　53
心の痛み　141、253、257、324-325
心の傷　139、202
心の平穏　115
個人のエネルギーの青写真　156
個人の潜在能力を引き出す　54-55、106、125、127、129
個性　131
骨格　210
骨折　110、173、201、256、269
骨炎　55
骨髄　127、143
骨髄炎　55
骨粗鬆症　269
孤独感　209
子ども
　悪夢　113、210
　行儀が悪い　59
子どもをしつける　59
小人　62
コミュニケーション　22-23、143
　円滑にする　108、203
　促進　106
　対人関係　64
　魂　293
　テレパシー　61、123、171、279、291-293
　星との　306
　霊的な　69、130
コレステロール　145
今世の魂の計画　72
　（魂の計画も参照）
コンパニオン　378
コンピューターの電磁波　53
ゴールデンフレイム　114、265、285
強姦　123
合理的な視点　51
5角形の星　30
護符　50

さ

サービス業　197
サイキックアタック（悪意）　77、132、134、148、198、217、228、233、295-296、378
　守る　40、44、130、151、183、216-217、295-296
サイキックバンパイアリズム　26、137、144、378
サイコポンプ　303、378
サイコメトリー　213
再生　45-46、51、54、73-74、96、105、166、186、206、207、239
　地球　151
裁判　183、237
細胞
　T細胞　135、221
　エネルギー　101
　再構築　243
　再生　66
　代謝　55
　膜　105
細胞記憶　39、41、43、57、60、70、101、103、122、126、149、151、153、159、162、168、173、197、202、207、214-215、217、231、253、256、281、288、300、319、321、323、330、372、377
　癒し　80、334
　改善　117
　消す　94-95
　支える　57、82、120、133
　刺激　294
　多次元的　234、253、276、290
　プログラムの書き換え　74、122、124、199、214、259、290、303、317、336
　リフレーム　222、223、350
細胞組織　74、197
細胞組織の再生　51、124、133、200
細胞の異常　57、82、296

細胞の癒し　57、65-66、97、129、254、279、300、316
　再生　58、267
細胞の更新　179
催眠術による命令　220、378
催眠によるトランス状態　202
支えあう愛　43
差別　354
寒さに対する過敏症　64
酸過多　131、218
三角形　29、228、285
三焦経　44、200
酸性とアルカリ性のバランス　120
酸素　143、189
酸素化　88
罪悪感　88、129、147、214
死　114、132、225、301
　エネルギーの再構築　60
　過去世　136
　恐怖　299
　ジャーニー　239
指圧　58、101
幸せ　55、73、245、280
視覚化　36、56、61、73
しがらみから解放する　82
死者の魂を来世に送り出す儀式　254
歯周病　251
視床　149
視床下部　71
視神経　129
自然／自然霊　47-48、174、177
シックハウス症候群　28、147、269
嫉妬　68、129、151、159、170、355
失敗から学ぶ　129
失敗を恐れる　62
失読症　321
支配魔　231
脂肪酸　66
脂肪沈着　58
シャーマン　33、188
シャーマンが行うヒーリング　37

索　引

シャーマンが魂の回復に用いる
　道具　136-137
シャーマンのアンカー　84, 99,
　132, 137, 139, 174, 187,
　212, 382
シャーマンの占い　99
シャーマンのジャーニー　282
シャーマンのワーク　141, 174,
　188-189
社会正義　73
集団作業　238
集団の深層意識　62
集中力　64, 117
手根管症候群　135
守護天使　227-228, 238
守護動物　99, 102, 176
手術　68
　エーテル体　132, 181, 197,
　　276, 286
　回復　120
　心霊　199
　出血　217
　出産　187, 206
　腫瘍　57, 101, 108, 124,
　　179, 274
消化管　143
消化器系　44, 53, 80, 108,
　162, 166, 183, 193, 296
松果体　51, 71, 314
消化不良　218
傷心　86
消耗病　122
将来の計画　131
食道　143
職人　283
職場　110, 228
　グリッディング　88
植物　17-18, 213
　会話　106
植物／本草学　167-168, 213
食欲
　抑制　179
食欲不振　193
触覚の感度　58
処方薬　92
視力　64, 203
　夜間視力　44

霊視能力　219, 220, 268,
　291-292, 311
霊的ビジョン　69
シルバーコード　74, 255, 379
皺　46, 133
深遠な知識　50
信義　199
神経　113
神経系　51, 58, 117, 126,
　145, 170, 194
　安定　129
　支える　40
　調和　189
　整える　64
神経系細胞組織　51
神経言語プログラミング（NLP）
　322
新月の儀式　81
心身症　89, 115, 122, 141,
　292, 294
真実の炎　100
新生児　14
神聖な空間　206, 243, 252,
　261
神聖な場所　212
深層心理に刻まれたマイナス思
　考　97
心臓疾患　105
心臓と胸部の働き　217
心臓のチャクラ　38, 69, 123,
　138, 141, 169, 213, 220,
　225, 239, 265, 271, 276-
　277, 290, 292, 298, 314,
　338, 340, 355, 363, 364
　失われた魂の子どもの部分
　　136
　シャーマンのジャーニー　136
　開く　120
　保護　144
　ライトボディ　265
　（高次の心臓のチャクラも
　　参照）
心臓のペースメーカー　355
心配事を取り除く　45
神秘的な儀式による結婚　234,
　296
神秘的なビジョン　74

親密　58, 64, 117
新約聖書　17
信త　119
心理的なカタルシス　138
心理的な自立　218
心理的なバランス　52
心理面での　119
心理面でのバランスの崩れ／
　悩み　22
心霊的感染　134, 135
心霊的な手術　199-200
心霊による対人操作　198
心霊の侵入に対する防御　36,
　184, 276
心霊の除去　225
神話　14-16
神話の世界　61
慈愛　94, 127, 143, 145,
　204, 223, 232, 234, 239,
　251, 254
　促す　115
　はぐくむ　241
　深める　119
ジェネレーター　379
ジェムエッセンス　46, 126, 193,
　308, 330, 334, 357, 361
　使い方　361
　作り方　361
ジオード　379
ジオパシックストレス　26, 145,
　253, 296, 379
自虐的な行動　96, 97
ジグザグのグリッディング　29
自己愛　122, 129, 339
自己犠牲　53, 75, 95, 110,
　126, 283
自己欺瞞　203
自己主張　70
自己実現　276
自己受容　147
自己治癒　129, 139, 256
　活性化　88
　促進　66
　高める　41
自己に対するあわれみ　126
自己発見　85
自己批判　126

索　引

自己表現　283
自己免疫疾患　205，247，279
自己抑制　122，229
自信　122，127，129，231
自身の内面を見つめる　97
自尊心　36，51，147，309
　支援　49
実用的な知識　62
自負心　51，53
自分への信頼感　147
自滅に追い込む思考パターン　43
ジャーニー　61，63，72，92，96，161，181，188，202，208，224，230，255，265，282，287，299，311，318，329，335，379
　過去世　129
　死　239
　シャーマンのアンカー　132
　シャーマンの世界　99
　シルバーコード　74
　多次元的な　72，196，326
　霊的世界　228
　惑星への意識的な　96
　（下位世界，上位世界も参照）
邪気の侵入　253
10代の若者　75-76
授乳期間　187
樹木　47-48
呪文　77
循環系　80，120，131，166，189，191，274
循環呼吸　164
上位世界へのジャーニー　99，170，212，282，383
浄化　50，96，129，138，150，183，233，253
浄化された空間　25-26
情緒
　安定　110
　バランスを整える　113，123
　（否定的な感情も参照）
情緒体　41，128，139，145，162，350，354
　清める　203
　再構築　64

　浄化　126，142-143
　情緒的なトラウマ　126
　情緒的パターン　64
　情緒に関する知識　62
　情緒に対する脅迫　341
　情緒の青写真　126，321
　情緒のエネルギー　79
　情緒のエネルギー場　88
　情緒のバランスの崩れ／悩み　22
　情緒面でエネルギーを高める　24-25
　情緒面での癒し　85-86，89-90，95，105，134，203，220，252，261，263-264，269，342-343
　暴力による心の傷をいやす　123-124
　情緒面での虐待　280-281，299
　情緒面での解毒作用　115
　情緒面での幸福　148
　情緒面での自立　131，141，239，256，280-281，346
　情緒面でのストレス　90
　情緒面での成熟　51，86
　情緒面での強さ　76
　情緒面でのバランス　52
　情緒面での閉塞感　85-86
情熱　66
情報処理　114
静脈　72，103，143
女性司祭の化身／パワー　62，133
女性性　325
　イシスのエネルギー　67
　賢明　62，68，105，133，186
　女性司祭の化身／パワー　62，133
　女性性のエネルギー　285
　女性性のパワー　83，150
　通過儀礼　104-105，186
　（母なる大地も参照）
女神138，139，175，271
女神のエネルギー　271
除霊　133，254，271，379

自立　49，245
　心理　218
　情緒　131，141，239，256，280-281，346
　高める　63-64
人種間の争い勃発地域　341
人種差別　354
人生の転換期　104
腎臓　37，76，97，106，120，131，159，162，181，200，221
人体解剖図　362
じん帯の損傷　110
陣痛　55
水銀　191
水晶占い　238，379
膵臓　51，160
水分保持　149，151，202
数学　120
数学的精度　95
スカラベ　15
スターチルドレン　379
スタミナ　60，66，126，217
ステラゲートウェイチャクラ　91，157，233，254，307，310，363，366-367
ストーカー　166
ストーンヘンジ　16，211
ストレス　37，59-60，78，88，120，122，166，200
　解消　81，210
　ジオパシック　26，145，253，296，379
　情緒　90
　長期にわたるストレスからの回復　131
ストレス性の疾患　80，223
スネークメディスン　46
頭蓋骨　55
頭蓋仙骨療法　72
頭痛　53，80，122，200，212-213
臍下丹田　319，346，379
性器　80，118，166
制御機構　261
性交能力　131

391

生殖器 44, 58, 66, 131, 133, 172, 179, 210, 262, 273, 296
　刺激 111
　男性 51
生殖機能 66, 131, 225, 341
　子どもを産めない 68
　失望感 68
　豊作 47
聖書に登場するクリスタル 16-19
精神的エネルギー 251
精神的きずなを断つ 43
精神的虐待 281
精神的な悪影響 199
精神的な影響 40, 183, 228, 277, 379
精神的なバランスの崩れ／悩み 22
　癒し 351, 352
精神に関する知識 62
精神の浄化 172
精神面での魂の課題 114
精神面の明晰さ 191, 229
誠実な魂 75
生存本能 55
生体磁気シース 166, 193, 204, 207, 266, 271, 319, 326-327, 335, 340, 344, 379
　癒し 277-278, 294
　エネルギーの流れ 350
　拡張 36
　強化 57
　修復 41
　浄化 88, 256
　調整 57, 199
　整える 202
　ふさぐ 191, 215, 295
　保護 146, 225
　防御 204
性的快感 166
性的虐待 325

性的衝動 107, 137, 165, 262, 355
性的なエネルギー 355
性的な欲求不満 165
性的抑圧 124
生の喜び 44, 120, 122
性別
　男女のエネルギーのバランス 145, 251
　男性性と女性性を結びつける 68
　調和 51
　（女性性、男性性も参照）
精妙体 26, 42, 143, 149, 153-154, 193, 197, 225, 253, 288, 292, 297, 303, 309, 314, 330, 334-345, 349, 354, 379
　エネルギーの渦 137
　エネルギーの流れ 52-53
　エネルギーを統合 92
　経絡 80
　心のしこりを取り除く 114
　シルバーコード 74
　チャクラ 381
　調和 149, 274, 294
　負のエネルギーを追い出す 172
　負のエネルギーを解消 126
　閉塞 49
　良好な波動に変える 202
精妙体の解剖図 363
精妙なDNA 116
精妙なエネルギー場 379
精妙なチャクラ 199
生命の周期 94
生命力 44, 131
性欲 43
生理痛 124
精霊を感知する 184
咳 103
石灰性沈着物 74, 84
積極的に実行 79
摂食障害 95, 266
セドナ 260
セプター 25, 273, 311, 380
背骨 127, 160, 189

背骨の矯正 58, 207, 349
セルフヒールドクリスタル 380
腺系 51
仙骨のチャクラ 66, 182, 247, 251, 277, 314, 319, 324, 329, 346, 355, 363, 364-365
　傷を癒す 352
　強化 45
　刺激 237
　開く 112
潜在意識下の知識 191
占星術 94
戦争地域 341
疝痛 122
専用化したクリスタル 25
前立腺 80
ソーマチャクラ 41, 54, 56, 91, 93, 150, 152, 194, 212-213, 233, 249, 255, 284, 307, 310, 311, 314, 315, 329, 363, 366
　エネルギー構造を作る 72
　活性化 199
　きずなを断ち切る 121-122
躁鬱 149, 179, 276-277
創造性 39, 61-62, 66, 120, 124, 228, 265, 323
　かきたてる 89, 229
　喚起する 220
　芸術 52, 353
　刺激する 44, 203, 281, 355
　神話 61-62
　助長する 69
　促進する 224-225
　高める 237
　はぐくむ 107
　発揮させる 286
　発揮できない 129
　引き出す 36, 66
創造性が発揮できない 22
想念形態 40
　排除 41

ソウルグループ 92, 129, 170, 203, 278-279, 311, 312, 380
ソウルスターチャクラ 152, 157, 169, 226, 233, 252-253, 262, 271-272, 285, 307, 310, 312, 316, 363, 366
  グリッディング 133
  ジャーニー 99
  開く 91, 117
ソウルボディ 148
ソウルメイト
  （ツインフレイムを参照）
ソウルメイトを引き寄せる 122
ソウルリンク 380
早漏 229
疎外 206
組織をまとめる力 122, 166
速記 57
そばかす 185
存在の総体 91-92, 226, 232-234, 243, 263, 282, 310, 351, 375, 380

た

ターコイズフレイム 222
体液鬱滞 80
太極拳 101
対抗手段としての行動パターン 199
代謝 37, 41, 66, 71, 145, 149, 151, 193, 203, 205, 210, 278, 341
  アンバランス 74
  制御 244
体臭 162
対人関係 64
太陽神経叢 105, 218, 220, 256, 277-278
  心に引っかかっているものを取り除く 53
  刺激 292
太陽神経叢のチャクラ 38, 220, 226, 276, 280, 297, 314, 329, 355, 363, 364-365
  活性化 52

太陽のエネルギー 181
他者への奉仕 53
多次元的進化 150
多次元的ヒーリング 42, 152, 188, 252-254, 263-264, 276, 300
多発硬化 103
タビュラー 380
卵形のセプタリアン 323
魂同士のコミュニケーション 293
魂の癒し 70, 95, 130, 224, 232-233, 252, 295-296, 350
魂の回復 45, 140, 199, 212, 224, 352, 380
魂の課題 55, 114, 170, 254, 258-259, 264, 271, 275, 380
  過去世 55
魂の記憶 124, 228
魂の計画 72, 116, 175, 177, 179, 193, 205, 233, 237, 275, 380
  アクセス 114, 171
  洞察 230
  光を当てる 247
魂の契約 162, 170, 218
魂の子どもの部分の回復 136, 199, 233
魂の進化 264
魂の成長 49, 65, 235, 249
魂の断片 （魂の部分を参照）
魂の知識 258-259
魂のパートナー 61, 123
魂の部分 136, 255
  断片 115, 124, 136-137,
  暗号化 54
  魂の道 58, 76, 92, 171, 252, 289
魂の浄化 114, 153
誕生 108, 206
  トラウマ 55
誕生前の状態 276, 380
胆石 162
タントラセックス 111
タントリックツイン 273, 381

胆嚢 41, 115, 126, 181
タンパク質の吸収 60
第三の目 41, 43, 54-56, 149, 156-157, 171, 173, 181, 194, 220, 226, 228, 233, 285, 295, 314, 348
  心霊的感染 134
  浄化 135
  チャネリング 96
  微調整 224
  閉塞 74
第三の目のチャクラ 69, 93, 116, 134, 139, 226, 276, 277, 290-293, 303, 307, 311, 314-315, 363, 366
  高次の空間 71
  開く 91
大司祭の胸当て 17-19, 67, 102
大地にしっかり根をおろす 80
大地のチャクラ 60, 120, 128, 138, 151, 167, 169, 175, 182, 225, 234, 253, 272, 276, 282, 363-365
  清める 143
  グリッディング 133
  高次の 363-365
  ジャーニー 99
  浄化 57
  開く 112, 160, 355
  保護 221
大腸 58
大腸炎 105
大脳辺縁系 234
ダウジング 143, 166
  Oリングテスト 26, 28, 358-360
脱水症状 57, 126, 183
ダビデの星 28, 31, 78, 151, 343
ダブルターミネーション 381
打撲傷 49, 217
男性生殖器 51
誓い
  破棄 121
  リフレーム 189
地殻 20-21

索 引

地球意識 284
地球外生命体 91, 199, 310-311
地球再生 151
地球のエネルギー 42, 84, 254
地球のグリッド 334, 381
地球の浄化 60
地球の魂 138-139, 143, 305
地球のデーヴァ 257
地球放射線による汚染 225
知性の発達 183
父なる宇宙 283
地電流 120, 174, 211-212, 381
チャクラ 11, 26, 66, 69, 71-72, 87, 110, 111, 138, 156, 171-172, 204, 225-226, 253, 256, 262, 264, 266, 278, 293, 296, 314, 329, 334, 340, 354, 363, 377
　エネルギーの強化 26
　きずなを断ち切る 146
　きれいにする 264
　コードの切断 132, 196
　浄化 60, 63
　精妙な 199
　調整 57, 59, 143, 204
　バランス 59, 60, 264
　ワンド 28
チャネリング 79, 83-84, 96, 109, 219, 251, 381
注意欠陥多動性障害(ADHD) 53, 179, 313, 332
中国 10, 15-16
中心（センターオイル） 100, 375
忠誠心 64
中毒 44, 64
　共依存 221, 316
　原因 173, 231
　克服 259
　根底にあるパターン 121
聴覚障害 46, 296
長寿 55

腸の不調 149, 151
直感 51, 56, 106, 119, 149, 178, 205, 238, 266, 318, 348
ツインフレイム 70, 225, 235, 273, 299, 381
通過 186
月 195
　儀式 81, 206
　周期や位相 72, 201
償い 209, 210
ツタンカーメン王 13, 14-15, 180
爪 80, 210
ツロの君主 16-17
手足 55
低血糖 60, 117
貞節 113
敵意 129, 170
鉄分の吸収 203
テレパシー 61, 123, 171, 279, 291-293
てんかん 58, 92, 122, 143, 355
天候の変化に敏感 62
天使の領域 79, 114, 196, 263, 279, 318, 335
　案内役 121
　守護天使 227-228, 238
　大天使 115
転生 45, 112, 209, 237, 239, 243
転生の間の状態 92, 136-137, 172, 233, 255, 275, 370, 381
天文学 94
デーヴァ／デーヴァの王国 62, 129, 142-145, 257, 305, 322, 381
電磁エネルギー 132, 197, 211, 328
電磁気による汚染 147, 166, 225
電磁スモッグ 26, 145, 147, 223, 269, 381
電磁波帯 13
電磁放射線 33, 93

伝説 61-62
トーテム 238
トイレの水洗タンクに入れる 276
トゥーレット症候群 259
投影 382
透視 184, 205, 258, 311, 382
闘争・逃走反応 84
透聴力 121, 142, 276-277, 305, 382
糖尿病 60, 117, 244-245, 313
徳を積む 240
富 55
トラウマ 37, 73, 96, 122, 199
　解消 203
　回復 120
　過去世 136, 233, 253
　情緒的な 126
　誕生時のトラウマ 55
　トラウマの記憶 303
銅 69
　吸収 118
動悸 122
同性愛嫌悪 354
動物 113, 161-162
　アレルギー 166
　癒し 176
　守護動物 102, 176, 329
動脈 72, 103
動脈硬化 145
毒 42, 245
　（解毒も参照）
どもり 145

な

内耳 55
内臓 72
内分泌系 39, 60, 80, 97, 229, 278, 286
内包 382
内面的な強さ 133
失くしものを見つける 101
軟骨 113
南西（メディスンホイール） 370

難聴　279, 281
南東（メディスンホイール）　282, 374-375
肉体
　核となるエネルギー　127
　浄化　132
　生体磁気シースとの調整　199
　統合　204-205
　同調　110
　負のエネルギーの解消　126
　良好な波動に変える　202
肉体的な虐待　281
肉体のエネルギー　236-237
肉体の活力　131
肉体を離れて侵入する　42
二元性を克服する　52
西（メディスンホイール）　139, 161, 176, 370-371
日光過敏症　173
日本　16, 67
入院　166
人間的な成長　256
忍耐　115, 122
寝汗　187, 231
寝たきりの人　251
根のチャクラ　120
　悪夢　113, 132, 210, 254
　子どもは安心して眠る　113
　不眠症　122, 131, 162, 200, 231, 313, 327, 355（夢も参照）
粘液　106, 151, 203
捻挫　113
脳　126, 189, 200
　機能　64, 114
　疾患　101
　てんかん　58, 92, 355
　統合　254
　脳内の高次の空間　71
　脳波の調和を保つ　129
脳幹　103
脳震盪　234
脳卒中の後遺症　105
喉　39, 103, 143, 213, 229
　痛み　97, 205
　感染　108
　鍛える　70

喉のチャクラ　38, 69, 93, 123, 205, 213, 229, 292, 363, 366-367
乗り物酔い　141
呪いを解く　77, 132, 199, 217

は

歯　66, 97, 191, 205, 269
ハートシードチャクラ　233, 286, 347, 363-365
肺　39, 55, 80, 82, 120, 145, 202, 221
　鍛える　70
肺気腫　103
肺系統　231
排泄　101, 162
歯痛　234
破壊を経験した場所で
　エネルギーの再構築　60
吐き気　122, 141
迫害　261, 354
白内障　349
激しい感情を鎮める　85
肌　80, 145, 149, 210
　弾力　133, 197
肌の吹き出物　145
8の字形のグリッディング　30-31
白血病　51
発芽　47
発熱　101, 124, 131, 183
発話の問題　281
波動　12-33
　クリスタルの構造　20-21
　クリスタルの保護作用　22-31
　クリスタルの歴史　14-19
　グリーンランド産の石　32-33
　グリッディング　13, 27-31
　波動エネルギーのダウンロード　133, 202
　波動の上昇　382
鼻　108, 143
母なる大地　83, 133, 138, 139, 174, 187, 208, 212, 222, 234, 269, 283, 287, 298, 372, 375

鍼療法　101, 148, 213
腫れ　49
繁栄　100
反射能力　113
バーナクル　382
バーミリオンフレイム　44
バイオレットフレイム　224, 235, 254, 312, 335
バンパイアリズム　26
パーキンソン氏病　129, 200
パートナー
　過去世の　42
　元パートナー　53, 166
パニック　122, 203
パニック症候群　276
パワー　24-25
　権力争い　134
　個人の潜在能力を引き出す　54-55, 106, 126-127, 129
　シャーマンの守護動物　174, 238
　女性　83
　他者に権限を譲る　179
　正しい使い方を理解する　59
　取り戻す　177
　乱用　151, 199, 273
　霊的なパワーを身につける　59
パワースポット　305
ヒーリング　22
　アンセストラルライン　90, 116, 239, 253, 283, 288, 375-376
　エーテル体の青写真　275
　エネルギー　257
　遠隔　86
　カルマ　116, 189, 202, 203, 206-207, 233, 261, 293, 335
　環境　40, 42, 172, 202, 243, 344
　クライシス　24, 382
　高次の波動のクリスタル　22, 23-24
　（細胞の癒し、アースヒーリング、情緒の癒し、多次元的ヒーリングも参照）

索引

自然治癒力を引き出す 57
自己治癒 41、66、88、129、139、256
魂 70、95、130、224、232-233、252、295-296、350
光 258
光
　宇宙の 72
　浄化 88
　放つ 68
被害者意識 75、185、261
東(メディスンホイール) 373-374
脾臓 41、51、80、131、185、229、283
脾臓のチャクラ 141、144、145、167、283、313、326、363-365
脾臓の保護 26-27
肥大した腺 205
否定的な感情 26、73-74、77、107、125-126、129、139、148、210、220、247、299
　置き換える 108
　抑える 68
　解消 119、135、158-159
　浄化 237
　プログラミング 208、382
人前で話しをする 216、323
泌尿生殖器 145、172
皮膚枯結 129、247、279
皮膚疾患 127
皮膚病 46、162
ヒマラヤ 10、226、242
肥満 126
日焼け 122
ひらめき 97
疲労 78、131、217
疲労 44、203
　慢性 39、64、78、103、234
貧血 143
貧困意識 225、241、382
ビジネスでの成功 55、355
ビジョン
　開花 181

神秘的 74
ビタミンの吸収 110
病後の回復期 66、126
ビリジアンフレイム 235
ピラミッド 382
ピンクフレイム 85、265、347
ファイアー 43
ファセット加工 11
不安 108、126、148、304、308-309、336、353
風水 55
副交感神経の働き 55
復讐 113、230
副腎 60、82、126、131、145
腹痛 162
副鼻腔 108、124、145
付着 40、234
　精神 149
付着霊 149、151、295、382
霊 149、151
付着霊 149、151、295、382
不調 65、82、108、164、231、382
　癒し 86、132
　過去世での原因の解消 121-122
　原因 203
　情緒の 207、241
　慢性的な 137
不適切な祈祷 295-296
不妊 68
負のエネルギー 40、62、134、148、160、217、264、266、304-305、327
　洗い流す 215
　解消 126
　吸収 62、214-215、219、276
　退ける 233
　除去 137
　正のエネルギーへの転換 55
　閉じ込める 95
　取り除く 134
　変質 62、112-113、298
　守る 198

容器 42
普遍の愛 115、222
不満 107
不眠症 122、131、162、200、231、313、327、355
古傷を癒す 59-60
フレイム 382
　ゴールデン 114、265、285
　ターコイズ 222
　バーミリオン 44
　バイオレット 224、235、254、312、335
　ビリジアン 235
　ピンク 85、265、347
　ホワイト 232、254、270、284、293
仏教 307
仏陀のエネルギー 115
ブドウの房のような外皮 382
ブラッド・オブ・イシス(イシスの血) 14、67-68
ブリッジ 383
ブレード 376
ブレスワーク 70
プラトニックな関係 64
平穏 114
閉経 68、105、187、207
平常心 78、79、112
閉塞感 191
ヘルペス 106、274
変化に対応する 117、164
偏見 95、354
変身 45、161、176-177
片頭痛 80、97、139、145、173、221
変性結晶 21
変性疾患 55、200
ペルセポネー 206
ホームシック 251
宝冠のチャクラ 169、194、216、226、256、262、272、277、282、284、290-293、300、312、316、363、366
　活性化 228
　開く 91、196
　(高次の宝冠のチャクラも参照)

396

索 引

放射性クリスタル 344
放射線 268-269, 344
　電磁気の 33
　療法 57, 269
放射能から守る 274
放射能が原因による疾患 108
北西（メディスンホイール） 201, 288, 371-372
北東（メディスンホイール） 373
ホクロ 133, 185, 197
保護 22-31, 58, 73, 97, 161, 162, 274, 336, 340
　エネルギー 141
　オーラ 26
　汚染 204
　家族と財産 130
　過度 199
　環境 62
　危険 79, 112, 130
　コンピューターの電磁波 53
　心霊 40, 44, 130, 151, 183, 216-217, 295-296
　生体磁気シース 146, 225
　脾臓 26-27
　脾臓のチャクラ 144, 145
　放射能 274
　魔法 77
　霊的 251
星とのコミュニケーション 306
捕食動物の行動パターン 87-88
細くうねった静脈 101
北極光 32
ほてり 44, 187
骨 41, 66, 201, 208
骨の異常 53
骨の再生 124
歩の断食 19
ホメオパシー 46
ホリスティックな癒し 82
ホルモン系 58, 341
　バランス 82, 120
ホルモンの分泌 205
ボイスワーク 70
膀胱 97, 106, 181
暴力の犠牲 123-124
母岩 21, 383

ま
マイナス思考 73-74, 77, 139, 179
　克服 179
　防ぐ 37
マカバ 71, 383
マグマ 20, 21
魔術を使う聖職者 188
マダガスカル 242
間違った信念 195, 308
末期症状 120
マッサージ 58
魔法 196, 198-199
魔法使いマーリン 212
魔法の儀式 61-62, 188-189, 253
魔法の護符 77
慢性疾患 37, 115, 118, 120, 131, 251
慢性疲労 39, 64, 78, 103, 234
満足感 148
マン島 16
ミアズマ 114, 221, 381
身代わり 320
見極める力 78
みずがめ座の時代 334
南（メディスンホイール） 46, 99, 243, 369-370
耳 108, 143
　内耳 55
耳鳴り 55, 92, 97
脈拍の安定 55, 97, 110, 217
ミャンマー 67
無気力 131, 251
無私無欲 131
無集中の星 85, 107, 139, 179, 196, 200, 234-235, 239, 254, 265, 280-281, 299, 354
胸やけ 218
目 72, 108, 145, 200, 205, 349（ビジョンも参照）
冥王星 206
明晰 122
明晰夢 115, 249, 268, 269

瞑想 81, 100, 114, 140, 142, 163, 176, 186, 204, 208, 220, 228, 231-232, 267, 276, 285, 289-290, 301, 315, 323, 334
　縁のある魂 129
　女性性とつながる 67
　糖尿病 244
　深い瞑想 146, 171, 249
女神のエネルギー 271
メサイアコンプレックス 95
メディスンホイール 45, 91, 102, 161, 176, 187, 189, 201, 237-238, 264, 298, 301, 327, 329, 368-375
　基本的な方角とそれ以外の方角 369-375
　北 372-373
　中心 189, 375
　南西 370
　南東 282, 374-375
　西 139, 161, 176, 370-371
　東 373-4
　北西 201, 288, 371-372
　北東 373
　南 46, 99, 243, 369-370
　ワンド 264
メディスンホイールの父なる空／太陽 375
メニエール病 221
メニエル症候群 129
目の状態 97, 139, 349
めまい 43, 92, 257
免疫 47-48, 118, 126, 173, 191, 205, 213, 219, 234, 245, 313
　強化 175
　支える 37, 41, 229, 286
　刺激 111, 131, 273
　助け 49, 296
　バランス 135
メンター 383
燃え尽き 44
目標設定 126, 131

397

索　引

持ち主によって効能が異なる石　233
モチベーション　131
もろくなった骨　97

や

夜間視力　44
薬物乱用　92, 252, 254
憂鬱　45, 55, 122, 124, 129, 133, 143, 197, 229, 254, 292, 313, 336, 353, 355
勇気　66, 122, 131, 213
幽体離脱　42, 58, 109, 230, 255, 300, 315, 318, 383 （ジャーニーも参照）
遊離基　349
豊かな感情表現　124
夢　51, 211, 213, 264, 268-269, 289, 300-301, 309, 317, 349, 370
　実現　94, 125, 137
　洞察　190
　明晰夢　79, 115, 249, 268, 269
　夢を思い出す　63, 165, 166
　夢を読み解く　57
　容易にする　63
夢の時代　16
許し　68, 85-86, 95, 115, 119-200, 129, 151, 159, 170, 196, 204, 207, 223, 246
ヨードの吸収　149
養育　74
養育のエネルギー　86
陽気　112-113
幼少期の経験　95
妖精　62
陽性のエネルギー　185
腰痛　133, 269
用途に応じた石　233
抑圧されていた記憶　275
よく考えてから発言する　59
預言　142, 186, 202, 315
ヨセフス　18-19

予知　186
淀んだエネルギー　108
　精妙体　288
ヨハネの黙示録　17
喜び　51, 118, 165

ら

ライターズブロック　49
ライトボディ　152, 204, 270, 300, 311, 313-314, 318, 338, 383
　癒し　346
　核となるエネルギー　127
　活性化　71, 285, 345
　完全に具現化する準備　235
　神経系との調和　194
　心臓のチャクラ　265
　誕生　340
　統合　146, 204, 243, 264
ライトワーカー　263, 383
落胆　108
ラジオニクス　49, 57, 383
楽観　69-70, 97
ラドンガスから守る　274
リーダーシップ　131, 145
利尿剤　149
リフレーム　90, 155, 163, 257, 275, 278, 297, 301, 319, 383
リボ核酸／DNA　101
両親　53
　10代の若者　75-76
両手利き　57
緑多羅菩薩　307
リンパ系　131, 173, 201
リンパ節　203
リンパ液　164
霊感による気づき　149
レイキ　281, 290, 381
霊視力　219-220, 268, 291-292, 311
礼節　78
霊的意志　44, 55, 75
霊的エネルギーを使い果たす　130-131
霊的覚醒　125

霊的成長　100, 128, 130, 149, 193, 216, 224, 226, 229, 240, 250, 267, 274, 281, 285, 289
　最高次　227-228
　調和　62
霊的洞察　191
霊的同調　125
霊的な癒し　72
霊的なコミュニケーション　69, 130
霊的な才能　72, 146
霊的な守護　251
霊的な進化　59, 81, 204
霊的な成熟　91, 289
霊的なパワー　59
霊的なパワーを身につける　59
霊的な導き　89, 199
霊的な明晰性　67, 72
霊的な面でのバランスの崩れ／悩み　22
霊的錬金術　238
レイノー病　70, 274
霊能力　61, 80
レイライン　254
レムリア　28, 150, 158, 265, 279, 306
恋愛　74
錬金術師　188
レントゲン　254, 296
ロシア　10
ロングポイントのクリスタル　383
論争の仲裁　60
論理的な思考　96, 100

わ

和解　124, 246
惑星の再編成　82
ワンウェイポータル　208
ワンド　28, 264, 311
　グリッディング　28-31
　ワンウェイポータル　208

398

*ガイアブックス*は
地球(ガイア)の自然環境を守ると同時に
心と体内の自然を保つべく
"ナチュラルライフ"を提唱していきます。

PICTURE ACKNOWLEDGEMENTS
All photography © Octopus Publishing Group Limited, with the exception of the following:

Alamy/North Wind Picture Archives 17. Catherine Best Ltd. 24. Corbis/1996–98 AccuSoft Inc., All right/Robert Harding World Imagery 15 bottom. Nasa/GSFC, Jacques Descloitres, MODIS Land Rapid Response Team 33 bottom.

Executive Editor: Sandra Rigby
Senior Editor: Fiona Robertson
Executive Art Editor: Sally Bond
Designer: Julie Francis
Photographer: Andy Komorowski
Production Controller: Linda Parry
Picture Researcher: Jennifer Veall

Cover photography:
© Octopus Publishing Group Limited/Andy Komorowski

ガイアブックスの本

クリスタルズ

本体価格2,200円

ジェニー・ハーディング 著

100種類以上ものクリスタルを紹介したカラーヒーリング・ガイドブック。クリスタルのもつ意味やそれぞれの色に秘められた意味、鉱物学的なデータについて詳解。光と色の輝きと効果を発見できる神秘の図鑑。

ジェムストーンの魅力

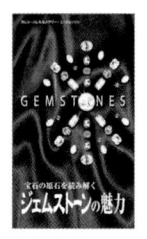

本体価格2,400円

カレン・ハレル／メアリー・L・ジョンソン 著

宝石の原石であるジェムストーンの美しい世界を紹介するカラー図鑑。130種類に上るジェムストーンを結晶系別に分類し、化学組成や屈折率、硬度、色など詳しいデータを豊富な写真とともに紹介。

チャクラを活かす

本体価格2,600円

パトリシア・マーシア 著

7つの生命エネルギーが集中するコントロールセンター（チャクラ）をわかりやすく説明。各人の持つチャクラを知り、日常生活の場で自分のチャクラを活性化するための具体的なあらゆる方法を紹介。

The Crystal Bible volume 2
新クリスタルバイブル

発　　　行　2010年2月1日
第　2　刷　2011年7月1日
発　行　者　平野　陽三
発　行　元　**ガイアブックス**
〒169-0074 東京都新宿区北新宿3-14-8
TEL.03(3366)1411　FAX.03(3366)3503
http://www.gaiajapan.co.jp
発　売　元　産調出版株式会社

Copyright SUNCHOH SHUPPAN INC. JAPAN2011
ISBN978-4-88282-725-2 C2040

著　者： ジュディ・ホール （Judy Hall）
カウンセリング、ヒーリング、占星術などの専門家の資格をもち、イギリスで長く活動している。1943年生まれ。主な著書は、『クリスタルバイブル』『クリスタル百科事典』(いずれも産調出版)など多数。

翻訳者： 福山　良広 （ふくやま よしひろ）
関西大学法学部卒業。名古屋学院大学大学院外国語学研究科修士課程修了。訳書に、『聖なるマトリックス』(ナチュラルスピリット)がある。

落丁本・乱丁本はお取り替えいたします。
本書を許可なく複製することは、かたくお断わりします。
Printed in China